Ross Saunders

Frauen im Neuen Testament

Ross Saunders

Frauen im Neuen Testament

Zwischen Glaube und Auflehnung

Aus dem Englischen übersetzt von Raul Niemann

PRIMUS VERLAG

Einbandgestaltung: Jutta Schneider, Frankfurt

Einbandabbildung: Ludovico Mazzolino,
„Christus und die Samariterin am Brunnen“ (1525), AKG Berlin

Titel der englischsprachigen Originalausgabe:
„Ross Saunders, She Has Washed My Feet with Her Tears.
New Testament Stories of Women's Faith and Rebellion“

Der Übersetzung liegt folgende Ausgabe zugrunde:
© 1998 by Ross Saunders, published by Seastone

Die Deutsche Bibliothek – CIP-Einheitsaufnahme

Saunders, Ross:
Frauen im Neuen Testament : zwischen Glaube
und Auflehnung / Ross Saunders. Aus dem Engl.
übers. von Raul Niemann. – Darmstadt :
Primus Verl., 1999
Einheitssacht.: She has washed my feet with her
tears <dt.>
ISBN 3-89678-219-3

Gedruckt auf säurefreiem und alterungsbeständigem Papier
Printed in Germany

ISBN 3-89678-219-3

Inhalt

Einleitung

Würde man Sie nach einer rebellischen oder aufbegehrenden, selbstbewussten Frau aus dem Neuen Testament fragen, dann fiele Ihnen zweifellos entweder Herodias oder ihre Tochter Salome ein. Herodias bewegte aufreizend ihre Hüften und warf mit ihren schwarzen Augen ihrem Schwager König Herodes so oft feurige Blicke zu, dass dieser das jüdische Gesetz mit Füßen trat und sie heiratete, während ihr geschiedener Ehemann Philippus noch lebte. Und sie hatte Herodes auch fest in ihrer Gewalt, als Johannes der Täufer ihre zweifelhafte Eheschließung anprangerte: Sie stiftete ihre Tochter Salome dazu an, vom König das Haupt von Johannes auf einem Silbertablett zu fordern, nachdem Salome Herodes mit ihrem Tanz betört hatte.

Ich habe jedoch eine ganz andere Form weiblicher Rebellion vor Augen. Es geht mir gewissermaßen um ein Ausbrechen aus den von Männern festgelegten Konventionen und um den Anspruch, sich mit diesem Traditionsbruch Gehör zu verschaffen, bewusst wahrgenommen zu werden oder Dinge tun zu können, die üblicherweise nur Männern erlaubt waren, und solche Handlungen in Zeiten durchführen, in denen selbst viele Männer daran gehindert waren, die Verantwortlichkeiten wahrzunehmen, die sie in erster Linie für sich selbst beanspruchten. Das gleiche Phänomen kann heutzutage bei vielen Gruppierungen überall auf der Welt beobachtet werden: Rebellierende Frauen begeben sich mit ihren Anhängern in den Kampf um Gleichberechtigung und Menschenrechte. Sie sind deshalb rebellisch, weil sie es wagen, aus der Stellung, die ihnen die Gesellschaft zugewiesen hat, auszubrechen. Da wir mit der Situation der Frau in der mediterranen Gesellschaft zur Zeit des Neuen Testamentes nicht sehr vertraut sind, ist uns auch nicht die große Zahl der rebellierenden Frauen bewusst, die für das Leben in der frühen Kirche prägend gewesen sind.

Das erste Kapitel dieses Buches beschreibt die Position der Frau in der mediterranen Gesellschaft im ersten nachchristlichen Jahrhundert. Das zweite Kapitel bezieht sich auf die Frauengestalten, die in den Evangelien erwähnt werden, während sich das dritte Kapitel mit jenen beschäftigt, die in der Apostelgeschichte in Erscheinung treten. Die Frauen, die in den Briefen des Apostel Paulus angesprochen werden, sind Gegenstand des vierten Kapitels. Im fünften und sechsten Kapitel wird untersucht, wie Paulus die Stellung der Frau in den frühen christlichen Gemeinschaften konzipierte, und das siebte Kapitel zeigt, auf welche Weise Frauen aus der frühen nachapostolischen Kirche fast völlig verschwanden.

1. Die mediterrane Gesellschaft

Es ist anscheinend recht leicht, aus den Büchern etwas über die Menschen zu erfahren, die in dem ersten nachchristlichen Jahrhundert lebten, und dabei zu meinen, diese ohne weiteres zu verstehen, indem wir einfach unsere heutigen Vorstellungen auf die damaligen Zeitgenossen projizieren. Demnach erliegen wir vorschnell der Meinung, die Menschen hätten sich über all die Jahrhunderte hinweg überhaupt nicht geändert. Doch wir müssen den Wandel der Zeit in Betracht ziehen, der sich im Bereich von Sprache, Technologie und in den Kommunikationsformen ergeben hat, und kommen zwangsläufig zu Betrachtungen über uns selbst.

Die Sozialwissenschaftler haben versucht, sich mit diesen prozessualen Veränderungen auseinanderzusetzen. Ihre Untersuchungen der Gesellschaftsformen im 19. und 20. Jh. führten zu der Entwicklung von soziologischen Modellen, die erklären, wie Menschen sich in den unterschiedlichsten Situationen und Gesellschaftsformen verhalten. Aber als man versuchte, diese Muster auf ältere Gesellschaftsformen anzuwenden, stellte man zunächst fest, dass dies nicht funktionierte. Im weiteren Verlauf der Anwendung und Verbesserung ihrer Modelle zur Erklärung alter Gesellschaftsformen erlagen die Sozialwissenschaftler der Versuchung, ihre eigenen Vorstellungen aus der antiken Welt herauszulesen mit der unvermeidlichen Konsequenz, dass die damalige Zeit der unseren immer ähnlicher wurde. Das gleiche Problem zeigte sich, als die Wissenschaftler damit begannen, die klassischen Schriften in unser heutiges Textverständnis zu übersetzen: So klang Platon bald wie Descartes, und Euripides hörte sich geradezu wie Shakespeare an.

Anthropologen haben sich lange Zeit bemüht, die antiken Gesellschaftsformen zu untersuchen und sie anhand ihrer eigenen Kriterien zu verstehen. Sie unternahmen bemerkenswerte Anstrengungen, um zu analysieren, wie traditionelle Gesellschaften funktionierten. Insbesondere Kulturanthropologen haben versucht, eine weitere Sicht der Dinge zugrunde zu legen. Sie suchten nach Wegen, sich in die jeweilige Vorstellungswelt der Menschen in den unterschiedlichen Jahrhunderten hineinzuversetzen.

Wenn man diese einzelnen Forschungsbemühungen der jeweiligen Fachrichtungen im Zusammenhang betrachtet, dann ist es heute mehr denn je möglich, zu verstehen, wie die Menschen der früheren Zeiten tatsächlich lebten, auch wenn ihr geschichtlicher Hintergrund sich von dem unsrigen sehr wohl unterschied. Wir sind die Fremden, nicht sie. Wir als die Außenstehenden reisen in frühere Zeiten zurück, in ihre Dörfer und Städte, spazieren auf ihren Marktplätzen, lauschen ihren Unterhaltungen und beobachten mit Ehrfurcht ihre sozialen Rituale und Zeremonien, bemühen uns, ihnen auf ihre eigene Weise und mit ihren Worten nahe zu kommen.

Mir liegt daran, jene sozialen Aspekte der früheren mediterranen Welt in Umrissen darzustellen, um uns in die Lage zu versetzen, die damalige Stellung der Frau zu begreifen, und aufzuzeigen, wie das frühe Christentum schrittweise versuchte, einige der sozialen Verhältnisse zu verändern, die den Christen unangemessen erschienen.

Das mediterrane Modell

Die Kulturanthropologen entdeckten, dass alle Gesellschaftsformen, die während der Zeit der griechischen und römischen Vorherrschaft im Mittelmeerraum existierten, viele unterschiedliche kulturelle Vorstellungen in sich vereinigten. Trotz der jeweiligen lokalen Sprachunterschiede blieb die griechische Sprache über viele Jahrhunderte die dominierende *lingua franca,* insbesondere im ersten Jahrhundert unserer Zeitrechnung. Somit können wir also die damals lebenden Menschen als „typische Mediterraner" ansehen, ob sie nun aus Griechenland, Italien, Nordafrika, Spanien, Ägypten, Israel, dem westlichen Asien oder von einer der vielen Inseln im Mittelmeer kamen. Es lassen sich vier Grundwerte dieser Gesellschaftsformen festmachen. Und es gab entsprechende Durchsetzungsstrategien – die Anthropologen nennen sie „instrumentelle Werte" –, um die Grundwerte aufrecht zu erhalten.

Ehre und Schande

Der Begriff der „Ehre“ ist abhängig davon, wie der Einzelne seine Stellung in der Gesellschaft sieht und wie die Gesellschaft diese Stellung beurteilt. Im ersten nachchristlichen Jahrhundert der mediterranen Welt fand sich ein jedes Glied der Gemeinschaft in eine soziale Rangfolge eingeordnet: Die gesellschaftlich am meisten geachteten Personen standen am oberen Ende der Hierarchie, die am wenigsten geachteten am unteren Ende. Die jeweilige Rangstellung beruhte zumeist auf dem gesellschaftlichen Status des Vaters, der Familie und der Sippe. Von einem jeden Mitglied der Gemeinschaft wurde erwartet, dass es sich sozial in der Weise verhielt, wie es seiner gesellschaftlichen Stellung entsprach. Jegliche Versuche, die darauf hinausliefen, aus der vorgegebenen Rangfolge auszubrechen und in der sozialen Hierarchie aufzusteigen, hätten dem Betroffenen nur Hohn und Spott, wenn nicht gar Schmach und Schande eingebracht. Natürlich wollte niemand unter seinen gesellschaftlichen Status sinken.

Es gab jedoch bestimmte von der Gemeinschaft akzeptierte Möglichkeiten, wie man gesellschaftlich aufsteigen konnte. So konnte man beispielsweise Athlet werden, und sich in sportlichen Wettkämpfen bewähren, wodurch man sich das Attribut der Tüchtigkeit und Tugendhaftigkeit (gr. *arete* αρετη) erwarb. Und solange der antike Leistungssportler in den Wettkämpfen als Gewinner hervortrat, gewährleistete ihm seine *arete* eine gesellschaftliche Stellung, die höher war als sein normaler Status innerhalb der gegebenen sozialen Rangfolge. Wenn er aber aus dem Wettstreit nicht mehr als Sieger hervorging, verlor er unweigerlich all seine bisher erworbene *arete* und fand sich in seiner ursprünglichen gesellschaftlichen Position wieder.

War man ein Mann, konnte man versuchen, ein religiöser Lehrer, ein Schriftgelehrter zu werden. Doch wenn man aus einem der untersten Bereiche der gesellschaftlichen Rangfolge stammte, benötigte man für den eigenen sozialen Aufstieg die Protektion von jemandem, der auf der gesellschaftlichen Leiter ziemlich weit oben stand, was zugleich eine permanente Abhängigkeit von diesem Patron mit sich brachte.

Bauern, die am unteren Ende der sozialen Skala standen, konnten in einen handwerklichen Beruf wechseln und Zimmermann, Steinmetz oder Bildhauer, Hersteller von Ledererzeugnissen, Töpfer usw. werden. Aber die Ausübung eines solchen Gewerbes vermochte den Betroffenen nur ein oder zwei Stufen auf der gesellschaftlichen Leiter nach oben zu bringen, da auch Handwerker damals nicht in hohem Ansehen standen. Man brauchte sie zwar ständig und ihre Erzeugnisse waren geschätzt, aber ihre gesellschaftliche Stellung war gering. Ein Problem war, dass der älteste Sohn der Familie in die Fußstapfen des Vaters treten musste, sei es in Bezug auf das Gewerbe oder hinsichtlich des sozialen Status. War der Vater ein Bauer und der Sohn entschied sich gegen den landwirtschaftlichen Beruf, um Zimmermann zu werden, und verließ Haus und Hof, dann bereitete er seinem Vater und dem Namen seiner Familie Schande. Der Sohn hatte neben dem Vater keine eigene Stellung in der Gemeinschaft; erst wenn der Vater starb und der Sohn die Nachfolge als Familienoberhaupt antrat, wurde er gesellschaftlich anerkannt.

Es ist wichtig, sich in Erinnerung zu rufen, dass Jesus selbst den Namen seines verstorbenen Vaters Joseph entehrte, als er sein Zuhause verließ, um seiner geistlichen Berufung nachzugehen. Er wurde deshalb in seinem Heimatort Nazareth zum Ärgernis. Dies erklärt die Reaktion der Bewohner des Ortes ihm gegenüber, als er nach seiner Taufe und dem Rückzug in die Wüste nach Nazareth zurückkehrte und die Synagoge besuchte, in die er von Kindheit an gegangen war. Zunächst lauschten sie respektvoll seinen Worten, doch dann erinnerten sie sich, dass er seine Heimat verlassen, den Namen seines Vaters entehrt und seine Mutter mit den unverheirateten Schwestern zurückgelassen hatte, die nun notgedrungen für sich selbst sorgen mussten, statt dass er seinen Pflichten als ihr Beschützer und Versorger nachgekommen wäre.[1] Und als Jesus seine ersten Jünger berief, waren unter ihnen auch einige, die in ihren Familien die ältesten Söhne waren. Er forderte sie auf, mit ihm zu ziehen, was allgemein als schändlich und entehrend betrachtet wurde, weil er darauf bestand, dass sie ihr Zuhause verlassen sollten.

Aber es reichte nicht, sich nur der eigenen Stellung innerhalb der gesellschaftlichen Rangfolge bewusst zu sein. Man musste auch stets darauf achten, dass die Gemeinschaft und ihre Struktur, in die man sich eingeordnet wusste, ihre jeweilige Stellung im Zusammenhang mit anderen benachbarten Gemeinschaften beibehielt.

Wenn jemand über ein eigenes Stück Land und ein Haus verfügte, wurde erwartet, dass er die Einrichtungen der Gemeinschaft durch

[1] Mt 13, 53–58; Mk 6, 1–6; Lk 4, 16–30.

Schenkungen unterstützte. Was die jüdischen Formen des Zusammenlebens anbetrifft, denen unser besonderes Interesse gilt, so konnten diese Schenkungen folgendes umfassen: finanzielle Unterstützung der Schriftgelehrten, die von Jerusalem kamen und in den lokalen Synagogen lehrten; Finanzierung von neuem Gestühl für die Synagogen; Wiederbeschaffungs- oder Herstellungskosten für abgenutzte Schriftrollen; Geld für ein Denkmal zu Ehren einer bedeutenden öffentlichen Persönlichkeit und dergleichen mehr.

Für all diese guten Werke wurde der Name des Stifters öffentlich bekannt gemacht, damit für jeden offenkundig wurde, dass dieser seiner Ehrenpflicht gegenüber dem Gemeinwesen nachgekommen war. Je höher seine Stellung innerhalb der sozialen Rangfolge war, desto mehr erwartete die Gemeinschaft von ihm.

Zu diesen verdienstvollen Taten zählte jedoch nicht das Verteilen von Almosen an die Armen. Dies war nicht im Interesse der Gemeinschaft. Während deren führende Mitglieder sich gegenseitig die standesgemäße Ehre erwiesen und ihre Namen in Stein hauen ließen, waren die Armen dazu nicht in der Lage. Als der reiche Jüngling, der offenbar aus einem angesehenen Elternhaus stammte, zu Jesus kam und ihn fragte, was er tun könne, um das ewige Leben zu erlangen, wurde ihm gesagt, er solle alles, was er habe, verkaufen und den Armen geben. Hätte dieser junge Mann tatsächlich getan, was Jesus ihm befahl, hätte er sich in den Augen der Gemeinschaft in zweierlei Hinsicht unehrenhaft verhalten. Zum einen: Wenn er alles, was sein Vater ihm an Geld und Gut hinterlassen hatte, verkauft hätte, dann wäre es ihm nicht mehr möglich gewesen, seiner Gemeinschaft Wohltaten zu erweisen. Zum anderen: Wenn er seinen ganzen Besitz an die Bedürftigen verteilt hätte, hätte ihm dies nur Unehre eingebracht, da niemand Schenkungen an sie als ehrenvolle Tat betrachtete. Die Armen waren als solche geboren und verdienten es deshalb, in ihrem Stand zu verbleiben. Die einzigen, denen man in der Not helfen durfte, waren Menschen in ebenbürtiger sozialer Stellung, die ihr Geld und Gut infolge von Krieg oder finanziellem Misserfolg verloren hatten. Dieses Prinzip des Gebens und Nehmens befolgte man auch deshalb, weil man eines Tages vielleicht selbst auf die Hilfe der anderen angewiesen sein konnte.

Der erwähnte junge Mann konnte sich jedoch ein solches ehrloses Leben nicht vorstellen und ging deshalb betrübt davon. Es verdient aber festgehalten zu werden, dass er sich vor allem seiner Ehre verpflichtet fühlte und sich nicht an sein Geld und Gut klammerte. Sein

Vermögen war ihm nur Mittel zum Zweck, in seinen eigenen Augen und in denen der Gemeinschaft ehrbar zu bleiben.

Ein anderes Mittel, seine ehrenvolle Stellung in der Gesellschaft zu pflegen, war die damals übliche Form der Gastfreundschaft. Man lud regelmäßig Gäste zum Mahl ein, und zwar ausschließlich solche, die zur gleichen sozialen Schicht gehörten. Man wählte die geladenen Gäste sorgfältig aus und machte diese Auflistung publik, so dass dies auch jenen, die nicht geladen worden waren, bekannt wurde; und man erwartete, dass man von den Geladenen auch wieder zum Gastmahl eingeladen wurde.

Gastmahle und Feste waren wichtige Zeichen für den eigenen sozialen Status und machten öffentlich sichtbar, dass man die Verantwortung für seine Ehre gegenüber der eigenen Gemeinschaft ernst nahm. Niemals hätte man jemanden, der unter einem stand, zu einem solchen Gastmahl eingeladen, denn man hätte damit Anstoß erregt und wäre als unehrenhaft betrachtet worden. Ebenso konnte man auch niemanden aus höheren gesellschaftlichen Kreisen zu sich bitten, weil dies den Eindruck erweckt hätte, man wollte sich anmaßend über seinen eigenen sozialen Status erheben.

Gastfreundschaft in diesem Sinne rührte also nicht aus dem Bedürfnis, jemandem, der in Not war, zu helfen oder ihm gegenüber seine Freundschaft auszudrücken. Wenn dagegen das Neue Testament die Christen ermuntert, gastfreundlich zu sein, so ist damit nicht jene Art der Gastfreundschaft gemeint, die der Wahrung und Festigung der eigenen gesellschaftlichen Stellung in der Gesellschaft dient. Christliche Gastfreundschaft hatte zum Ziel, das, was man besaß, mit anderen zu teilen und einander in der Not beizustehen, unabhängig vom sozialen Status der anderen.

Die Wahrung der eigenen ehrenvollen Stellung in den Augen der Gemeinschaft war eine ganz besondere und machtvolle soziale Antriebskraft in der gesamten mediterranen Welt des ersten Jahrhunderts.

Diese Ehre hatte ausschließlich für Männer Bedeutung. Frauen wurden nur in der Verbindung zu einem Mann – dem Vater, einem Onkel, Großvater, Bruder, Ehemann, Sohn – in ihrer sozialen Stellung wahrgenommen und respektiert. Ihnen wurde keinerlei Ehre zugestanden; sie spiegelten lediglich die Ehre des Mannes wider, der für sie sorgte. Aber die Frauen verfügten über Schamgefühl. Ihre primäre gesellschaftliche Rolle war es, die Ehre ihres Herrn zu schützen, indem sie sich in ihrer Rolle „züchtig“ verhielten. Sie mussten darauf achten, dass sie sich in der Öffentlichkeit zurückhaltend kleideten und verhielten, nur dann mit Männern sprachen, wenn sie angesprochen wurden, sich nur mit Männern zeigten, die den gleichen gesellschaftlichen Rang wie ihr Familienoberhaupt bekleideten und sich nicht in Situationen begaben, die als zweideutig missverstanden werden konnten.

Die Jungfräulichkeit einer Frau war bedeutsam, da sie ihr Schamgefühl symbolisierte. Einzig ihr Bräutigam konnte diese Schranke überschreiten, und damit beanspruchte er sie als seine ehrsame Partnerin. Frauen durften nicht an sportlichen Wettkämpfen teilnehmen, aber nicht nur, weil die traditionellen griechischen und römischen Spiele von ihren Teilnehmern generell Nacktheit erwarteten, sondern auch, weil man glaubt, dass durch sportliche Aktivitäten das Hymen zerreißen und damit die Jungfräulichkeit Schaden nehmen konnte.

Jede Frau, die sich nicht verhielt, wie es die Gesellschaft von ihr erwartete, brachte ihrem Herrn Schande. Da sie nicht ihre eigene Ehre geltend machen und verteidigen konnte, blieb ihr nur die Rolle, dafür zu sorgen, dass die Ehre ihres Herrn nicht befleckt wurde.

Frauen, die nicht zu einem Mann gehörten, passten nicht in das Weltbild der antiken Gesellschaft und stellten eine Störung dar. Eine Witwe ohne familiären Rückhalt musste entweder Prostituierte werden oder betteln gehen; es gab für sie keinen anderen Weg, Geld für ihren Lebensunterhalt zu verdienen. Dies widerfuhr jeder alleinstehenden Frau, die ohne männlichen Schutz war. Das macht verständlich, warum die frühe Kirche an erster Stelle die Witwen in ihre soziale Verantwortung nahm.

Die Grundwerte der Ehre und Schande waren vermutlich die wichtigsten moralischen Säulen der antiken Gesellschaft. Dies muss man bedenken, wenn man die Beziehungen der Menschen untereinander und ihr Verhältnis zur Gemeinschaft in der mediterranen Welt des ersten Jahrhunderts angemessen verstehen will.

Fest verwurzelte Identität

Heutzutage sind wir gewohnt, uns als selbständige Individuen mit persönlichen Rechten zu betrachten, so dass wir leicht die Selbstwahrnehmung der Menschen in der Antike missverstehen. Sie verfügten keineswegs über eine persönliche Identität, wie wir sie besitzen. Und sie versuchten auch nicht, die Gefühle der anderen zu verstehen.

Jeder Mensch war damals fest verwurzelt in dem vorgegebenen Beziehungsgeflecht zu einer anderen Person, einer Familie, einer Sippe, einem Dorf, einer Stadt, einem Land. Man war den anderen bekannt als „der Sohn von" oder „die Tocher von", als Angehöriger eines Familienoberhauptes. Wer aus einem anderen Ort stammte, wurde entsprechend der lokalen Zuordnung als „Jesus *von Nazareth*", „Saul *von Tarsus*", „Barnabas *von Zypern*" usw. bezeichnet.

In der damaligen Welt wusste jeder, was es bedeutete, Mitglied einer Familie, einer Gemeinschaft und eines Dorfes zu sein. Darin drückte sich die persönliche Identität aus. Wenn ein Sklave freigekauft wurde, nahm er stets den Namen eines Familienoberhauptes oder eines Gottes an, um überhaupt eine Identität zu bekommen. Eine persönliche Identität unabhängig von anderen Menschen war unmöglich und undenkbar. Wenn Menschen Christen wurden, leiteten sie ihre persönliche Identität von Gott, ihrem neuen Vater, ab. Sie betrachteten sich selbst als Mitglieder der Familie Gottes und der damit verbundenen religiösen Gemeinschaft und betrachteten Jesus Christus als ihren älteren Bruder. Wenn das Oberhaupt einer Familie sich bekehrte und zum Nachfolger Jesu wurde, verstand es sich von selbst, dass alle Mitglieder des Haushalts einschließlich der Sklaven Christen wurden. Wenn ein jüngeres Mitglied einer Familie sich dem Christentum zuwandte, entstand ein Riss in der Gemeinschaft, und häufig wurde dieser Abtrünnige aus der Sippe verstoßen. Er versuchte dann oftmals, sich einer anderen Familie anzuschließen, deren Mitglieder sich ebenfalls zum Christentum bekehrt hatten, oder sich zumindest mit einer christlichen Gemeinde zu identifizieren.

Wir werden niemals verstehen können, wie sich der Alltag der Gesellschaft zu Zeiten des Neuen Testaments gestaltete, wenn wir nicht in adäquaten Begriffen und Vorstellungen jenseits der Individualität denken und berücksichtigen, dass die persönliche Identität des einzelnen stets durch die Beziehung zu anderen begründet war. Dies galt insbesondere für die Frauen. Keine Frau sah ihre Identität in der Beziehung zu ihrer Mutter, älteren Schwester oder Großmutter oder aber zu einer anderen Frau verankert. Ohne ein männliches Familienoberhaupt verfügte keine Frau über eine Identität. Sie war gesellschaftlich bedeutungslos.

Eine der Veränderungen, mit denen Jesus die damalige Gesellschaft konfrontierte, war, sich zu Frauen so zu verhalten, als ob sie eine eigene Identität hätten. Er redete direkt mit ihnen und niemals, wie es üblich war, indirekt über ihren Vater, Ehemann, Bruder oder Sohn. Er akzeptierte ihre Geschenke und Dienste ohne Rücksicht darauf, welch eine gesellschaftliche Schande dieses regelverletzende Verhalten für ihn bedeutete. Deshalb ist es wichtig, darauf zu achten, wann sich Jesus gegen die Verhaltensmuster seiner Zeit wandte und wann er sich bewusst innerhalb der konventionellen Grenzen bewegte. Wenn ich Frauen schildere, die auf eine außerordentliche Weise in Erscheinung getreten sind, dann werde ich konventionellem und nichtkonventionellem Verhalten eine besondere Aufmerksamkeit widmen. Dies ist sehr wichtig, um herauszuarbeiten, was sich damals tatsächlich im Leben dieser mediterranen Menschen ereignete. Jesus war zwar von Kindheit an selbst durch die mediterrane Lebenswelt geprägt, doch er betrachtete sich vornehmlich Gott, seinem Vater, zugehörig, nicht aber in seinem verstorbenen Vater Joseph.

Eine Welt der begrenzten Güter und Möglichkeiten?

Heutzutage glauben wir, dass uns Güter und Dienstleistungen unbegrenzt zur Verfügung stehen. Auch bei vorübergehender Knappheit brauchen wir nur eine Weile zu warten, bis die Produkte wieder verfügbar sind. Wir können uns fast alles kaufen, was wir wollen. Doch in der mediterranen Welt war man der Auffassung, dass alle Güter nur in begrenztem Maße verfügbar wären, auch die nichtmateriellen Dinge wie Liebe, Ehre, Freundschaft, Glück und Gesundheit. Daher konnte man nicht mehr haben wollen und erlangen als das, was einem die Gemeinschaft zubilligte. Versuchte man, sich mehr Mobiliar oder Land, Schafe, Freunde oder Ansehen und Ehre zu verschaffen, als mit der eigenen gesellschaftlichen Stellung zu vereinbaren war, wurde dies als ungebührliches Verhalten und frevelhafter Übermut verstanden, und der Betreffende wurde verspottet und setzte sich der Schande aus. Ebenso erfuhr man gesellschaftliche Missbilligung, wenn man weniger besaß, als einem nach seinem gesellschaftlichen Status eigentlich zukam.

Der Status des einzelnen war von der Gesellschaft genau festgelegt. Wer solche soziale Schranken überschritt, tat dies auf eigenes Risiko. Die einzige Möglichkeit, reich zu werden und damit über die bisherige gesellschaftliche Stellung hinauszuwachsen, war, sich auf

Kosten der anderen Gewinn und Vermögen zu verschaffen. Das ist einer der Gründe, weshalb die Reichen im Neuen Testament kritisch betrachtet und gering geschätzt wurden. Sie wurden nur wohlhabend auf Kosten der Armen. Die Reichen schufen strukturelle Armut, indem sie das gesamte Ackerland aufkauften, die ländliche Bevölkerung dann zwangen, das Land zu bearbeiten und den überwiegenden Anteil der Frucht ihrer Arbeit an die Grundbesitzer zurückfließen zu lassen. Männer, die Reichtum erbten, waren dagegen ehrsam und erfuhren die Wertschätzung der Gemeinschaft, da ihre Väter und Großväter das Vermögen aus der Armut heraus geschaffen hatten.

Sogar freundschaftliche Beziehungen und wirkliche Freunde waren selten. So befand man sich im klar festgelegten Beziehungsgeflecht innerhalb der Familie und des Wohnortes. Jede Bestrebung, den Rahmen der bisherigen Beziehungen auszuweiten oder zu sprengen, wurde als Versuch betrachtet, in andere soziale Beziehungsgeflechte einzudringen.

Ehre und Ansehen waren begrenzte Ressourcen und nicht für jeden beliebig verfügbar. Man erhielt seine gesellschaftliche Stellung von seinem Vater, und es war nicht möglich, eine ehrenvollere Position zu erlangen, ohne dass man diese einem anderen streitig machte.

Die Juden glaubten, dass die Liebe Gottes begrenzt war und einzig und allein ihnen zustand. Heiden mussten zum Judentum übertreten, damit sie an der Liebe Gottes teilhaben konnten. Als Jesus verkündete, dass die Liebe Gottes keine Grenzen kenne, sondern für alle zugänglich sei, die sich um sie bemühten, verstieß er bewusst gegen die allgemeine Auffassung.

Alles an seinem zugewiesenen Platz

Sozialer Friede und Ordnung konnten nur aufrechterhalten werden, wenn jeder dem für ihn bestimmten Platz in der Gesellschaft einnahm. In offenen Gesellschaftsformen wie denen der mediterranen Welt, gibt es ein Minimum an Gesetzen und ein Maximum an Sitten und Gebräuchen. Gesetze mussten von Fachleuten ausgelegt werden, während traditionelle Gewohnheiten mit der Muttermilch aufgenommen wurden.

Die sogenannten „Reinheitsvorschriften“ hatten nichts mit unserer Auffassung von Hygiene zu tun. Wenn etwas oder jemand „rein“ ist, bedeutet dies, dass eine Sache oder Person an dem dafür bestimmten richtigen Platz ist und so keinem anderen schadet. Wenn jemand sich aber nicht an dem für ihn richtigen Platz befindet, wird er als eine Bedrohung von Frieden und Ordnung betrachtet und mit dem Attribut „unrein“ versehen.

In der mediterranen Welt beschäftigte man sich in besonderem Maße mit den Flüssigkeiten, die aus dem menschlichen Körper austraten. Während sich die Flüssigkeiten innerhalb des Körpers an ihrem richtigen Ort befanden, waren sie, wenn sie den Körper verließen, nicht mehr an ihrem Platz und stellten deshalb eine Bedrohung für die Ordnung der Gemeinschaft dar. Also waren Blut, Eiter, Urin, Kot, Speichel, Schleim, Schweiß, Sperma, Tränen und Atem dann, wenn sie aus dem Körper austraten, nicht mehr am richtigen Ort.

Rituale wurden geschaffen, um zum Ausdruck zu bringen, dass Dinge aus der Ordnung geraten waren, und zu helfen, wieder zu dem Zustand von Ordnung und Frieden der Gemeinschaft zurückzukehren. Die Juden zweifeln daran, dass sich die Nichtjuden ebenso mit derlei Bedrohungen der allgemeinen Ordnung auseinandersetzten. Dies hatte z. B. zur Folge, dass ein Jude, wenn er sich auf dem Markt einen neuen Kochtopf gekauft hatte, zwei Dinge tat, sobald er nach Hause zurückgekehrt war: Er bat seine Frau, den Topf gründlich zu reinigen, und er wechselte sein Übergewand. Beides musste er tun, weil vielleicht ein „Unreiner“ diesen Topf zuvor angefasst oder seinen Mantel berührt hatte, während er sich auf dem Markt durch die Menschenmenge drängte.

Wenn Eheleute Geschlechtsverkehr hatten, badeten sich beide danach, weil durch seinen Samen ihr Körper „unrein“ geworden war, und genauso wurde er durch die Vereinigung befleckt, ganz abgesehen vom Schweiß und Speichel, womit sie einander verunreinigten.

Sogar die Geburt war eine bedenkliche Situation, weil etwas seinen richtigen Platz verließ. Ein neuer Mensch, der zuvor seinen Platz im Leib der Mutter hatte, kam nun aus seiner Mutter heraus und befand sich nicht mehr am zugewiesenen Ort. Man vollzog komplizierte Rituale mit der Plazenta und den mit der Geburt verbundenen Flüssigkeiten aus dem Körper der Mutter. Das Neugeborene musste in seine Familie eingeführt werden. Wenn all diese rituellen Handlungen abgeschlossen waren, befand sich das Kind an seinem „richtigen Platz“ innerhalb der Familie, der Sippe und der Dorfgemeinschaft, auch seine Mutter war wieder in dem geforderten „reinen“ Zustand und nahm ihren Platz in der Gesellschaft wieder ein.

Das Alte Testament schildert diese Rituale für die Israeliten im

Buch des Leviticus in 12. Kapitel ausführlich. Eine Mutter ist demnach sieben Tage rituell unrein, und es ist ihr in dieser Zeit nicht gestattet, mit irgend einem anderen Menschen zusammenzusein. Am achten Tage muss das Neugeborene, wenn es ein Junge ist, beschnitten werden. Danach muss die Mutter noch weitere dreiunddreißig Tage warten, bis sie wieder als rein betrachtet werden kann. Wenn das Neugeborene ein Mädchen ist, verdoppeln sich die jeweiligen Zeiten der Unreinheit. Am Ende der Zeit, in der sie von ihrer Familie getrennt war, musste sie dem Herrn ein Opfer bringen. Man kann nur vage Vermutungen darüber anstellen, warum eine Mutter für die Geburt einer Tochter quasi bestraft wurde.

Es ist, wie gesagt, wichtig, sich klar zu machen, dass diese „Reinheitsvorschriften" nichts mit Hygiene zu tun hatten. Sie dienten dazu, die gute Ordnung in der Familie und in der Gesellschaft wieder herzustellen, wenn sie durch „unreine" Körpersäfte gestört war. Da Blut und Fruchtwasser auch noch eine gewisse Zeit nach der Geburt austreten konnten, wurde ein Zeitraum der rituellen Unreinheit festgelegt, um sicherzustellen, dass der Ausfluss danach beendet war.

Ein anderes Beispiel dafür, welche Rituale Personen über sich ergehen lassen mussten, die sich nicht an ihrem angemessenen Platz befanden, steht in Deuteronomium 21, 10–14. Wenn ein israelitischer Soldat Gefallen an einer Frau unter den Kriegsgefangenen fand, durfte er sie mit nach Hause nehmen und heiraten. Doch zunächst musste sie ihren Kopf kahlscheren, ihre Nägel schneiden und neue Kleider anziehen. Sie musste einen Monat lang um ihre erschlagenen Eltern trauern, danach war es dem Soldaten erlaubt, sie zur Frau zu nehmen. Als eine Feindin war sie nicht an ihrem angemessenen Platz in Israel. Um in die israelitische Familie aufgenommen zu werden, musste sie durch dieses schmachvolle Ritual einen Platz im Ordnungsgefüge ihres neuen Lebensumfeldes zugewiesen bekommen. Diese Rituale wurden sichtbar vor aller Augen vollzogen, damit jedermann wusste, dass sich die Frau noch außerhalb der gegebenen Ordnung befand und deshalb erst willkommen geheißen oder als Verwandte betrachtet werden konnte, wenn das Ritual vollzogen war.

Die geheiligte Ordnung konnte auch von Menschen des gleichen Stammes oder Volkes gefährdet werden, die von außerhalb in eine Gemeinschaft eintraten. Wenn ein Gast aus einem anderen Ort eintraf, gab es komplexe Rituale der Begrüßung, durch die der Gast in die Gemeinschaft aufgenommen wurde, damit er für ihre Ordnung nicht eine potentielle Bedrohung darstellte.

Ein Jude betrat nicht das Haus eines Heiden aus Furcht vor einer rituellen Verunreinigung. Die Juden bezweifelten, dass die Heiden mit so wichtigen Dingen wie Nahrung, Kleidung, zwischenmenschlichen Beziehungen und Schmutz „richtig“ umgingen. Schmutz gehörte für ihre Begriffe nach draußen auf die Straßen und Wege. Dort war der Unrat an seinem richtigen Ort; wenn er aber mit den Füßen, Sandalen oder der Kleidung in das Innere eines Hauses gebracht wurde, war er fehl am Platze, und es mussten entsprechende Maßnahmen ergriffen werden. Die rituelle Fußwaschung und manchmal auch das Reinigen der Übergewänder waren Beispiele dafür, wie man mit Schmutz, der sich nicht an seinem angemessenen Ort befand, fertig wurde. Man konnte jemanden dadurch beleidigen, dass man absichtlich seine Kleidung oder sein Haus mit etwas, das als unrein galt, „verunreinigte“. Jemandem ins Angesicht oder auf die Kleidung zu spucken war ebenso eine Beleidigung wie seinen Staub über einer Person abzuschütteln.

Jede Gemeinschaft entschied auf ihre eigene Weise, welches der richtige Platz für ein Ding war, und schuf Rituale, um der Gefährdung der gegebenen Ordnung zu begegnen oder Störungen zu beseitigen. Säugetiere, Vögel, Reptilien und Fische hatten im jüdischen Alltagsleben den ihnen fest zugewiesenen Platz, der davon abhängig war, was sie fraßen. Nur Tiere, die sich ausschließlich von Pflanzen ernährten, waren für den Verzehr erlaubt. Da Schweine nach Nahrung in der Erde wühlten und auch Ratten, Mäuse sowie Insekten fraßen, wurden sie für das allgemeine Ordnungsgefüge als potentiell gefährlich betrachtet, ebenso wie die menschlichen Ausscheidungen.

Auch die Begriffe „geheiligt“ oder „entweiht“ gründeten auf der Vorstellung, dass sich alles an seinem richtigen Platz befand. Alles, was in Beziehung zum Göttlichen stand, befand sich am rechten Ort, wenn es dem Göttlichen diente, nicht aber, wenn es für andere Zwecke verwendet wurde.

So wurde ein Gegenstand, den man für die rituelle Waschung im Rahmen einer religiösen Zeremonie benutzte, zu diesen Zwecken als geweiht und geheiligt betrachtet. Wenn derselbe Gegenstand in einem nichtreligiösen Zusammenhang gebraucht wurde, betrachtete man ihn als entweiht. Personen oder Gegenstände, die Gott geweiht waren, erforderten ein besonderes Weiheritual, um deutlich zu machen, dass sie nun Gott dienten. Daher gab es aufwendige öffentliche Rituale, um jedem in der Gemeinschaft zu zeigen, was der angemessene Platz einer Person oder eines für eine spezielle Funktion vorgesehenen Gegenstandes war. Wenn eine nicht geweihte Person geweihte Handlungen vollzog oder nicht geweihte Gegenstände dafür benutzt wurden, waren sie fehl am Platze und nicht für die gottesdienstliche Handlung geeignet.

Das Etikett „geheiligt“ oder „entweiht“ ist verbunden mit dem angemessenen Ort, an dem die Person oder der Gegenstand seine besondere Funktion zu erfüllen hatte. Diese Attribute bedeuten also nicht eine der Person oder dem Gegenstand innewohnende moralische oder spirituelle Qualität, sondern beziehen sich schlicht auf den jeweiligen Wirkungsbereich, in welchem alles seinen angemessenen Platz einzunehmen hatte.

Nahezu alle Reinheitsvorschriften, die in den neutestamentlichen Evangelien erwähnt werden, gründen auf dieser Vorstellung. Mit den Bezeichnungen „rein“ und „unrein“ konnte beschrieben werden, was sich an seinem richtigen Ort befand und was nicht, die Attribute „geheiligt“ und „entweiht“ bezogen sich auf die jeweiligen Wirkungsbereiche.

Die Ersatzfamilie

Die auf der Blutsverwandtschaft beruhende Familie oder Sippe war die Grundlage der mediterranen Gesellschaft. Die Identität einer jeden Person war innerhalb der eigenen Familie verankert. Wenn ein jüngerer Sohn seine Familie verließ, um in eine andere Stadt zu gehen, versuchte er, eine neue Familie zu finden, in der er sich neu verwurzeln konnte, auch wenn diese keinerlei familiäre oder verwandtschaftlichte Beziehungen zu seiner eigenen Sippe hatte. Doch wenn er in der Stadt entfernte Vettern hatte, fand er natürlich bei ihnen ein neues Zuhause. Diese neue Familie wurde dann offiziell seine Ersatzfamilie, in der er auch seine neue Idenität finden würde.

Jesus sprach oft von dem Reich Gottes im Sinne einer solchen Ersatzfamilie, wo Gott der Vater und er der ältere Bruder war. Alle anderen Mitglieder sind hier von gleichem Rang, soweit es die familiäre Autorität anbetrifft, und ebenso wie in einer natürlichen Familie miteinander verbunden. Dieser Aspekt ist bedeutsam, wenn man versuchen will, einige der offenkundig gegen die naturgegebene Familie gerichteten Bemerkungen Jesu richtig zu verstehen. In diesen Fällen wollte er lediglich zum Ausdruck bringen, dass in einem Konflikt zwischen der Verantwortung gegenüber der stellvertretenden Reich-

Gottes-Familie und der natürlichen Familie die Ersatzfamilie den Vorrang haben müsse.

Insofern leuchtet auch ein, dass in der Ersatzfamilie des Reich Gottes die traditionelle Stellung der Frau, die sonst von untergeordneter Bedeutung war und nur in Beziehung zu einem Mann soziale Geltung beanspruchen konnte, nicht mehr gültig war. Hier konnten Frauen eine Identität mit ureigenem Anspruch als Schwestern ihres älteren Bruders Christus geltend machen.

Die Frau und ihr Sitz im Leben

Es ist viel über die gesellschaftliche Stellung der Frau in der antiken Gesellschaft geschrieben worden. Ich möchte mich im folgenden vor allem solchen Aspekten widmen, die Situationen von Frauen beleuchten, wie sie im Neuen Testament berichtet werden.

Der vorrangige und wichtigste soziale Ort der Frau war der familiäre Haushalt. Dort verwaltete sie die häuslichen Finanzen und achtete darauf, dass die zum Hausstand gehörenden Sklaven angemessen beaufsichtigt und eingesetzt wurden. Sie sorgte für die Ernährung und die Begrüßungsrituale bei den Gastmahlen ihres Ehemannes. Sie zog die Kinder groß und kümmerte sich um ihre Erziehung, bis die Jungen in die Pubertät kamen und der Vater diese Rolle übernahm. Es lag in ihrer Verantwortung, dass nichts und niemand in ihrem Hause an den falschen Platz geriet und alles seine Ordnung hatte.

Wenn sie das Haus verließ, um einzukaufen oder Besuche zu machen, musste sie von einem Mann begleitet werden, nicht so sehr, um vor anderen beschützt zu werden, sondern vielmehr, um auf den guten Namen ihres Ehemannes zu achten, den sie nicht durch unangemessenes Verhalten in Zweifel ziehen lassen durfte. Jeder Mann, der sich an sie wenden wollte, musste dies durch ihren Begleiter tun und durfte sie nicht direkt ansprechen. Eine Frau musste in der Begleitung von Männern sehr darauf bedacht sein, dass durch ihr Verhalten auf keinerlei Weise der Ruf ihres Ehemannes beeinträchtigt werden konnte.

Ihr Körper gehörte einzig und allein ihrem Mann. Nur er durfte sie berühren und mit ihr Geschlechtsverkehr haben. Hätte ein anderer erwachsener Mann dies getan, so hätte er über den Ehemann Schande und Unehre gebracht. In diesem Sinne war die Frau ihrem Mann gewissermaßen ausschließlich geweiht. Ehebruch wurde als eine

Sünde und ein Vergehen gegenüber dem Ehemann verstanden, wohingegen es dem Ehemann gestattet war, den Körper einer jeden erwachsenen, alleinstehenden Frau zu berühren und mit ihr zu schlafen, ohne dass er des Ehebruchs bezichtet wurde. Solch eine Verhaltensweise zog für ihn auch keinerlei Schande oder Unehre nach sich. Wenn er aber der Tochter eines Mannes, der eine höhere soziale Stellung innehatte, die Jungfräulichkeit raubte, dann konnte jener ihn wegen der Schädigung seines guten Ruf und seiner Ehre verklagen.

Man erwartete von den Töchtern, dass sie heirateten, wenn sie die Pubertät erreicht hatten; der geeignete Ehemann wurde entweder von ihrem Vater oder, wenn dieser verstorben war, von ihrem älteren Bruder bestimmt. Die Frauen hatten keine eigene Wahlmöglichkeit. Sie brachten eine Mitgift in die Ehe mit, deren Umfang sich nach der Stellung ihres Vaters innerhalb der Gemeinschaft richtete. Diese Mitgift ging dann in das Eigentum des Ehemannes über, der sie verwahren musste, aber nicht veräußern oder vergeuden durfte. Sollte der Ehemann sterben, ging die Mitgift in die Obhut seines ältesten Sohnes über.

Jüdischen Frauen war es ganz allgemein nicht erlaubt, Handel zu treiben oder selbst Geld zu verdienen. Sollte eine Frau als Wäscherin oder Haushälterin für andere gearbeitet haben, ging ihr Lohn an ihr Familienoberhaupt, sei es ihr Vater, ihr älterer Bruder, ihr Ehemann oder ihr ältester Sohn. Jede unverheiratete Tochter musste sich im Falle des Todes ihrer beider Elternteile unter den Schutz und in die Obhut des nächsten männlichen Blutsverwandten begeben, der sich ihrer als neues familiäres Oberhaupt annahm. Wenn es einen solchen nicht gab, musste sie um ihren Lebensunterhalt betteln gehen oder sich der Prostitution preisgeben, wenn sich nicht ihr Dorf ihrer mildtätig annahm.

Frauen mussten auch während des Gottesdienstes in der Synagoge getrennt von den Männern ihren Platz einnehmen. Bei gesellschaftlichen Ereignissen standen Frauen stets im Hintergrund und mussten sich geziemend kleiden, wie es der sozialen Stellung ihres Herrn entsprach.

Weibliche Sklaven wurden selten freigelassen. Sie wurden vielmehr als unveräußerlicher Besitz ihrer männlichen Eigentümer betrachtet. Wenn eine Sklavin einen anderen Sklaven heiratete, der später freigelassen wurde, blieb sie dennoch weiterhin Eigentum ihres Sklavenhalters. Dies galt auch für ihre Kinder.

Wie wir sehen werden, entschied sich Jesus, Frauen in vieler Hinsicht völlig anders zu behandeln, als es gesellschaftlich üblich war, was entsprechend große Verwirrung in seinem eigenen sozialen Umfeld und in der Öffentlichkeit auslöste. Die frühe Kirche verlieh den Frauen bis zum Ende des ersten nachchristlichen Jahrhunderts einen ganz neuen gesellschaftlichen Status, aber danach verschwanden die Frauen wieder von der Bildfläche des kirchlichen Lebens. (Zu ausführlicheren Informationen über die gesellschaftliche Stellung der Frau in der Zeit des ersten Jahrhunderts siehe auch die in der Bibliographie im Anhang aufgeführten Untersuchungen.)

Nur wenn wir etwas von der damaligen Stellung der Frau in der antiken Gesellschaft begreifen, werden wir auch die unerhörte Beziehung von Jesus und Gott zu den Frauen verstehen, wie es in den Texten geschildert wird.

2. Frauen in den Evangelien

Die vier Evangelien im Neuen Testament berichten von Handlungsweisen und Aussagen einer bemerkenswerten Anzahl von Frauen, und zwar aus der allgemeinen Haltung heraus, wie sie damals Frauen gegenüber üblich war. Von wichtigen Ausnahmen abgesehen wurden die meisten dieser Frauengestalten ihrer jeweiligen gesellschaftlichen Klasse geachtet und respektiert. Man muss nur bei antiken Schriftstellern wie Herodot, Plinius oder Pausanias lesen, um den gravierenden Unterschied in der Darstellung von Frauen und ihren Verhaltensweisen festzustellen. Dort werden nur wenige Frauen überhaupt erwähnt, und wenn, dann verhalten sich die meisten von ihnen ziemlich verwerflich.

Das erste, was einem bei der Lektüre der Evangelien in Bezug auf die dort geschilderten Frauen ins Auge fällt, ist, dass sie als eigenständige Personen namentlich genannt werden. Da sich die Identität einer Frau damals einzig von ihrem Vater, Ehemann, Onkel, Großvater, Sohn usw. herleitete, wurde sie sonst stets mit dem Namen ihres Schutzherrn verbunden. Die einzigen Ausnahmen, bei denen jedoch Frauen in den Evangelien mit dem Namen ihres Familienoberhaupts verbunden werden, finden sich dort, wo der Mann ebenfalls für die Erzählung des Evangelisten wichtig ist. Zumeist aber werden die Frauen so erwähnt, als ob allein ihr eigener Name für ihre Identität erforderlich war. Schon diese Tatsache zeigt, welch einen ersten und radikalen Schritt das frühe Christentum ging, um den Frauen eine eigenständige, von den Männern unabhängige gesellschaftliche Stellung zu verleihen.

Ich habe die Frauen in den Evangelien in verschiedene Kategorien eingeteilt, um deutlich zu machen, dass nicht nur die Führungsgestalten der frühen Kirche einschließlich Jesus den Frauen eine eigene Identität zubilligten, sondern dass auch die Frauen selbst zu spüren begannen, dass Gott ihnen den Anspruch verliehen hatte, selbstbewusst und eigenständig ihre Rechte geltend zu machen.

Der Anspruch, angehört zu werden

Die kanaanäische Frau

Und Jesus ging fort von dannen und entwich in die Gegend von Tyrus und Sidon. Und siehe, eine kanaanäische Frau kam aus jener Gegend und schrie ihm nach und sprach: Ach Herr, du Sohn Davids, erbarme dich meiner! Meine Tochter wird von einem bösen Geist übel geplagt. Und er antwortete ihr kein Wort. Da traten zu ihm seine Jünger, baten ihn und sprachen: Lass sie doch von dir, denn sie schreit uns nach. Er antwortete aber und sprach: Ich bin nur gesandt zu den verlorenen Schafen des Hauses Israel. Sie kam aber und fiel vor ihm nieder und sprach: Herr, hilf mir! Aber er antwortete und sprach: Es ist nicht fein, dass man den Kindern ihr Brot nehme und werfe es vor die Hunde. Sie sprach: Ja, Herr; aber doch essen die Hunde von den Brosamen, die von ihrer Herren Tische fallen. Da antwortete Jesus und sprach zu ihr: O Frau, dein Glaube ist groß. Dir geschehe, wie du willst! Und ihre Tochter ward gesund zu derselben Stunde. (Mt 15, 21–28; siehe auch Mk 7, 24–30)

Die Frau, die bei Markus als eine Griechin aus dem syrisch-phönizischen Raum beschrieben wird, nennt Matthäus eine Kanaaniterin, um sie so nichtjüdisch wie möglich darzustellen. Matthäus war darüber bekümmert, dass Markus den Eindruck vermittelte, alle Heiden hätten wie die Juden die gleichen Rechte in der Nachfolge Jesu. Wenn Matthäus Geschichten über Heiden erzählte, die glaubten, dann mussten diese Nichtjuden stets über einen außergewöhnlichen Glauben an Gott verfügen. Matthäus nennt sie eine Kanaaniterin und macht sie so zu einer Angehörigen der aus jüdischer Sicht am meisten verhassten Heiden, die die Israeliten von ihrem Glauben an Jahwe abspenstig gemacht hatten.

Die Kanaaniter waren unter den Juden besonders berüchtigt wegen ihrer moralisch verwerflichen Götzenkulte, bei denen sie oft Tempelprostituierte einsetzten. Die hebräischen Männer fühlten sich von den kanaanitischen Frauen besonders angezogen, vermutlich gerade wegen ihrer Kunst der sexuellen Verführung. Die hebräischen Propheten schmähten die kanaanitischen Gottheiten mehr als alle anderen.

Matthäus bezeichnete sie als eine Kanaaniterin, um mit besonderem Nachdruck darauf hinzuweisen, dass sie zu einem Volk gehörte, dessen Angehörige als die schlimmsten Feinde Israels betrachtet wurden. Insofern war es etwas ganz Außerordentliches, wenn eine solche Ausländerin an den Gott Israels glaubte. Matthäus bekräftigt dies, wenn er Jesus sagen lässt, dass ihr Glaube groß sei. Mit anderen Worten – und das gleiche findet sich bei Matthäus in der Geschichte über die Heilung des Dieners oder Sohnes des römischen Hauptmanns –, diese heidnische Frau, obwohl sie dem unreinsten aller heidnischen Völker angehörte, besaß ein Maß an Glauben, das größer war als das der meisten Juden, und das machte es Jesus möglich, ihre Tochter zu heilen. Deshalb, so will es das Evangelium des Matthäus sagen, kann man nicht Heiden wie sie als Maßstab nehmen, um zu beweisen, dass das Evangelium für alle Heiden auf die gleiche Weise zugänglich war wie für das Volk Gottes .

Es ist interessant festzustellen, wenn es im Evangelium des Matthäus heißt, dass die Heiden in die christlichen Gemeinden strömten und die Christen, die zuvor gläubige Juden gewesen waren, geradezu überschwemmten, so dass die Judenchristen ihre Führungspositionen in den Versammlungen verloren. Die Juden waren der Auffassung, dass sie, weil sie zuerst zum Glauben an Christus gekommen waren, deshalb auch vorrangig zu leitenden Ämtern ausersehen wären.

Bemerkenswert jedoch an der Geschichte, insbesondere wie sie von Matthäus erzählt wird, ist die Art und Weise, wie diese kanaanitische Frau völlig aus der sozialen Konvention ausbrach, nicht nur dass sie sich erkühnte, einem jüdischen Mann trotzig entgegenzutreten, sondern dass sie damit auch eine soziale Verantwortung wahrnahm, die eigentlich ihrem Ehemann zustand. Ohne Zweifel war ihr Mann ein überzeugter Kanaaniter, glaubte nur an seine eigenen Götter und war nicht bereit, sie zugunsten des verhassten jüdischen Gottes aufzugeben. Wäre dagegen sein Sohn krank gewesen, und er hätte die Gewissheit gehabt, dass Jesus ihn hätte heilen können, dann dürfte die Sache für ihn vielleicht komplizierter geworden sein. Aber ich zweifle, ob es für ihn möglich gewesen wäre, sich gegenüber einem Israelit so zu erniedrigen, wie es seine Frau tat.

Offenkundig nahm die Frau allen Mut zusammen aufgrund der Tatsache, dass dieser Jude Jesus sein eigenes heimatliches Gebiet Galiläa verlassen und sich in die für ihn fremde Gegend von Tyrus und Sidon begeben hatte. Hier waren er und seine Jünger nun ausdrücklich Fremdlinge, befanden sich also nicht innerhalb des gegebenen Ordnungsgefüges an ihrem angemessenen Platz. Jesus verließ übrigens häufig jüdisches Territorium. Matthäus sagt uns in diesem Zusammenhang, dass er sich „zurückzog", und Jesus tat dies vermutlich, um sich der ihn bedrängenden Menschenmenge zu entziehen. Markus behauptet, er „ging in ein Haus", was bedeutet, dass Jesus in dieser fremden Gegend wohl Freunde hatte, und „weil er unerkannt bleiben wollte“, was ihm aber nicht gelang.

Die Reaktion der Jünger Jesu war bezeichnend. „Sieh zu, dass du sie loswirst; sie schreit ja hinter uns her.“ Wie konnte sie, diese Heidin, es nur wagen, ungebeten zum Meister zu kommen und um etwas zu bitten, wozu eigentlich nur die Juden das Recht hatten? Es war den Frauen keineswegs gestattet, einen Mann direkt anzusprechen, sei es in religiösen oder politischen Dingen, sondern sie mussten ihren Ehemann, Vater, Bruder, Sohn oder Onkel bitten, sich vermittelnd für ihr Anliegen einzusetzen. Aber das war es nicht alleine. Die Frau verschaffte sich ungebeten Zugang zum Kreis um Jesus. Es gab für sie als Frau keine Willkommensrituale, der Zutritt war ihr nicht erlaubt, und so war sie an diesem Ort augenscheinlich fehl am Platze, da diese Sphäre ausschließlich den Männern vorbehalten war. Sie blieb eine Ausländerin und ungebetene Fremde und beanspruchte dennoch kühn Zutritt zu einer Sphäre, die einzig den Männern vorbehalten war. Mit anderen Worten, sie verhielt sich wie eine Prostituierte.

Aber dieser unverschämten Frau lag mehr die Heilung ihrer Tochter am Herzen, als dass sie sich um die sozialen Gepflogenheiten der Juden und Heiden (zu denen sie selbst gehörte) kümmerte, und sie erhob den Anspruch, angehört zu werden. Sie war besorgter um ihre Tochter als um das, was diese jüdischen Männer von ihr denken mochten. Sie wusste, was sie tat, und sie bedrängte die Männer mutig, etwas zu tun.

Wäre Jesus nicht dagewesen, wären seine Jünger zweifellos an ihr vorübergegangen und hätten sie gar nicht beachtet. Sie durften sie nicht körperlich berühren, denn dann hätten sie sich unrein gemacht. Deshalb sprachen sie über sie zu Jesus und wandten sich nicht direkt an sie. Denn wenn sie sich ihr mit dem Angesicht zugewandt hätten, hätten sie damit ihre Anwesenheit anerkannt und ihr so einen Platz in ihrem Kreis eingeräumt.

Jesus – nicht seine Jünger – hörte sie und antwortete ihr auf ihr Bitten, ihre Tochter zu heilen. Sie nahm lieber in Kauf, als Hure und Außenseiterin betrachtet zu werden, die man unbeachtet lässt, als eine Gelegenheit für die Heilung ihrer Tochter zu verschenken.

Zunächst gibt ihr Jesus unmissverständlich zu verstehen, dass sie sich nicht am richtigen Platz befindet. Sein eigener angemessener Ort als Israelit war unter seinem Volk. Seine Verpflichtung war es, der Messias für sein Volk Israel zu sein. Wenn er das israelitische Gebiet verließ, war er nicht an seinem richtigen Platz. Zu ihrer Tochter zu gehen und ihr zu helfen hieße für ihn, unrein zu werden. Er war Israel gegenüber verpflichtet. Jeder Dienst an Nichtjuden war ein entweihender Dienst. Sie verlangte damit von ihm, seinen angemessenen Platz innerhalb einer heiligen Ordnung zu verlassen, sich in ihr heidnisches Ordnungsgefüge und ihren dortigen Platz zu begeben und damit sein Geheiligtsein durch ihres zu ersetzen.

Dennoch beharrte sie darauf: „Hilf mir doch, Herr!“ Jesus führte ihr vor Augen, wie aussichtslos ihr Begehren war, indem er erwiderte: „Es ist nicht recht, den Kindern das Brot wegzunehmen und es den Hunden vorzuwerfen.“ Wären wir an der Stelle dieser kanaanitischen Mutter gewesen, wir wären durch diese schroffe Antwort sicher entmutigt gewesen, und hätten aufgegeben.

Hunde wurden damals nicht als Haustiere gehalten, wie wir es heute zu tun pflegen. Sie waren gewöhnlich herrenlos, durchstreiften die Straßen und Gassen, scharrten in den Abfallhaufen und kämpften während der Mahlzeiten an Torwegen und Eingängen ums Überleben. Alle Hunde wurden als unrein betrachtet, waren also in einem Haushalt nicht am angemessenen Platz, man berührte sie nicht und kümmerte sich nicht um sie, man überließ ihnen höchstens Nahrungsreste und Knochen. Die einzige Ausnahme stellten solche Hunde dar, die als Wachhunde gezüchtet und ausgebildet wurden, um Schafe und Ziegen vor wilden Tieren zu beschützen.

Jesus verglich die Frau also mit einem nutzlosen, unerwünschten und unreinen Tier, das in den Straßen herumjault und zu stehlen versucht, was eigentlich den Kindern an der Familientafel gehört. Aber sie ließ sich davon nicht einschüchtern und entmutigen. Es war ihr sehr wohl bewusst, dass Hausherren den herumstreunenden Hunden Nahrungsreste zuwarfen. „Gewiss, Herr“, sagte sie, „aber die Hunde bekommen doch wenigstens die Brotkrumen, die vom Tisch ihrer Herren fallen.“

Sie erkannte an, was Jesus ihr sagte. Sie hatte, da sie keine Jüdin war, nicht das Recht, von ihm zu fordern, was nur seinem Volk zustand. Um Anspruch auf eine Heilung durch Jesus zu haben, hätte sie zunächst einmal Jüdin werden müssen; dann erst hätte sie darum bitten können, dass er ihre Tochter gesund machte. Aber ihr war klar, und Jesus wusste dies auch, dass für sie die einzige Möglichkeit, Israelitin zu werden, darin bestand, dass ihr Ehemann zum Judentum übertrat. Man darf nicht vergessen, dass die Identität einer Frau von der ihres Ehemannes abhing. Die Tatsache aber, dass sie allein anwesend war und nicht auch ihr Ehemann, war ein eindeutiger Beweis dafür, dass diese Möglichkeit für sie wohl nicht gegeben war.

Sie bat nicht darum, einen Platz im gesellschaftlichen Ordnungsgefüge Israels zu erhalten. Sie verhielt sich wie die Hunde, denen kein Platz in Haushalt eingeräumt wurde; sie wollte lediglich geduldet werden, und sie war mit dem, was dabei für sie abfiel, zufrieden. Sie wollte nur, dass ihre Tochter geheilt wurde, und zwar von diesem israelitischen Mann, von dem sie wusste, dass er über die Gabe des Heilens verfügte.

Was uns hier begegnet, ist eine typische Konfrontation zwischen zwei mediterranen Menschen: auf der einen Seite ein männlicher Israelit, der eine gewisse Autorität und Reputation besitzt, auf der anderen Seite eine kanaanitische Frau, die sich bei den Juden nicht an ihrem angemessenen Ort befand und überhaupt keine klare gesellschaftliche Stellung einnahm.

Indem sie ihren von Jesus zugewiesenen Platz einnahm und ihn bat, sie wenigstens nicht schlechter als einen streunenden Hund zu behandeln, stellte sie für Jesus kein Problem mehr dar. Sie akzeptierte sein Geschenk der Heilung zu seinen Bedingungen, auch wenn sie darauf bestanden hatte, den ersten Schritt zu tun – was für sie jedenfalls eine ziemlich gefährliche Vorgehensweise darstellte, weil sie damit das Risiko einging, verjagt zu werden, nur weil sie jener, um die sie über alles besorgt war, etwas Gutes tun wollte: ihrer kranken Tochter.

Aus der Sicht des Matthäus, der die Vorrangstellung der Juden vor den Heiden in der christlichen Kirche betonte, war ihr Verhalten und ihr Glaube an Jesus außerordentlich und ungewöhnlich für eine Heidin, und deshalb konnte sie für ihn nicht als Beleg dienen, dass Jesus alle Heiden in die messianische Familie einlud.

Die Mutter von Jakobus und Johannes

Da trat zu ihm die Mutter der Kinder des Zebedäus mit ihren Söhnen, fiel vor ihm nieder und wollte etwas von ihm bitten. Und er sprach zu ihr: Was willst du? Sie sprach zu ihm: Lass diese meine zwei Söhne sitzen in deinem Reich, einen zu deiner Rechten und den anderen zu deiner Linken. Aber Jesus antwortete und sprach: Ihr wisset nicht, was ihr bittet. Könnt ihr den Kelch trinken, den ich trinken werde? Sie sprachen zu ihm: Ja, das können wir. Und er sprach zu ihnen: Meinen Kelch sollt ihr zwar trinken, aber das Sitzen zu meiner Rechten und Linken zu geben, steht mir nicht zu, sondern denen es bereitet ist von meinem Vater. Da das die Zehn hörten, wurden sie unwillig über die zwei Brüder. (Mt 20, 20–24; siehe auch Mk 10, 35–41)

Als Jakobus und Johannes ihre Familie verließen, um Jesus nachzufolgen, hatten sie etwas für die Gesellschaft Unannehmbares getan: Sie hatten ihrem Vater Unehre und Schande gebracht. Zebedäus hatte ein großes familiäres Fischereiunternehmen und dürfte in seinem Ort ein achtbarer Mann gewesen sein. Von seinem ältesten Sohn wurde erwartet, nach dem Tod des Vaters dessen Geschäft zu übernehmen, um so die ehrenvolle Stellung der Familie innerhalb der Gemeinschaft aufrechtzuerhalten. Man wird von ihm auch erwartet haben, seinen unverheirateten Schwestern Ehemänner zu verschaffen und die erforderliche Mitgift bereitzustellen, seinen unverheirateten Brüdern bei der Errichtung des eigenen Hausstandes zu helfen sowie für seine Frau zu sorgen und sicherzustellen, dass ihre Versorgung gewährleistet war, sollte er vor ihr sterben.

Als nun aber beide Söhne den Familienbetrieb verließen, um Jesus nachzufolgen, hatten sie mit ihrem unwiderruflichen Entschluss Unehre und Schande über ihren Vater gebracht. Wenn Zebedäus sterben sollte, wer würde sich dann um das Geschäft und das Ansehen der Familie kümmern? Das ganze Dorf dürfte über ein solch skandalöses Verhalten äußerst erregt und Zebedäus dem Vorwurf ausgesetzt gewesen sein, seine Söhne nicht richtig erzogen zu haben. Die Dorfgemeinschaft wird sich auch darüber empört haben, dass das Ansehen der gesamten Familie von diesen jungen Männern aufs Spiel gesetzt worden war.

Die jüdischen Männer nahmen ihre Rolle als Familienoberhaupt sehr ernst. Das Ansehen und die Ehre eines Ortes gegenüber anderen hing in großem Maße davon ab, dass jede Familie darauf bedacht war, ihren Ruf aufrechtzuerhalten. Der älteste Sohn war nicht frei und ungebunden, um einfach Haus und Hof zu verlassen und woanders Geschäfte zu betreiben oder bei anderen Leuten statt bei seinem Vater in Diensten zu stehen. Die Wahlmöglichkeiten für die eigene Lebensgestaltung waren in einer Welt, deren Spielräume als begrenzt verstanden wurden, sehr eingeschränkt.

Als diese jungen Männer auf den Ruf zur Nachfolge Jesu eingingen und ihr Zuhause verließen, richtete sich ihr Verhalten nicht nur gegen den Willen ihres Vaters und die Erwartungen ihrer Dorfgemeinschaft, sondern sie brachten über den Namen der eigenen Familie und den des Ortes große Schande.

Zwei Jahre später wurde Jesus als der Messias verehrt, der dann, wie man glaubte, bald das Joch der römischen Besatzungsmacht abschütteln und die souveräne Ehre Israels wieder herstellen würde.

Zebedäus muss bereits gestorben gewesen sein, denn andernfalls hätte seine Frau es kaum gewagt, ungebeten zu Jesus zu kommen.

Die Witwe von Zebedäus hatte sich entschieden, etwas zu unternehmen, um die Ehre ihres verstorbenen Mannes wieder herzustellen. Wohlgemerkt, sie wird nicht mit Namen genannt, sondern nur in Beziehung zu dem bekannten Fischer. Ihre Identität blieb in der ihres Mannes verankert, auch wenn er tot war. Sie kam zu Jesus, ungebeten, kniete vor ihm nieder wie eine Sklavin – eine Verhaltensweise, die seltsam anmutet für eine Frau, die einst als Ehefrau des Zebedäus in hohem Ansehen stand – und bat ihn, ihre beiden Söhne im kommenden Königreich zu den ranghöchsten und mächtigsten Höflingen des Messias zu ernennen.

Man muss sich klarmachen, dass dies vor aller Augen auf einem öffentlichen Platz geschah und eine große Menschenmenge den Vorfall mitbekommen haben dürfte. Das fand nicht hinter verschlossenen Türen oder in einem fremden Land statt wie bei der kanaanitischen Frau. Doch das war wichtig, denn diese Witwe war von ihren Söhnen, als sie ihre Familie verließen, öffentlich in Schande gebracht worden, und nun wollte sie die verlorene Ehre und das Ansehen ebenfalls vor aller Augen wiedererlangen.

Aber auch sie hatte sich außerhalb des ihr zugewiesenen Platzes begeben. Sie gehörte eigentlich in ihr Haus, um sich um den Haushalt zu kümmern und dafür zu sorgen, dass diese Dinge reibungslos abliefen. Es war ihr nur erlaubt, sich vor die Tür zu begeben, wenn sie Einkäufe erledigen musste oder einem bedürftigen Nachbar Speise brachte.

Mit ihrem öffentlichen Kniefall vor Jesus brachte sie auf ihre Weise zum Ausdruck, dass sie sich sehr wohl darüber im klaren war, dass sie sich eigentlich nicht am angemessenen Ort befand. Denn wenn sie in Jesu Gegenwart aufrecht vor ihm gestanden hätte, wäre dies angesehen worden, als beanspruche sie die gleiche soziale Stellung wie er. Für eine Frau war dies auf zweifache Weise ein schändliches Verhalten: Zum einen mussten sie warten, bis sie aufgefordert wurden, zu einem Mann zu sprechen; zum anderen hatte keine Frau ohne ihr Familienoberhaupt eine achtbare Stellung in der Gesellschaft.

Indem sie darum bat, dass ihre Söhne Jesu oberste Höflinge würden, versuchte sie sicherzustellen, dass sie eine Ehrenstellung bekamen, die derjenigen überlegen war, auf die sie einst verzichtet hatten, als sie sich Jesus anschlossen. Es war ihr Anliegen, triumphierend in ihr Dorf zurückzugehen und allen zu verkünden, dass ihre Söhne nun eine weitaus größere Ehre erlangt hätten als jene, die sie einst hinter sich gelassen hatten. Und so würde sie – sogar in noch größerem Maße – damit auch die verlorene Ehre ihres Ehemannes wieder hergestellt haben. Da sie dies in aller Öffentlichkeit erreicht hätte, würden ohne Zweifel eine Vielzahl von männlichen Zeugen vorhanden sein, die ihren Anspruch bestätigen könnten. Das war deshalb wichtig, weil das Wort einer jüdischen Frau in der damaligen jüdischen Gesellschaft überhaupt nichts galt; alles musste mit Hilfe von männlichen Zeugen bestätigt werden.

Wir müssen ihr Verhalten in dem gegebenen sozialen Kontext betrachten. Obwohl Jesus ihr sogleich klarzumachen versuchte, dass ihr ein Irrtum unterlief, wenn sie meinte, im Königreich Gottes wäre Ehre und Anerkennung ein entscheidender Faktor im sozialen Beziehungsnetz, so tadelte er sie jedoch nicht. Wusste er doch, dass ihr Anliegen nicht so sehr sie selbst betraf, sondern die Ehre ihres verstorbenen Mannes und die ihres Dorfes.

Sowohl Matthäus als auch Markus berichten, wie Jesus ihr beschämendes Verhalten dazu benutzte, seinen Jüngern eine recht wichtige Lektion in Sachen Ehre und Führung zu erteilen. Er machte deutlich, warum die männliche Vorstellung von Ehre und Führerschaft, die sie zu diesem Verhalten veranlasst hatte, nicht in das Königreich, das er errichten werde, passen würde. Wahre Führergestalten geben ihren Begriff von Ansehen und Ehre, der einst mit dieser Rolle verbunden gewesen war, auf und übernehmen die soziale Rolle des am geringsten geachteten Glieds der Gemeinschaft: die des Sklaven. Wahre Führer werden hier wie Sklaven dienen, nicht aber Macht ausüben wie die irdischen Herrscher und Gebieter.

Ich bewundere diese verwitwete Mutter. Ihr unerhörtes Verhalten um ihrer Familie willen verdient weit mehr Beachtung, als es allgemein findet. Ohne sie hätte Jesus wohl kein Modell der Führerschaft für die christliche Kirche hinterlassen.

Hanna, die Prophetin

Und es war eine Prophetin, Hanna, eine Tochter Phanuels, vom Geschlecht Ascher; die war hochbetagt und hatte gelebt sieben Jahre mit ihrem Manne nach ihrer Jungfrauschaft und war nun eine Witwe bei vierundachtzig Jahren; die kam nimmer vom Tempel, diente Gott mit Fasten und Beten Tag und Nacht. Die trat auch hinzu zu derselben Stunde und pries Gott und redete von ihm zu allen, die auf die Erlösung Jerusalems warteten. (Lk 2, 36–38)

Als Jesus im Tempel nach seiner Beschneidung Gott dargebracht wurde, feierten zwei weitere Personen dieses Ereignis mit seinen Eltern. Einer von ihnen war Simeon, ein rechtschaffener und gottesfürchtiger Mann, der inständig für die Rettung Israels betete. Gottes Geist offenbarte ihm, dass Jesus der Messias sei, und so nahm er das Kind in seine Arme und äußerte seine Prophezeiung in jenem Lied, das wir heute *Nunc Dimittis* nennen.

Auch eine ältere Frau war anwesend, die Simeons Prophezeiung vernahm. Sie war von dem Stamme Ascher, einem der wenigen Stämme, die Ezechiels Aufruf in einer Zeit, als Israel in innere Wirren verstrickt war, Folge geleistet hatten, das Passahfest in Jerusalem wieder neu zu beleben. Sie hatte als junge Frau geheiratet und war den größten Teil ihres Lebens Witwe gewesen; nun zählte sie ganze vierundachtzig Jahre. Damals mussten Witwen von Freunden und der Familie unterstützt werden, denn eine von ihrem verstorbenen Mann zurückgelassene Frau war nicht in der Lage, Geld für ihren Lebensunterhalt zu verdienen. Lukas bezeichnet sie als eine Prophetin. Das Judentum legte nicht viel Wert auf Frauen als Priesterinnen, Prophetinnen oder Königinnen. Die im Alten Testament erwähnten Frauen, deren Namen mit Religion oder Herrschaft verbunden waren, erscheinen in keinem guten Licht.

Hanna war zu alt, um anderen Menschen noch zu helfen und Bedürftige zu unterstützen, selbst wenn es ihr erlaubt gewesen wäre, sich Geld zu erwirtschaften. Sie war aber nicht zu alt, um eine Prophetin zu sein. Indem sie zu Jesu Darbringung in den Tempel kam, „pries sie Gott und sprach über das Kind zu allen, die auf die Rettung Jerusalems warteten". Wenn überhaupt jemand autorisiert war, die Geburt des Messias zu verkündigen, so war es diese alte Frau.

Welch ein selbstbewusstes und unerhörtes, rebellisches Verhalten von ihr! Alte Frauen, so dachte man damals, sollten sich im Hintergrund halten und ihre Gebete sprechen, aber nicht ihre zahnlosen Münder öffnen! Frauen gleich welchen Alters hatten nicht das Recht, irgend etwas zu sagen, denn keiner würde ihren Worten Glauben schenken, wenn nicht mindestens zwei Männer bezeugten, was sie sagten. Hanna wusste, dass keiner sie beachten würde; aber sie wusste auch um den Drang des Heiligen Geistes, den sie in ihrem Inneren empfand, die Wahrheit zu verkünden, die ihr gegeben war. Sie gehorchte Gott, und das war alles, worauf es ihr ankam. Sie nahm es in Kauf, dass die Menschen ihre Botschaft völlig ignorierten.

Die Frau, die die Mutterschaft pries

Jesus wurde wegen seiner Fähigkeit, Dämonen auszutreiben, herausgefordert von denen, die ihn verspotteten und ihm vorwarfen, mit dem Teufel im Bunde zu sein. Doch er wies sie zurecht, indem er deutlich machte, dass jemand – gemeint war der Tempel – töricht wäre, wenn er Diener beschäftigte, die seine eigene Autorität untergruben. Daraufhin versetzte eine Frau aus der Menge alle um sie herum in Erstaunen, als sie ausrief:

> Selig ist der Leib, der dich getragen hat, und die Brüste, die du gesogen hast. (Lk 11,27)

Hier begegnen wir einer sehr interessanten Situation. Jesu Gegner, zumeist einflussreiche Pharisäer, forderten ihn heraus, indem sie versuchten, ihn in Gegenwart derjenigen zu blamieren, zu denen er sprach, indem sie ihn beschuldigten, mit dem Teufel im Bunde zu sein. Doch wie immer beschämte Jesus statt dessen sie in diesem Streitgespräch. In derartigen Situationen erhielt normalerweise der rhetorische Sieger öffentlich Beifall. Die mediterranen Menschen nahmen diese spielerischen Redeschlachten sehr ernst und wollten nichts lieber als sich um den Sieger zu scharen und ihm zu applaudieren.

Doch wer spendete Jesus Beifall zu dem Sieg über seine Möchtegern-Verleumder? Einzig und allein eine Frau. Und sie durfte sich eigentlich nicht sehen und schon gar nicht hören lassen, denn es handelte sich um eine Art Wettkampf, an dem nur Männer teilnahmen und zum Publikum zählten.

Man achte darauf, welche Ehrerbietung sie dem Leib, der ihn getragen hatte, und den Brüsten, die ihn genährt hatten, entgegenbrachte. In einer Gesellschaft, in der alle Ehre nur dem männlichen Erzeuger zustand, stellte dieser Gefühlsausbruch eine äußerste Unverschämtheit dar und hatte sicher erbitterte Zurechtweisungen von den umstehenden Männern zur Folge. Und was antwortete Jesus ihr darauf?

> Selig sind vielmehr, die das Wort Gottes hören und bewahren. (Lk 11,28)

Es fällt auf, dass Jesus die Frau nicht tadelte, wie die Menge es wohl erwartet haben dürfte. Sein Gebrauch des Adverbs „vielmehr" ihr gegenüber – es ist übrigens das einzige Mal, dass er dieses Wort im Neuen Testament benutzt – will nicht ihre Behauptung in Abrede stellen, nämlich dass seine Mutter selig zu preisen wäre, da sie ihn gebar. Im Evangelium des Lukas ist die Geburt Jesu ein Ereignis, auf dem der göttliche Segen ruht, und Maria wird von ihrer Cousine als „gesegnet“ bezeichnet: „Gesegnet bist du unter den Weibern, und gesegnet ist die Frucht deines Leibes!“ (Lk 1,42)

Was Jesus damit sagen wollte, ist folgendes: ‚Du hast vollkommen recht. Gott segnete meine Mutter, als sie mich gebar. Aber du musst ihr deshalb nicht meine Vollmacht, böse Geister auszutreiben, zuschreiben. Nur die Menschen, denen die Vollmacht von Gott gegeben ist, Gutes zu tun, sind jene, die das Wort Gottes hören und es in ihrem Leben umsetzen.‘

Und so ergreift Jesus die Gelegenheit, anhand der Kühnheit einer ungenannten Frau etwas sehr Wesentliches deutlich zu machen.

Die Magd, die Petrus herausforderte

Sie griffen ihn aber, führten ihn ab und brachten ihn in das Haus des Hohenpriesters. Petrus aber folgte von ferne. Da zündeten sie ein Feuer an mitten im Hof und setzten sich zusammen; und Petrus setzte sich unter sie. Da sah ihn eine Magd beim Feuer sitzen und sah genau auf ihn und sprach: Dieser war auch mit ihm. Er aber leugnete und sprach: Weib, ich kenne ihn nicht. Und über eine kleine Weile sah ihn ein anderer und sprach: Du bist auch deren einer. Petrus aber sprach: Mensch, ich bin's nicht. Und über eine Weile, wohl nach einer Stunde, bekräftigte es ein anderer und sprach: Wahrlich, dieser war auch mit ihm; denn er ist ein Galiläer. Petrus aber sprach: Mensch, ich weiß nicht, was du sagst. Und alsbald krähte der Hahn.

(Lk 22,54–60; siehe auch Mt 26,69–75 und Joh 18,16–18)

Sie war geradezu unverschämt, jene junge Sklavin, deren Aufgabe es eigentlich war, darauf zu achten, dass die Besucher ihre staubigen Sandalen auszogen, bevor sie das Haus des Hohenpriesters betraten, ihre Füße zu waschen und dafür zu sorgen, dass niemand Staub, der nicht an diesen Ort gehörte, nach drinnen brachte. Ihr Verhalten fiel völlig aus dem Rahmen, als sie auf Petrus zuging und ihn beschuldigte, auch er gehöre zu dem Verräter Jesus.

Da Petrus im Hof des Hohenpriesters als ungebetener Gast fehl am Platze war, glaubte sie vielleicht, dass sie ein solches Verhalten riskieren konnte. Auf keinen Fall hätte sie es gewagt, sich gegenüber jemandem, der eingeladen worden war, so zu verhalten. Aber genau damit löste sie eine Entwicklung aus, in deren Verlauf mehrere Männer die von ihr geäußerten Zweifel aufgriffen und Petrus ebenfalls bezichtigten, ein Verräter Israels zu sein.

Ich frage mich, ob sich einer dieser Männer überhaupt darum gekümmert hätte, wenn sich nicht dieses junge Mädchen gegenüber einem Mann – sei er nun ein geladener Gast des Hohenpriesters oder nicht – so ungehörig benommen hätte.

Petrus machte sich schließlich schuldig, seinen verehrten Meister zu verleugnen und ihm die Treue zu brechen, wo er doch geschworen hatte, ihm bis in den Tod zu folgen!

Wenn Anführer mit zweifelhaftem Verhalten durchzukommen versuchten, fiel es allzuoft namenlosen Frauen zu, die Wahrheit zu sagen, unabhängig von ihrer gesellschaftlichen Stellung. Und diese Frau gab sich nicht den Anschein, in irgendeiner Weise besonders religiös zu sein. Man beachte, dass ihr, nachdem sie diesen entscheidenden Schritt unternommen hatte, sogleich die Männer folgten und Petrus in Frage stellten, was letztendlich zu seinem Fall führte und zu der Erkenntnis, dass er Jesus verleugnet hatte.

Die Samariterin am Brunnen

Da nun der Herr wusste, dass vor die Pharisäer gekommen war, wie Jesus mehr zu Jüngern machte und taufte als Johannes, wiewohl Jesus selber nicht taufte, sondern seine Jünger, verließ er Judäa und zog wieder nach Galiläa. Er musste aber durch Samarien reisen. Da kam er in eine Stadt Samariens, die heißt Sychar, nahe bei dem Feld, das Jakob seinem Sohn Joseph gab. Es war aber daselbst Jakobs Brunnen. Da nun Jesus müde war von der Reise, setzte er sich auf den Brunnen; und es war um die sechste Stunde.

Da kommt eine Frau aus Samarien, um Wasser zu schöpfen. Jesus spricht zu ihr: Gib mir zu trinken! Denn seine Jünger waren in die Stadt gegangen, um Speise zu kaufen. Spricht nun die samaritische Frau zu ihm: Wie bittest du von mir zu trinken, der du ein Jude bist, und ich ein samaritisch Weib? – Denn die Juden haben keine Gemeinschaft mit den Samaritern. Jesus antwortete und sprach zu ihr: Wenn du erkenntest die Gabe Gottes und wer der ist, der zu dir sagt: Gib mir zu trinken! Du bätest ihn, und er gäbe dir lebendiges Wasser. Spricht die Frau zu ihm: Herr, hast du doch nichts, womit du schöpfest, und der Brunnen ist tief; woher hast du denn lebendiges Wasser? Bist du mehr als unser Vater Jakob, der uns diesen Brunnen gegeben hat? Und er hat daraus getrunken und seine Kinder und sein Vieh. Jesus antwortete und sprach zu ihr: Wer von diesem Wasser trinkt, den wird wieder dürsten; wer aber von dem Wasser trinken wird, das ich ihm gebe, den wird ewiglich nicht dürsten, sondern das Wasser, das ich ihm geben werde, das wird in ihm ein Brunnen des Wassers werden, das in das ewige Leben quillt. Spricht die Frau zu ihm: Herr, gib mir solches Wasser, auf dass mich nicht dürste und ich nicht mehr herkommen müsse, zu schöpfen!

Jesus spricht zu ihr: Gehe hin, rufe deinen Mann und komm her! Die Frau antwortete und sprach: Ich habe keinen Mann. Jesus spricht zu ihr: Du hast recht gesagt: Ich habe keinen Mann. Fünf Männer hast du gehabt, und den du nun hast, der ist nicht dein Mann; da hast du recht gesagt. Die Frau spricht zu ihm: Herr, ich sehe, dass du ein Prophet bist. Unsere Väter haben auf diesem Berge angebetet, und ihr sagt, zu Jerusalem sei die Stätte, da man anbeten solle. Jesus spricht zu ihr: Weib, glaube mir, es kommt die Zeit, dass ihr weder auf diesem Berge noch zu Jerusalem werdet den Vater anbeten. Ihr wisset nicht, was ihr anbetet; wir wissen aber, was wir anbeten; denn das Heil kommt von den Juden. Aber es kommt die Zeit und ist schon jetzt, dass die wahrhaftigen Anbeter werden den Vater anbeten im Geist und in der Wahrheit; denn der Vater will haben, die ihn also anbeten. Gott ist Geist, und die ihn anbeten, die müssen ihn im Geist und in der Wahrheit anbeten. Spricht die Frau zu ihm: Ich weiß, dass der Messias kommt, der da Christus heißt. Wenn derselbe kommen wird, so wird er's uns alles verkündigen. Jesus spricht zu ihr: Ich bin's, der mit dir redet. Und über dem kamen seine Jünger, und es nahm sie wunder, dass er mit einem Weibe redete. Doch sprach niemand: Was fragest du? Oder: Was redest du mit ihr? Da ließ die Frau ihren Krug stehen und ging hin in die Stadt und spricht zu den Leuten: Kommt, sehet einen Menschen, der mir gesagt hat alles, was ich getan habe, ob er nicht der Christus sei! Da gingen sie aus der Stadt und kamen zu ihm.

Indessen aber ermahnten ihn die Jünger und sprachen: Rabbi, iss! Er aber sprach zu ihnen: Ich habe eine Speise zu essen, von der ihr nicht wisset. Da sprachen die Jünger untereinander: Hat ihm jemand zu essen gebracht? Jesus spricht zu ihnen: Meine Speise ist die, dass ich tue den Willen dessen, der mich gesandt hat, und vollende sein Werk. Saget ihr nicht: Es sind noch vier Monate, dann kommt die Ernte? Siehe, ich sage euch: Hebet eure Augen auf und sehet in das Feld, denn es ist weiß zur Ernte. Schon empfängt Lohn, der da schneidet, und sammelt Frucht zum ewigen Leben, auf dass sich miteinander freuen, der da sät und der da schneidet. Denn hier ist der Spruch wahr: Dieser sät, der andere schneidet. Ich habe euch gesandt, zu schneiden, was ihr nicht gearbeitet habt; andere haben gearbeitet, und ihr seid in ihre Arbeit gekommen.

Es glaubten aber an ihn viele der Samariter aus dieser Stadt um der Rede der Frau willen, welche bezeugte: Er hat mir gesagt alles, was ich getan habe. Als nun die Samariter zum ihm kamen, baten sie ihn, dass er bei ihnen bliebe; und er blieb zwei Tage da. Und viel mehr glaubten um seines Wortes willen und sprachen zu der Frau: Wir glauben hinfort nicht um deiner Rede willen; wir haben selber gehört und erkannt, dass dieser ist wahrlich der Welt Heiland. (Joh 4, 1–42)

Diese Frau hatte jeden gegen sich. Sie war eine Samariterin. Kein jüdischer Mann hätte es gewagt, mit einem samaritischen Mann zusammen gesehen zu werden, geschweige denn mit einer Frau dieses Volkes. Samariter, so muss man wissen, hatten den wahren Glauben Israels verraten, indem sie ausländische Frauen geheiratet und ihren eigenen Tempel auf dem Berge Garizim errichtet hatten. Und sie war überdies eine Frau von üblem Ruf: Sie hatte fünf Männer – glücklicherweise nicht alle zur gleichen Zeit – und lebte mit dem sechsten Mann in Sünde. Deshalb kam sie auch mitten am Tag, um vom Brunnen des Ortes Wasser zu schöpfen, weil sie wusste, dass zu dieser Zeit keine anderen Frauen da waren, die sie als Sünderin beschuldigen konnten.

Jesus befand sich auf fremdem Gebiet und damit wiederum nicht am ihm angemessenen Platz. Hier war Samarien, und Juden mieden Samarien wie die Pest. Als Jesus am Brunnen ankam, musste er gewusst haben, warum er sie gerade zu diesem Zeitpunkt des Tages dort antraf. Wir wissen es, weil er ihr sagte, sie habe fünf Männer.

Als er sie um etwas Wasser bat, kritisierte sie ihn empört, weil er es gewagt hatte, sie anzusprechen, da er doch wusste, dass sie eine Samariterin sei. Wenn sie sich in dieser Situation verhalten hätte, wie es sich für eine Frau geziemte, hätte sie dieser Person – einem Mann und einem Ausländer dazu – überhaupt nicht geantwortet. Sie hätte stillschweigend seiner Bitte entsprochen und ihm Wasser dargereicht. Doch sie war eine Ausgestoßene in ihrem eigenen Dorf und meinte vielleicht, nichts mehr verlieren zu können, und so gab sie ihren Gefühlen freien Lauf.

Bald aber waren sie und Jesus in recht gewichtige theologische Fragen verwickelt, bis ihr schließlich klar wurde, dass er der wahre Messias sein musste. Es ist interessant, den Bericht des Johannes über dieses Gespräch zu lesen und festzustellen, wie aufmerksam sie in ihrem Leben dem Gespräch der Männer, wenn diese über religiöse Dinge redeten, gelauscht haben musste. War es ihr doch nur erlaubt, zuzuhören, weil Frauen davon abgehalten wurden, sich näher mit dem Glauben zu beschäftigen. Dennoch konnte sie zu Jesus sagen: „Ich weiß, dass der Messias kommt, der da Christus heißt. Wenn derselbe kommen wird, so wird er uns alles verkündigen."

Als Jesus ihr sagte, dass er der Messias sei, rannte sie eilends in ihr Dorf zurück, nahm Empörung und Spott der Leute in Kauf und rief allen laut zu, dass sie gerade mit dem Messias geredet habe. Alle Leute des Ortes kamen an jenem Tage zum Messias, und einzig und allein deshalb, weil eine sündige Frau beansprucht hatte, angehört zu werden, sowohl vom Messias als auch von dem ganzen Ort, in dem sie verachtet wurde.

Es ist interessant, wie die samaritischen Männer den entscheidenden Anteil der Frau am Geschehen, nämlich Jesus als den Messias erkannt zu haben, am Ende herunterspielten: „Wir glauben hinfort nicht um deiner Rede willen; wir haben selber gehört und erkannt, dass dieser ist wahrlich der Welt Heiland." Dies ist ein Hinweis darauf, dass das Zeugnis einer Frau vor einem jüdischen Gericht des bestätigenden Zeugnisses von mehreren Männern bedurfte, bevor es akzeptiert werden konnte. (Da unsere heutige Rechtsprechung sich auch der von ihren Männern geschlagenen Frauen annimmt, macht dies deutlich, dass sich inzwischen doch einiges geändert hat.)

Diese bisher erörterten sechs Frauen sind ganz bezeichnend für die Art und Weise, wie Frauen damals außerhalb einer sozial geachteten Stellung inmitten einer männlich dominierten Gesellschaft den Anspruch erhoben, angehört zu werden. Sie hatten natürlich ihre Bedürfnisse und Nöte; sie hatten Wichtiges zu sagen; sie sorgten dafür, dass der familiäre Haushalt und der Alltag ihres Ortes funktionierte – und sie waren bereit, direkt auf Jesus zuzugehen mit dem sicheren Gefühl, dass er ihnen zuhören und ihnen eine Chance geben würde. In jedem Fall wurden sie damit belohnt, dass ihre Frage eine Antwort erhielt oder ihr Anliegen gehört wurde.

Die Frauen, die Jesus auf dem Weg zum Kreuz beklagten

Nachdem Pilatus Jesus zum Tod am Kreuz verurteilt hatte, führten ihn die Soldaten ab. Eine große Menge von Schaulustigen schloss sich ihnen an und mit ihnen einige Frauen, die klagend ihre Stimme erhoben und um den Messias weinten, auf den man so viel Hoffnung auf eine Befreiung von der sozialen, politischen und religiösen Unterdrückung, die ihr tägliches Leben prägte, gesetzt hatte.

Wenn man jemals im Nahen Osten oder in Bosnien Frauen erlebt hat, die ihre im Krieg verlorenen geliebten Angehörigen betrauerten, bekommt man in etwa eine Vorstellung von der lauten Klage, um die es hier im Text geht.

Und als sie ihn hinführten, ergriffen sie einen, Simon von Kyrene, der vom Feld kam, und legten das Kreuz auf ihn, dass er's Jesus trüge. Es folgten ihm aber nach ein großer Haufe Volks und Frauen, die klagten und beweinten ihn. Jesus aber wandte sich um zu ihnen und sprach: Ihr Töchter von Jerusalem, weinet nicht über mich, sondern weinet über euch selbst und über eure Kinder. Denn siehe, es wird die Zeit kommen, in welcher man sagen wird: Selig sind die Unfruchtbaren und die Leiber, die nicht geboren haben, und die Brüste, die nicht genährt haben! Dann werden sie anfangen, zu sagen zu den Bergen: Fallet über uns! Und zu den Hügeln: Decket uns! Denn so man das tut am grünen Holz, was will am dürren werden? (Lk 23, 26–31)

Den Schmerz in ihrer Brust, ihr lautes Klagegeschrei und das Zerreißen ihrer äußeren Gewänder sowie ihre Gebete zu Gott um Erbarmen – all dies erwartete man von Frauen, die über den Tod ihrer eigenen Männer betrübt waren. Doch diese Frauen wagten es, ihre Trauer und ihren Schmerz über einen Mann in aller Öffentlichkeit zum Ausdruck zu bringen, der als gefährlicher Aufrührer von der Kirche und dem Staat zum Tode verurteilt worden war. Und ich habe keinen Zweifel, dass die Tempelaufseher und römischen Soldaten wohl alles in ihrer Macht stehende versuchten, um sie zum Schweigen zu bringen.

Jesus, der mit seinen eigenen Schmerzen und Ängsten angesichts der Qualen der Kreuzigung zu tun hatte, hielt den Zug bei den Frauen an und dankte ihnen, dass sie seiner mit Anteilnahme gedachten wie eines ihrer Blutsverwandten. Er nannte sie „Töchter Jerusalems". Hatte er jemals einen Mann als „Sohn Jerusalems" bezeichnet? Jerusalem war die Stadt Davids und nach den prophetischen Weissagungen das Zentrum von Gottes Gegenwart in dieser Welt. Insofern nannte er sie eigentlich „Jahwes Töchter"!

Und daraufhin warnte er sie, dass ihre Zukunft weitaus düsterer sein würde als seine eigene. Als diejenigen, die gebären und Kinder großziehen, würden sie quasi zum Vergnügen der Männer benutzt und missbraucht werden. Ihre Körper, von Jahwe zur Liebe und zur Mutterschaft bestimmt, würden zu Werkzeugen männlicher Vorherrschaft erniedrigt.

Ich zweifle nicht daran, dass diese wunderbaren Frauen, die ihren Protest gegen eine große Ungerechtigkeit erhoben, die ihnen von den in ihrer Gesellschaft dominierenden Männern angetan wurde, nun in ihrem Schmerz verharrten und innerlich wie auch mit äußerlichen Gebärden um den Sohn Marias trauerten. Dies war das erste Mal, dass in der Geschichte der Christenheit so etwas wie ziviler Ungehorsam stattfand.

Und wo waren die elf Jünger Jesu? Befanden sie sich auch unter den Menschen, die Jesus zur Kreuzigung nach Golgatha folgten? Es scheint nicht so. Nur Johannes tritt im Laufe der Kreuzigung in Erscheinung.

Es war eine große Zahl von ungenannten Frauen, die da aus dem Nichts auftauchten und doch recht genau zu wissen schienen, wer Jesus war und was er für sie und ihr Schicksal getan hätte, wenn er hätte weiterleben können, um sein neues Königreich Gottes aufzurichten. Und sie zögerten nicht, die Regeln der öffentlichen gesellschaftlichen Moral zu brechen, um ihren Widerstand zu erklären gegenüber dieser großen Ungerechtigkeit, die man an ihrem Meister verübt hatte.

Das Recht einfordern, unterstützt zu werden

Die nächste Gruppe der Frauen stellt jene dar, die mit persönlichen Problemen zu Jesus kamen. Während sich die Vorgenannten bittend für andere einsetzten, musste diese Gruppe bei ihrer Überschreitung gesellschaftlicher Grenzen noch einen Schritt weiter gehen, denn nur ihre Herren hatten das Recht, an ihrer statt Bitten vorzutragen.

Die blutflüssige Frau

Und eine Frau hatte den Blutfluss zwölf Jahre gehabt und konnte von niemandem geheilt werden. Die trat hinzu von hinten und rührte seines Kleides Saum an; und alsband stand ihr Blutfluss. Und Jesus sprach: Wer hat mich angerührt? Da sie aber alle leugneten, sprach Petrus: Meister, das Volk drängt und drückt dich. Jesus aber sprach: Es hat mich jemand angerührt; denn ich fühlte, dass eine Kraft von mir gegangen ist. Da aber die Frau sah, dass es nicht verborgen war, kam sie mit Zittern und fiel vor ihm nieder und verkündete vor allem Volk, aus welcher Ursache sie ihn hätte angerührt und wie sie wäre alsbald gesund geworden. Er aber sprach zu ihr: Meine Tochter, dein Glaube hat dir geholfen. Gehe hin in Frieden!

(Lk 8, 43–48; siehe auch Mt 9, 20–22 und Mk 5, 25–34)

Diese Frau befand sich in einer völlig ausweglosen Situation. Eine jede Person – sei es Mann oder Frau –, die unter einer Krankheit litt, bei der irgendeine Form von Flüssigkeit aus ihrem Körper austrat, wurde als „unrein" bezeichnet. Ihnen war keinerlei sozialer Kontakt mit anderen Leuten erlaubt und auch verboten, dem Gottesdienst in der Synagoge oder im Tempel beizuwohnen. Absonderungen des Körpers waren nicht an ihrem angemessenen Ort und mussten beseitigt werden, um das allgemeine Ordnungsgefüge der Gemeinschaft nicht zu stören. Es gab dazu komplizierte Rituale, die vor den Augen der Familie vollzogen werden mussten – eine Waschung und Neueinkleidung –, bevor ein normaler sozialer Umgang möglich war.

Eine jede soziale Gemeinschaft legt genau fest, was für ihre Mitglieder sicher und ungefährlich ist, und entwickelt Formen, wie sich ein jeder vor denen zu schützen vermag, die sich außerhalb dieses Systems befinden. Zur Zeit Jesu galt in der jüdischen Gesellschaft nur jemand mit einem unversehrten, intakten Körper als vollkommen gesund und stellte keinerlei Gefahr dar für soziale Beziehungen. Einem Mann mit verstümmelten Hoden oder einer fehlenden Hand beispielsweise war es nicht erlaubt, im Tempel oder in der Synagoge zu dienen.

Jegliche Absonderung von Körperflüssigkeiten, wo auch immer sie aus dem Körper austraten, ließ die betreffende Person zu einer Gefahr für das Wohl der Gemeinschaft werden. Solche Menschen mussten besonders gekennzeichnet und von den anderen ausgeschlossen werden. Sie galten, vorwiegend aus religiösen und politischen Gründen, als „unrein". Wenn ein Ehemann mit seiner Frau Geschlechtsverkehr hatte, taten sie das Natürlichste auf der Welt. Aber da der Samen aus seinem Körper trat und in ihren eindrang, wurden beide unrein. Daher mussten beide nach dem Beischlaf ein rituelles Bad nehmen, um wieder „rein" zu werden und mit den anderen Mitgliedern der Gemeinschaft in eine unbelastete Beziehung treten zu können. (Ich habe mich oft gefragt, wie die israelitischen Männer es wohl gehandhabt haben mögen, als sie über vierzig Jahre durch die Wüste wanderten und darüber stritten, inwieweit sich die Aktivität, mit ihren Frauen zu schlafen, überhaupt lohnte und möglich wäre, wenn sie danach mühsam nach Wasser suchen mussten!)

Da Juden nicht wussten, wie die Heiden mit den Körperflüssigkeiten umgingen, bezeichneten sie diese als unrein. Öffentliche rituelle Waschungen und Neueinkleidungen waren erforderlich, wenn Heiden zu Mitgliedern einer jüdischen Gemeinschaft werden wollten. Die Männer mussten auch eine Beschneidung über sich ergehen lassen.

Ich habe diese Details dargestellt, damit deutlich wird, wie unerhört das Verhalten der blutflüssigen Frau war. Wir neigen gewöhnlich dazu anzunehmen, es handele sich bei ihr um eine Form der unaufhörlichen Menstruation, wohingegen jedoch das Blut auch an anderen Stellen aus ihre Körper austreten konnte. Es könnte aus einem Geschwür hergerührt haben, das kontinuierlich Ausblutungen verursachte. Diese ununterbrochene Blutungen hatten möglicherweise zur Folge, dass sie nicht mehr mit ihrem Ehemann schlafen konnte, wenn sie verheiratet gewesen war; dass sie für ihre Kinder nicht kochen konnte, wenn sie welche gehabt hatte; dass sie nicht zum Einkaufen und auch nicht zur Synagoge oder in den Tempel gehen konnte, um dort Gott um Heilung zu bitten. Sie war in einem Zustand, der sie von ihrer Familie, der sozialen Gemeinschaft und nicht zuletzt von Gott völlig zu entfremden drohte.

Als diese namenlose Frau sich ihren Weg durch die Menschenmenge erkämpfte, die Jesus zum Haus des Jairus, dem Leiter der Synagoge, nachfolgte, und sie es wagte, Jesu Kleider zu berühren, verstieß sie gegen jede nur denkbare Konvention. Sie dürfte allen recht gut bekannt gewesen sein. Auf jeden Fall wird Jairus sie gekannt haben, gehörte es doch zu seiner Aufgabe, darauf zu achten, dass solche Leute sich nicht Einlass in die Synagoge verschafften. Eine jede Person in der Menschenmenge, die mit ihr in Berührung kam, wurde dadurch unrein, und als sie Jesus berührte, galt er nach der Reinigungsvorschrift ganze sieben Tage als unrein.

Ihr Verhalten war in äußerstem Maße empörend und unverschämt. Doch sie war verzweifelt. Kein Arzt hatte ihr in all den Jahren helfen können. Sie erhielt weder bei den Priestern noch bei den Heilern im Tempel Zutritt. Nur noch Jesus konnte ihr den Weg zurück in die Gemeinschaft ermöglichen. Und sie trotzte mit all ihrem Mut dem Volkszorn, der bei der Wut der Leute über ihre Verwegenheit ohne weiteres in Lynchjustiz hätte umschlagen können.

Es ist interessant, wie Jesus sich angesichts dieser brisanten Situation verhielt. Er sagte nichts dazu, dass sie einen eklatanten Verstoß gegen die gesellschaftliche Norm begangen hatte. Er verurteilte sie nicht ein einziges Mal dafür, dass sie ihn durch ihre Berührung unrein gemacht hatte, so dass er eigentlich nicht mehr zu der Tochter des Jairus gehen und sie heilen konnte.

Jesus zwang sie zunächst, sich öffentlich zu erkennen zu geben, bevor die Menge dies tat. Danach versicherte er ihr, dass sie hinfort nicht mehr unter ihrem Blutfluss leiden werde. Der Gruß „Gehe hin in Frieden“ besitzt eine sehr nachdrückliche Bedeutung, denn er gibt allen Anwesenden zu verstehen, dass keiner durch sie unrein geworden ist, auch er selbst nicht. Die Gemeinschaft des Ortes war wieder geheilt und damit auch intakt. Für sie und auch für jeden anderen, mit dem sie in Kontakt gekommen war, war die soziale und religiöse Ordnung wieder hergestellt.

Er hatte gespürt, dass eine heilende Kraft seinen Körper verlassen und in ihren übergegangen war. Der Vorgang macht deutlich, dass soziale Normen hierbei unwichtig, ja geradezu unmenschlich waren. Die heilende Kraft Gottes unterwirft sich nicht menschlichen Konventionen, wenn das Leben und Wohl eines einzigen Gläubigen bedroht ist.

Das Verhalten der Frau ist für uns ein Hinweis darauf, dass Frauen dagegen aufbegehren, aus der christlichen Gemeinschaft gleichberechtigter Mitglieder ausgeschlossen zu werden, da sie um ihre Anerkennung und Gleichberechtigung kämpfen. Nur allzuoft zwingen wir die Menschen dazu, sich in einer Weise zu verhalten, die wir als egoistisch bezeichnen, wenn wir sie ständig ausgrenzen und sie zu Handlungen drängen, die man „unsozial" nennt.

Maria und Martha, die Schwestern von Lazarus

Es begab sich aber, da sie weiterzogen, kam er in ein Dorf. Da war eine Frau mit Namen Martha, die nahm ihn auf in ihr Haus. Und sie hatte eine Schwester, die hieß Maria; die setzte sich zu Jesu Füßen und hörte seiner Rede zu. Martha aber machte sich viel zu schaffen, ihm zu dienen. Und sie trat hinzu und sprach: Herr, fragst du nicht danach, dass mich meine Schwester allein dienen lässt? Sage ihr doch, dass sie auch etwas angreife! Der Herr aber antwortete und sprach zu ihr: Martha, Martha, du hast viel Sorge und Mühe. Eins aber ist not: Maria hat das gute Teil erwählt; das soll nicht von ihr genommen werden. (Lk 10, 38–42)

Jesus tat etwas Unerhörtes: Er ging in ein Haus, um mit zwei unverheirateten Frauen allein zusammenzusein. Das war damals bei den Juden ein Tabu. Zwei Männer durften sich in einem Haus mit einer Frau allein aufhalten, nicht aber umgekehrt. Das lag wohl daran, dass die Männer die sexuelle Macht der Frauen zu sehr fürchteten! (Erinnert es nicht auch an gewisse Phrasen von Männern, die allein bei der Vorstellung einer Frau am Altar und auf der Kanzel erschaudern und die schlimmsten Befürchtungen hegen, was sie wohl in den Gemütern der Männer auf der Kirchbank auslösen würde?)

Trotzdem war Jesus in dem kleinen Ort Bethanien mit den beiden Frauen Martha und Maria allein in deren Haus. Jeder in dem Dorf dürfte gesehen haben, wie er dort eintrat. Da man wusste, dass Lazarus, der Bruder der beiden Frauen, außer Haus war und seinen Geschäften nachging, hätte ein Neugieriger ohne weiteres eine Ausrede finden können, um an dem Haus vorbeizugehen und dabei durch das Fenster und die Tür zu schauen, um zu sehen, was drinnen vor sich ging.

Eine sittsame Frau hätte Jesus gebeten, doch zu gehen und wiederzukommen, wenn Lazarus zurückgekehrt wäre, oder sie hätte sich zumindest weiter mit ihrem Haushalt beschäftigt, um unmissverständlich ihre ablehnende Haltung deutlich zu machen. Doch nichts dergleichen. Man achte einmal auf Marias Verhalten. Sie saß auf dem Boden zu Füßen von Jesus und hörte aufmerksam dem zu, was er sagte.

Es ist nicht verwunderlich, dass Martha angesichts dieser Situation

Verzweiflung ergriff. Sie hastete geschäftig durch das Haus und bemühte sich, dies so geräuschvoll wie möglich zu tun, um die Nachbarn dadurch abzulenken, und sie hoffte inständig, ihre dumme Schwester würde den Wink verstehen, sich endlich erheben und das Ansehen des Hauses bewahren!

Doch nein, sie blieb da, wo sie war.

Endlich konnte Martha es nicht länger ertragen und schalt Jesus, dass er es Maria erlaubte, sich so unangemessen in dieser peinlichen Situation zu verhalten. Es hatte sie die ganze Zeit überhaupt nicht gekümmert, was im Hause alles getan werden musste – und sie, Martha, hatte vielleicht zum vierten Male das Geschirr gewaschen! Aber sie sorgte sich um das Ansehen ihrer Familie. Jesus wusste sehr wohl, was für Sorgen sich Martha machte, und nahm es ihr nicht übel, dass sie ihm selbst indirekt Vorwürfe machte. Denn schließlich war ja er es, der die gesellschaftlichen Umgangsformen verletzt hatte.

„Martha, Martha! Beruhige dich! Vergiss doch diese dummen, kleinkarierten Konventionen! Es ist viel wichtiger, die Wahrheit des Reiches Gottes zu verstehen, als genau zu wissen, wie man die Suppe umzurühren hat! Maria kann sich nicht darauf konzentrieren, mir zuzuhören, wenn sie gleichzeitig all das täte, womit du die ganze Zeit beschäftigt bist. Sie muss ihre ganze Aufmerksamkeit dem zuwenden, was ich sie lehre, damit sie es richtig versteht. Du dagegen kannst deine Hausarbeit tun und mir gleichzeitig zuhören. Es kümmert mich nicht, auf welche Weise du mir zuhörst, so lange du meine Worte vernimmst, sie begreifst und in die Tat umsetzt. Und ich werde Maria schon gar nicht dazu zwingen, mir nur mit halbem Ohr zu lauschen, nur weil du dir zu viele Gedanken darüber machst, was wohl die Leute denken werden."

Beide Frauen verhielten sich jeweils auf ihre Weise selbstbewusst, ja rebellisch. Martha bittet Jesus nicht, sie zu verlassen, und Maria geht das Risiko ein, ihrer eigene Ehre und der ihrer Schwester zu schaden, indem sie still Jesu zu Füßen sitzt.

Es gibt Situationen und Augenblicke, in denen man gesellschaftliche Feinheiten ignorieren oder aufgeben muss, wenn das Leben der Menschen und ihre Seelen durch die gesellschaftlichen Regeln gefährdet sind.

Martha und Maria: Die Auferweckung ihres Bruders

Es lag aber einer krank mit Namen Lazarus aus Bethanien, dem Dorfe Marias und ihrer Schwester Martha. Maria aber war es, die den Herrn gesalbt hat mit Salbe und seine Füße getrocknet mit ihrem Haar. Deren Bruder Lazarus war krank. Da sandten seine Schwestern zu ihm und ließen ihm sagen: Herr, siehe, den du liebhast, der liegt krank. Da Jesus das hörte, sprach er: Diese Krankheit ist nicht zum Tode, sondern zur Verherrlichung Gottes, dass der Sohn Gottes dadurch verherrlicht werde.

Jesus aber hatte Martha lieb und ihre Schwester und Lazarus. Als er nun hörte, dass er krank war, blieb er noch zwei Tage an dem Ort, da er war; danach aber spricht er zu seinen Jüngern: Lasst uns wieder nach Judäa ziehen! Seine Jünger sprachen zu ihm: Meister, vor kurzem erst wollten die Juden dich steinigen, und du willst wieder dahinziehen? Jesus antwortete: Sind nicht des Tages zwölf Stunden? Wer des Tages wandelt, der stößt sich nicht; denn er sieht das Licht dieser Welt. Wer aber des Nachts wandelt, der stößt sich; denn es ist kein Licht in ihm. Solches sagte er, und danach spricht er zu ihnen: Lazarus, unser Freund, schläft; aber ich gehe hin, dass ich ihn aufwecke. Da sprachen seine Jünger: Herr, schläft er, so wird's besser mit ihm. Jesus aber sprach von seinem Tode; sie meinten aber, er rede vom leiblichen Schlaf. Da sagte es ihnen Jesus frei heraus: Lazarus ist gestorben; und ich bin froh um euretwillen, dass ich nicht dagewesen bin, auf dass ihr glaubet. Aber lasset uns zu ihm ziehen! Da sprach Thomas, der genannt ist Zwilling, zu den Jüngern: Lasst uns mitziehen, dass wir mit ihm sterben!

Da kam Jesus und fand ihn schon vier Tage im Grabe liegen. Bethanien aber war nahe bei Jerusalem, bei einer halben Stunde. Und viele Juden waren zu Martha und Maria gekommen, um sie zu trösten über ihren Bruder. Als Martha nun hörte, dass Jesus kommt, ging sie ihm entgegen; Maria aber blieb daheim sitzen. Da sprach Martha zu Jesus: Herr, wärest du hier gewesen, mein Bruder wäre nicht gestorben. Aber auch jetzt noch weiß ich, dass, was du bittest von Gott, das wird dir Gott geben. Jesus spricht zu ihr: Dein Bruder wird auferstehen. Martha spricht zu ihm: Ich weiß wohl, dass er auferstehen wird in der Auferstehung am Jüngsten Tage. Jesus spricht zu ihr: Ich bin die Auferstehung und das Leben. Wer an mich glaubt, der wird leben, ob er gleich stürbe; und wer da lebet und glaubet an mich, der wird nimmermehr sterben. Glaubst du das? Sie spricht zu ihm: Herr, ja; ich glaube, dass du bist der Christus, der Sohn Gottes, der in die Welt gekommen bist.

Und da sie das gesagt hatte, ging sie hin und rief ihre Schwester Maria heimlich und sprach: Der Meister ist da und ruft dich. Dieselbe, als sie das hörte, stand sie eilends auf und kam zu ihm. Jesus aber war noch nicht in das Dorf gekommen, sondern war noch an dem Ort, da ihm Martha entgegengekommen war. Die Juden, die bei ihr im Hause waren und sie trösteten, da sie sahen, dass Maria eilends aufstand und hinausging, folgten sie ihr nach und dachten: Sie geht hin zum Grabe, dass sie daselbst weine. Als nun Maria dahin kam, wo Jesus war, und ihn sah, fiel sie zu seinen Füßen und sprach zu ihm: Herr, wärest du hier gewesen, mein Bruder wäre nicht gestorben. Als Jesus sie sah weinen und die Juden auch weinen, die mit ihr kamen, ergrimmte er im Geist und ward betrübt bei sich selbst und sprach: Wo habt ihr ihn hingelegt?

Sie sprachen zu ihm: Herr, komm und sieh es! Und Jesus gingen die Augen über. Da sprachen die Juden: Siehe, wie hat er ihn so liebgehabt! Etliche aber unter ihnen sprachen: Konnte, der dem Blinden die Augen aufgetan hat, nicht schaffen, dass auch dieser nicht stürbe?

Da ergrimmte Jesus abermals in sich selbst und kam zu Grabe. Es war aber eine Höhle und ein Stein davor gelegt. Jesus sprach: Hebt den Stein weg! Spricht zu ihm Martha, die Schwester des Verstorbenen: Herr, er stinkt schon; denn er hat vier Tage gelegen. Jesus spricht zu ihr: Habe ich dir nicht gesagt: Wenn du glaubtest, so würdest du die Herrlichkeit Gottes sehen? Da hoben sie den Stein weg. Jesus aber hob seine Augen empor und sprach: Vater, ich danke dir, dass du mich erhört hast. Ich wusste wohl, dass du mich allezeit hörst; aber um des Volks willen, das umhersteht, habe ich geredet, damit sie glauben, dass du mich gesandt hast. Da er das gesagt hatte, rief er mit lauter Stimme: Lazarus, komm heraus! Und der Verstorbene kam heraus, gebunden mit Grabtüchern an Füßen und Händen und sein Angesicht verhüllt mit einem Schweißtuch. Jesus spricht zu ihnen: Löset die Binden und lasset ihn gehen! Viele nun von den Juden, die zu Maria gekommen waren und sahen, was Jesus tat, glaubten an ihn. (Joh 11, 1–45)

Ihr Bruder Lazarus, der für den Unterhalt der Familie sorgte, war ernstlich erkrankt. Martha und Maria sandten Jesus eine Botschaft und baten ihn, zu ihnen zu kommen und den Bruder zu heilen. Doch Jesus kam zu spät, und Lazarus starb. Martha, die ältere Schwester, ließ Maria im Hause zurück und kam zu Jesus. Lazarus war bereits begraben worden. „Herr, wärest du hier gewesen, mein Bruder wäre nicht gestorben."

Man muss sich an dieser Stelle daran erinnern, dass es für Frauen, die keinen Mann hatten, in der damaligen Gesellschaft im Grunde unmöglich war, zu existieren. Eine jede Frau, die anderen Leuten half oder irgend einer anderen Form der Tätigkeit nachging, wurde für ihre Arbeit nicht direkt entlohnt. Das Geld wurde dem Oberhaupt ihrer Familie gegeben, also dem Ehemann, Sohn, Vater oder Onkel. Ledige und ungebundene Frauen passten nicht in das soziale Ordnungsgefüge der antiken Welt. Man muss aus dieser Sicht einmal die Textpassage über die Witwen im fünften Kapitel des ersten paulinischen Briefes an Timotheus lesen, und zwar unter dem Aspekt, dass diese jungen Witwen, wenn sie nicht Mitglieder einer großen Familie und Sippe waren, nur eine einzige Möglichkeit hatten, für sich zu sorgen: die Prostitution. Ohne einen Mann, der den Lohn für ihre Arbeit annahm, war eine alleinstehende Frau nicht in der Lage, materiell für sich zu sorgen.

Martha und Maria befanden sich nun in dieser schlimmen Lage.

Ohne ihren Bruder vermochten sie nicht, für ihren eigenen Lebensunterhalt aufzukommen, für das Haus zu sorgen und soziale Anerkennung zu behalten.

Jesus erweckte Lazarus von den Toten um ihretwillen, nicht um seinetwegen. Aber war Lazarus letztendlich nicht besser in Abrahams Schoß aufgehoben?

Marthas Vorwurf gegenüber Jesus war eigentlich unverschämt, wenn auch verständlich. Sie milderte ihren Tadel durch die zuvor gehegte Hoffnung, dass Jesus ihnen ihren Bruder wieder gesund gemacht hätte. „Herr, wärest du hier gewesen, mein Bruder wäre nicht gestorben. Aber auch jetzt noch weiß ich, das, was du bittest von Gott, das wird Gott dir geben." Sie wusste, dass sie und ihre Familie eine besondere Beziehung zu Jesus hatten, was ihr erlaubte, solche offenen Worte zu finden, auch in der Öffentlichkeit. Aber es dürften auch viele Zuschauer dabeigewesen sein, die geseufzt haben werden, dass sich ihre Offenheit für eine anständige Frau nun doch nicht ziemen würde.

Sie kehrte dann nach Hause zurück und schickte Maria zu Jesus. Maria begrüßte Jesus mit dem gleichen Vorwurf: „Herr, wärest du hier gewesen, mein Bruder wäre nicht gestorben." Und sie brach vor aller Augen in Tränen aus.

Johannes schildert, dass die Leute aus dem ganzen Ort zusammengekommen waren und trauerten. Sie weinten auch um die beiden Frauen, die sich nun der Tatsache gegenübersahen, den Rest ihres Lebens ohne einen Mann zu verbringen und völlig auf die Großzügigkeit der Dorfgemeinschaft angewiesen zu sein.

Allein die Tatsache von Marthas Bekenntnis „Ich glaube, dass du bist der Christus, der Sohn Gottes" ist an sich eine unerhörte Behauptung, da das, was Frauen glaubten, damals in der Gesellschaft überhaupt keinen Wert hatte. Doch ihre gegen alle Konventionen verstoßende Ungehörigkeit ließ das Wunder der Auferstehung von Lazarus geschehen und veranlasste Jesus zu dem berühmten Ausspruch: „Ich bin die Auferstehung und das Leben."

Als Lazarus, noch von den mit Salben und kostbaren Ölen durchtränkten Grabtüchern umhüllt, aus dem Grab kam, befahl Jesus, dass man ihm die Binden löse. Es werden wohl seine Schwestern gewesen sein, die dies taten und ihn dann mit einem Umhang bekleideten, bis sie gemeinsam ihr Haus erreicht hatten.

Diese Familie war wieder vereint, die beiden Schwestern materiell und gesellschaftlich abgesichert in der Obhut und Verantwortlichkeit ihres Bruders und wieder in der Lage, ihre anerkannten sozialen Rollen im Alltag der dörflichen Gemeinschaft wahrzunehmen.

Während dieses ganzen Vorfalls geschah es, dass Jesus selbst Tränen vergoss – übrigens das einzige Mal, dass er solches tat. Seine Tränen erwiderten jene der beiden Schwestern, die ihn auf ihre Weise baten, sie vor einem Leben in Härte, Armut und Schande zu bewahren. Ihr gläubiges Vertrauen in ihn war weder unangebracht noch unberechtigt, wie überhaupt der Glaube aller Frauen, die von gesellschaftlichen Strukturen befreit werden müssen, die sie, nur weil sie Frauen sind, unterdrücken und dafür bestrafen, niemals unangebracht und unberechtigt ist.

Martha und Maria: Die Salbung in Bethanien

Sechs Tage vor Ostern kam Jesus nach Bethanien, wo Lazarus war, welchen Jesus auferweckt hatte von den Toten. Daselbst machten sie ihm ein Mahl, und Martha diente; Lazarus aber war deren einer, die mit ihm zu Tische lagen. Da nahm Maria ein Pfund Salbe von unverfälschtem, köstlichem Nardenöl und salbte damit Jesus die Füße und trocknete mit ihrem Haar seine Füße; das Haus aber ward voll vom Geruch der Salbe. Da sprach seiner Jünger einer, Judas Ischkarioth, der ihn hernach verriet: Warum ist diese Salbe nicht verkauft um dreihundert Silbergroschen und den Armen gegeben? Das sagte er aber nicht, weil er nach den Armen fragte, sondern er war ein Dieb und hatte den Beutel und nahm an sich, was gegeben ward. Da sprach Jesus: Lass sie in Ruhe! Mag es gelten für den Tag meines Begräbnisses. Denn Arme habt ihr allezeit bei euch; mich aber habt ihr nicht allezeit. (Joh 12, 1–8)

Nachdem Lazarus wieder lebendig aus seinem Grab gekommen war, wollten Martha und Maria Jesus gegenüber das zum Ausdruck bringen, was sie dankbaren Herzens für ihn empfanden. So fassten sie den Entschluss, Jesus ein festliches Mahl in feierlichem Rahmen zu bereiten. Es dürfte aber Lazarus selbst gewesen sein, der die offizielle Einladung aussprach und die Feier ausrichten ließ. Sicher war für dieses Fest ein ganzer Tag der unterschiedlichsten Vorbereitungen erforderlich. Wir können nur erahnen, welch eine Vielfalt an Speisen aufgetischt wurde. Beide Schwestern werden wohl den ganzen Tag vorher emsig mit vielerlei Vorbereitungen beschäftigt gewesen sein, um dieses Festmahl liebevoll vorzubereiten.

Johannes erzählt uns nicht, ob außer den zwölf Jüngern Jesu weitere Gäste eingeladen waren. Jesus befand sich an der Tafel neben Lazarus, dem Familienoberhaupt. Damit nahm er einen Ehrenplatz ein, der sich sehr von dem am unteren Ende der Tafel unterschied, der Jesus zugewiesen worden war, als er in das Haus von Simon, dem Pharisäer ging, wie wir noch sehen werden. In dieser Situation nun wird man Jesus in der angemessenen Weise willkommen geheißen haben, indem man ihm seine Sandalen auszog, seine Füße wusch und sein Haar mit einem duftenden Öl einsalbte.

Doch im Laufe des Festmahls trat Maria ein. Sie wird nicht im Saal mit den Männern zusammengesessen, sondern sich in der Küche aufgehalten und Martha geholfen haben. Nur Martha kam in den Festsaal, um die Männer zu bedienen. Es dürften wohl ihrer vierzehn gewesen sein: Jesus, Lazarus und die zwölf Jünger. Maria brachte, als sie eintrat, ein sehr kostbares Salböl reiner Narde, salbte Jesu Füße damit und trocknete sie mit ihrem langen Haar. Das ganze Haus wurde von dem stark duftenden Wohlgeruch erfüllt. Dass Maria ungerufen eintrat und diese rituelle Handlung eigenmächtig vollzog, war – auch innerhalb des familiären Rahmens – ein unerhörter Vorgang. Die Reaktion des Judas Ischkarioth, des Verräters, war vorhersehbar. Er hatte die Kassenführung für die Finanzierung der Mission Jesu übernommen und steckte sich offenbar ab und zu etwas in die eigene Tasche. Es war unausweichlich, dass er Marias Verhalten nicht verstehen würde und dachte, dass hier nur Geld verschwendet würde – der perfekte ökonomische Rationalist!

Aber Jesus ließ sich davon nicht beirren. Er würdigte Marias Geste. Einige Wochen zuvor hatte sie Jesu zu Füßen gesessen und ihm aufmerksam gelauscht, als er sie über das Reich Gottes und seine Aufgabe darin belehrte. Ihre Antwort, indem sie ihm die Füße mit dem kostbaren Öl salbte – eine symbolische und entschlossene Handlung –, war eine Bestätigung für ihren festen Glauben, dass er tatsächlich „die Auferstehung und das Leben" war. Wenn er einst vom Tode auferstehen würde, brauchte er doch seine Füße, um sich in seinem neuen Königreich zu bewegen. Jesus sagte zu Judas, dass es ihr erlaubt sein müsse, das übrige Salböl aufzubewahren, damit sie seinen Leib nach seinem Tode damit einsalben könne.

Anhand von Martha und Maria wird erneut deutlich, dass Jesus sich sowohl über die Frauen freute, die sich innerhalb des Rahmens ihrer traditionellen Rolle verhielten, wie es Martha tat, als auch über diejenigen, die davon überzeugt waren, aus den Konventionen ausbrechen und ihren Glauben auf ureigene Weise zum Ausdruck bringen zu müssen, wie er es bei Maria sah.

Die verkrümmte Frau

Und er lehrte in einer Synagoge am Sabbat. Und siehe, eine Frau war da, die hatte einen Geist der Gebrechlichkeit achtzehn Jahre, und sie war verkrümmt und konnte sich nicht mehr aufrichten. Da aber Jesus sie sah, rief er sie zu sich und sprach zu ihr: Frau, sei los von deiner Krankheit! Und legte die Hände auf sie; und alsbald richtete sich sich auf und pries Gott. Da antwortete der Oberste der Synagoge, denn er war unwillig, dass Jesus am Sabbat heilte, und sprach zu dem Volk: Es sind sechs Tage, an denen man arbeiten soll; an ihnen kommt und lasst euch heilen, aber nicht am Sabbattage. Da antwortete ihm der Herr und sprach: Ihr Heuchler! Löst nicht ein jeglicher unter euch seinen Ochsen oder Esel von der Krippe am Sabbat und führt ihn zur Tränke? Sollte dann diese, die doch Abrahams Tochter ist, welche der Satan gebunden hatte nun wohl achtzehn Jahre, nicht von diesem Bande gelöst werden am Sabbattage? Und als er solches sagte, mussten sich schämen alle, die ihm zuwider gewesen waren. Und alles Volk freute sich über alle herrlichen Taten, die durch ihn geschahen. (Lk 13, 10–17)

Diese Frau hatte über achtzehn Jahre lang einen stark verkrümmten Rücken. Lukas bezeichnet diesen Zustand mit „einem Geist der Krankheit“, um darauf hinzuweisen, dass die Leute im Dorf ihr Leiden als eine dämonische Besessenheit betrachteten. Das wiederum bedeutete, dass sie nicht in der Lage war, den Tempel oder die Synagoge zu besuchen. Keiner – sei es Mann oder Frau –, der körperlich behindert oder verunstaltet war, durfte in der öffentlichen gottesdienstlichen Versammlung vor dem Herrn erscheinen.

Wenn Lukas darauf hinweist, dass Jesus „sie sah“, meint er vermutlich, dass es ihre Gewohnheit war, sich unter den Frauen auf der Galerie oder ganz im Hintergrund der Synagoge zu verstecken, wo sich die Frauen üblicherweise von den Männern getrennt aufhielten. Sie musste dabei sehr vorsichtig sein, damit sie der Leiter der Synagoge nicht entdeckte, denn ansonsten hätte er sie hinausgejagt. Jesus aber schaute sich ganz bewusst nach ihr um, weil er wusste, dass sie da war.

Während er über eine Stelle aus der Schrift lehrte, rief er ihr zu: „Frau, sei los von deiner Krankheit!“ Diese plötzliche Unterbrechung, die Jesus während des Gottesdienstes vornahm, war alleine schon ein eklatanter Verstoß gegen alle Gepflogenheiten. Dass er außerdem direkt zu einer Frau sprach, noch dazu zu einer verkrüppelten, die kein Recht besaß, überhaupt hier zu sein, war schlimm genug. Aber dass er den Sabbat brach, indem er durch die Austreibung eines Geistes der Krankheit eine Heilung vollzog, überschritt die erträglichen Grenzen! Der Leiter der Synagoge setzte stillschweigend voraus, dass Jesus ein professioneller Heiler war, und deshalb war seine Heilung eine Art Arbeit, durch die der Sabbat gebrochen worden war.

Insofern ist es nicht verwunderlich, wenn der Leiter der Synagoge aufgebracht war. Wohlgemerkt, es ging ihm gar nicht so sehr darum, Jesus zu kritisieren. Er wandte sich vielmehr an die versammelte Gemeinde, schalt sie und sagte ihnen, sie sollten lieber an den Wochentagen und nicht am Sabbat hierher kommen, wenn sie geheilt werden wollten. Zunächst war er darüber verärgert, dass er nicht bemerkt hatte, wie diese Frau überhaupt in die Synagoge hatte gelangen können, und vermutete, dass einige Männer ihr dabei geholfen hatten. Damit war gemeint, dass es während der Woche bestimmte Zeiten gab, zu denen Leute mit Behinderungen und körperlichen Gebrechen kamen, um hier Heiler zu finden, die ihnen halfen; keinesfalls aber war dies in der gottesdienstlichen Versammlung am Sabbat erlaubt. Es gab neben der Synagoge keine anderen Gebäude am Ort, wo man Heiler aufsuchen und ihren Dienst in Anspruch nehmen konnte.

Jesus beschloss seine Ausführungen mit dem Hinweis, dass jeder Mann seinen Ochsen oder Esel doch wohl auch am Sabbat wie an jedem anderen Tage losbindet und zur Tränke führt, und sei das nicht auch Arbeit? Daraufhin nannte er die besagte Frau „eine Tochter Abrahams". Alle hatten sie für besessen gehalten. Sie würden sie niemals als Frau oder Tochter eines Mannes betrachtet haben, denn das hieße, Schande über den genannten Mann zu bringen. Aber Jesus nannte Abraham ihren Vater, und dies nahm ihr jeglichen Hauch von Schande. Er hatte sie nicht nur gesund gemacht, sondern sie auch in den Augen der Gemeinschaft von dem schändlichen Makel befreit. Damit hatte er ihr auch öffentlich das Recht zugesprochen, unter all den anderen in der Synagoge sein zu können.

Dass sie sich am Sabbat dort aufhielt, was äußerst empörend. Aber diese Frau wusste um ihr Recht, das sie vor Gott hatte. Lukas fügt der Geschichte noch einen wunderbaren Schlußpunkt hinzu, wo es heißt: „Es schämten sich alle, die ihm zuwider gewesen waren. Und alles Volk freute sich über alle herrlichen Taten, die durch ihn geschahen."

Diese vier Frauen stehen hier stellvertretend für jene, die glaubten, dass sie das Recht hatten, Jesus um Hilfe zu bitten, um ihre ganz persönlichen Probleme und ihre Krankheit zu überwinden. Sie glaubten, dass Jesus sich nicht um die gesellschaftlichen Konventionen kümmern würde, die sie an den Rand gedrängt und daran gehindert hatten, Schritte zu unternehmen, um sich selbst zu helfen. Wenn die Männer ihrer Pflicht nicht nachkamen, den bedürftigen Menschen zweiter Klasse ihre Hilfe zu gewähren, mussten bisweilen gerade solche Frauen an die Öffentlichkeit gehen und den Zorn der Männer riskieren, um Heilung und Frieden zu finden, von dem sie wussten, dass er ihnen von Gott verheißen war.

Das Recht haben, anderen zu dienen

Einer Frau war es im Allgemeinen nicht gestattet, eine leitende Funktion in der Gemeinschaft einzunehmen. Ihre gesellschaftliche Rolle war genau definiert: innerhalb ihres Haushaltes. Dort verfügte sie über eine gewisse Autonomie, was das Haushaltsgeld, das Kochen, die ganze häusliche Organisation und auch die Versorgung und Erziehung der kleinen Kinder anbetraf. Aber wenn es sich um einen Dienst innerhalb der dörflichen oder städtischen Gemeinschaft handelte, verfügten nur die Männer über das damit verbundene Recht und Privileg. Jeder öffentliche Dienst, der von Frauen verrichtet wurde, musste über ihre Männer vermittelt werden, und dieser brachte dann auch nur den Männern die entsprechende soziale Anerkennung und Ehre. Die folgenden Beispiele zeigen, wie Jesus das Verhalten von Frauen anerkennt, die sich entscheiden, nach eigenem Rechtsempfinden und Gutdünken einen Dienst zu tun.

Die arme Witwe

Und Jesus setzte sich dem Gotteskasten gegenüber und schaute, wie das Volk Geld einlegte in den Gotteskasten. Und viele Reiche legten viel hinein. Und es kam eine arme Witwe und legte zwei Scherflein hinein, die machten zusammen einen Heller aus. Und er rief seine Jünger zu sich und sprach zu ihnen: Wahrlich, ich sage euch: Diese arme Witwe hat mehr in den Gotteskasten gelegt als alle anderen. Denn sie haben alle von ihrem Überfluss gegeben. Diese aber hat von ihrer Armut alles, wovon sie lebte, ihre ganze Habe, hineingelegt. (Mk 12, 41–44, siehe auch Lk 21, 1–4)

Die Juden gestatteten es nicht, dass etwas in den Tempel gebracht wurde, was in irgendeiner Weise eine menschliche Gestalt abbildete. Heidnisches Geld war deshalb verboten, da es stets den Kopf des herrschenden Kaiser und oft auch das Haupt einer heidnischen Gottheit abbildete. Da aber nur römische oder griechische Münzen auf dem Markt gesetzliches Zahlungsmittel waren, erlaubte man es den Juden, sich ausschließlich für den Gebrauch innerhalb des Tempels eigene Münzen zu prägen. Nur jüdisches Geld konnte zum Bezahlen von Tempelopfern verwendet werden. Auf diesen Münzen waren keine Menschen oder Götter abgebildet. Um den monetären Zwängen der frommen Juden entgegenzukommen, nämlich ihr römisches Geld in Tempelgeld umzutauschen, ließen die Tempeloberen am Eingang des Tempels Wechselbuden errichten. So konnten die Frommen mit ihren Geldopfern an römischen Münzen kommen und es am Eingang in Tempelgeld umtauschen. Das war überdies ein recht einträgliches Geschäft für die Hohenpriester, die ausschließlich die Erlaubnis für diese Umtauschgeschäfte innehatten.

Die Witwe tat zwei Kupfermünzen in den Gotteskasten – eine große Kiste stand direkt am Tempeleingang, so dass alle sehen konnten, wieviel ein jeder dem Tempel opferte –, aber damit verhielt sie sich auf zweifache Weise empörend: Sie wagte es, eine so verschwindend geringe Summe hineinzulegen und zu meinen, Gott würde damit zufrieden sein; und sie erkühnte sich sogar, römische Münzen zu verwenden!

Diese Kupfermünzen, die das Evangelium erwähnt, waren von so geringem Wert, dass es für die Juden unpraktisch war, sie in entsprechendes Tempelgeld einzutauschen. Insofern war es ihr nicht möglich, diese beiden *lepta* zu wechseln. Da es alles war, was sie besaß, legte sie es in den Gotteskasten als ihr Opfer für Gott.

Dieses Verhalten dürfte alle, die diesen Vorfall beobachteten, verblüfft haben, besonders aber die Tempelangestellten, als sie kamen, um den Gotteskasten zu leeren und die Münzen zu zählen. War es doch insbesondere an Sabbattagen geradezu ein öffentlich beliebter Zeitvertreib, den Reichen und Angesehenen zuzuschauen, wie sie demonstrativ ihr Geld aufblitzen ließen und es dann in den Gotteskasten legten. Doch Jesus lobte das angeblich so ungehörige Verhalten der Witwe: „Diese hat mehr in den Gotteskasten gelegt als alle anderen." Aber die Witwe gab nicht nur alles, was sie hatte, sondern sie tat hinein, was für die Männer, die in den Tempel gingen, in keiner Weise annehmbar war.

Die Frau, die Jesus salbte

Da nun Jesus war zu Bethanien im Hause Simons, des Aussätzigen, trat zu ihm eine Frau, die hatte ein Alabasterfläschchen mit köstlichem Salböl und goss es auf sein Haupt, als er zu Tische saß. Da das seine Jünger sahen, wurden sie unwillig und sprachen: Wozu diese Vergeudung! Dieses Salböl hätte man teuer verkaufen und den Armen geben können. Da das Jesus bemerkte, sprach er zu ihnen: Was bekümmert ihr die Frau? Sie hat ein gutes Werk an mir getan. Arme habt ihr allezeit bei euch; mich aber habt ihr nicht allezeit. Dass sie dieses Salböl auf meinen Leib gegossen hat, hat sie getan, dass sie mich für's Grab bereite. Wahrlich, ich sage euch: Wo dieses Evangelium gepredigt wird in der ganzen Welt, da wird man auch sagen zu ihrem Gedächtnis, was sie getan hat. (Mt 26, 6–13, siehe auch Mk 14, 3–9)

Die Frau, die ein ungebetener Gast war und Jesus mit kostbarem Öl salbte, war vermutlich eine andere als die Maria im Johannesevangelium, die das gleiche tat, und sie ist auch nicht identisch mit der ungenannten Frau, die ebenfalls ungeladen zu einem Fest erschien, das aber im Haus von Simon, dem Pharisäer, stattfand. Aber das Rebellische und Aufbegehrende, das ihrer Handlung innewohnte, war von gleichem Ausmaß.

Man stelle sich die Situation ganz konkret vor. Der Ort ist Bethanien, eine recht kleine Gemeinde, wo jeder jeden kennt und alles vom anderen weiß. Jesus wurde dort zu einem Mahl im Haus von Simon, dem Aussätzigen, eingeladen. Es war jener Simon, der von seiner Leprakrankheit geheilt worden war.

Da sind sie nun, alle Männer, zurückgelehnt auf bequemen Liegen in einer Runde, werden von den weiblichen Sklaven festlich bewirtet, die sie bedienen und ihnen ihre Gesichter reinigen. Sie lesen ihre heruntergefallenen Essensreste auf und sorgen dafür, dass ihre Kelche mit Wein und Wasser gefüllt bleiben. Alle Türen und Fenster sind weit geöffnet, so dass der ganze Ort sehen kann, wie prächtig Jesus bewirtet wird.

Und dann plötzlich Stille.

Diese namenlose Frau kommt dreist durch den offenen Haupteingang, geht direkt dorthin, wo Jesus angelehnt sitzt, kniet zu seinen Füßen nieder, bricht das Fläschchen mit teurem Salböl auf, gießt es Jesus über das Haupt und die Füße und verreibt es mit ihrem langen, offenen Haar, während sie weint.

Einige von Jesu Jüngern ärgern sich über die Schande, die diese Frau über ihren Meister gebracht hat. Sie wagen aber nicht, ihre eigentlichen Gefühle in Worte zu fassen, weil dies als Kritik an ihrem Meister verstanden werden könnte, und so schwatzen sie etwas über sündige Verschwendung von Geld, das doch besser den Armen hätte gegeben werden sollen. Was für Heuchler! Haben sie doch zuvor nicht einen einzigen Gedanken an die Armen verschwendet!

Und zu welchem Verhalten fordern sie Jesus damit heraus?

„Lasst sie in Ruhe! Ihr werdet noch mehr als genug Zeit haben, euch um die Armen zu kümmern, nämlich wenn ich tot bin und nicht mehr unter euch sein werde. Diese Frau salbt meinen Leib, um mich auf meinen kommenden leidvollen Tod vorzubereiten. Lange nachdem ihr gestorben und vergessen seid, wird man der mutigen und selbstlosen Tat dieser Frau gedenken."

Diese rebellische Tat einer Frau aus dem ersten Jahrhundert zeigt deutlich, was tief im Herzen von Frauen vor sich geht; denn der wahre Charakter tritt hier aus der größten Tiefe des Herzens hervor. Ja, das Motiv und auch die Tat mögen rebellisch sein, aber Gott ist in der Lage, zu sehen, woher sie rühren, und geht gerecht und mitfühlend darauf ein.

Eine Prostituierte, die Jesus salbte

Es bat ihn aber einer von den Pharisäern, dass er mit ihm äße. Und er ging hinein in des Pharisäers Haus und setzte sich zu Tisch. Und siehe, eine Frau war in der Stadt, die war eine Sünderin. Da sie vernahm, dass er zu Tische saß in des Pharisäers Haus, brachte sie ein Alabasterfläschchen mit Salböl und trat hinten zu seinen Füßen und weinte und fing an, seine Füße zu netzen mit Tränen und mit den Haaren ihres Hauptes zu trocknen, und küßte seine Füße und salbte sie mit dem Salböl.

Da das aber der Pharisäer sah, der ihn geladen hatte, sprach er bei sich selbst und sagte: Wenn dieser ein Prophet wäre, dann wüsste er, wer und welch eine Frau das ist, die ihn anrührt; denn sie ist eine Sünderin. Jesus antwortete und sprach zu ihm: Simon, ich habe dir etwas zu sagen. Er aber sprach: Meister, sage an. Es hatte ein Gläubiger zwei Schuldner. Einer war schuldig fünfhundert Silbergroschen, der andere fünfzig. Da sie aber nicht hatten, zu bezahlen, schenkte er's beiden. Sage an, welcher unter denen wird ihn am meisten lieben? Simon antwortete und sprach: Ich achte, dem er am meisten geschenkt hat.

Er aber sprach zu ihm: Du hast recht geurteilt. Und er wandte sich zu der Frau und sprach zu Simon: Siehst du diese Frau? Ich bin gekommen in dein Haus; du hast mir nicht Wasser gegeben für meine Füße; diese aber hat meine Füße mit Tränen benetzt und mit den Haaren ihres Hauptes getrocknet. Du hast mir keinen Kuss gegeben; diese aber, nachdem ich hereingekommen bin, hat nicht abgelassen, meine Füße zu küssen. Du hast mein Haupt nicht mit Öl gesalbt; sie aber hat meine Füße mit Salböl gesalbt. Deshalb sage ich dir: Ihr sind viele Sünden vergeben, darum hat sie mir viel Liebe gezeigt; wem aber wenig vergeben wird, der liebt wenig. Und er sprach zu ihr: Dir sind deine Sünden vergeben. Da fingen an, die mit zu Tisch saßen, und sprachen bei sich selbst: Wer ist dieser, der auch die Sünden vergibt? Er aber sprach zu der Frau: Dein Glaube hat dir geholfen. Gehe hin in Frieden! (Lk 7,36–50)

Das ist sicher nicht die gleiche Frau, die in das Haus von Simon, dem Aussätzigen, kam. Viele der Umstände sind hier anders. Diese

Geschichte eröffnet uns die Möglichkeit, den Sitz im Leben von Frauen im ersten Jahrhundert noch genauer zu betrachten.

Doch was veranlasste Simon, den Pharisäer, überhaupt dazu, Jesus zu einem Festmahl einzuladen? Worum ging es ihm? Hatte er eine heimliche Absicht? War er darauf aus, Jesus lächerlich zu machen? Um dies zu beantworten, müssen wir eine gewisse Vorstellung von dem haben, wie es sich mit einem der wichtigsten Rituale verhielt, die bei den Juden der höheren Gesellschaft zelebriert wurden, um ihr Ansehen und ihre Stellung in der Gemeinschaft zu behaupten.

Wie ich bereits dargelegt habe, wurden nur Leute, die den gleichen gesellschaftlichen Status hatten, in ein Haus zu einem Gastmahl eingeladen. Diese Gastmahle waren Teil einer Beziehung auf Gegenseitigkeit in der Gemeinschaft: Man lud nur diejenigen ein, die einen im Gegenzug auch selbst in ihr Haus einladen konnten. Andererseits hätte man sich selbst erniedrigt, wenn man in das Haus von jemandem gegangen wäre, der einen niedrigeren Status hatte. Wenn man jemanden einlud, der einen höheren Status als man selbst hatte, lief man Gefahr, dass diese Person die Einladung zurückwies, und so wäre man öffentlich beschämt.

Ein solches gemeinsames Mahl setzte voraus, dass man die gleichen Vorstellungen und Werte miteinander teilte, und deshalb war es für die Gemeinschaft wichtig, wo ein solches Mahl stattfand und wer welche Gerichte auf welche Weise zubereitete. Es gab für ein offizielles Festmahl zwei entscheidende Phasen für den Ablauf der Ereignisse. Die erste fand am Eingang des Hauses statt: Ein Sklave nahm den Gästen die staubigen Sandalen ab und wusch ihnen die Füße mit kühlem Wasser, ein anderer salbte ihnen ihr Haupt mit wohlriechendem Öl ein, während ein oder zwei weitere Sklaven den Gästen Vorspeisen reichten. Nach diesem Eingangszeremoniell begaben sich die Gäste in den Speisesaal, wo sie auf bequemen Liegen in sorgfältig eingehaltener Sitzordnung an drei Seiten des Raumes ihre Plätze einnahmen, wo sie dann mit den einzelnen Gängen des Mahls bedient wurden. Mit Brotstücken pflegte man sich den Mund und die Finger abzuwischen. Anschließend ließ man diese auf den Fußboden fallen, damit die Sklaven sie dann aufsammelten und den Hunden auf der Straße gaben.

Die gesamte Zeremonie musste perfekt organisiert werden und reibungslos verlaufen, damit es keinerlei Missfallen der Gäste gab und sich jeder wohlfühlte. Hierbei stand insbesondere die Ehre des geladenen Gastes auf dem Spiel. Die Gesprächsthemen wurden ebenfalls mit Bedacht ausgewählt, um jegliche Kontroverse von vornherein möglichst auszuschließen und die Etikette zu wahren. Und natürlich – dies war eine unausgesprochene feste Regel – wurden nur Männer zu einem solchen Gastmahl eingeladen. Die Frauen des jeweiligen Haushalts traten nur in Erscheinung, wenn die Gäste bedient wurden; ansonsten hielten sie sich in der Küche auf, bis man sie rief.

Ein solches Gastmahl fand statt bei Simon, dem Pharisäer, der Jesus dazu geladen hatte. Auf den ersten Blick scheint es, als ob Simon Jesus auf der gleichen gesellschaftlichen Ebene einordnete. Dies wäre allein durch die Tatsache der ergangenen Einladung anzunehmen. Aber wenn wir den Text genau weiterlesen, entdecken wir, dass man Jesus nicht die üblichen Höflichkeiten der Eingangszeremonie hatte zuteil werden lassen. Seine Füße wurden nicht gewaschen und sein Haupt nicht mit Öl gesalbt. Er erhielt nicht einmal den offiziellen Begrüßungskuss auf die Wange, der normalerweise einem jeden Gast gegeben wurde. Was also war Simons Absicht bei diesem Mahl?

Ganz allgemein war es undenkbar, dass ein wohlhabender Pharisäer wie Simon Jesus den gleichen gesellschaftlichen Status wie sich selbst zugestand. Jesus war von seiner Herkunft her Handwerker, nämlich Zimmermann, und infolgedessen war er auf der gesellschaftlichen Skala wesentlich niedriger angesiedelt. Jesus hatte überdies seiner Familie Schande bereitet, als er seine verwitwete Mutter und die unverheirateten Schwestern verlassen und sich so seiner Fürsorgepflicht für sie entzogen hatte.

Die anderen Gäste, die Simon geladen hatte, werden tödlich beleidigt gewesen sein, neben einer Person wie Jesus sitzen zu müssen, und dürften Simon künftig nicht mehr in ihr eigenes Haus zu einem Mahl eingeladen haben. Ohne Zweifel dürften viele, nachdem sie Jesus in diesem gesellschaftlichen Rahmen erspäht hatten, das Haus entrüstet verlassen und Simon damit beschämt haben.

Simon hatte zuvor offenkundig seinen Sklaven befohlen, Jesus ohne Umschweife an den für ihn vorgesehenen Platz am untersten Ende der Tafel zu führen – für die anderen Gäste ein Zeichen, dass Jesus dadurch zum Gegenstand der allgemeinen Geringschätzung und des Spottes gemacht wurde. Simon und seinen Gästen war es damit möglich, zum Ausdruck zu bringen, was sie von Jesus hielten, ohne dass sie ihr eigenes gesellschaftliches Ansehen gefährdeten. Aber dazu hätte Jesus von Anfang an die unhöflichen Regelverletzungen bemerken und sie fragen müssen, warum man ihn so herabwürdigend behandelte. Dann hätten die anderen Gäste neben Simon als dem Gastgeber die Möglichkeit gehabt, ihren gesellschaftlich höheren Status Jesus gegenüber geltend zu machen.

Diese Prestigespiele der gegenseitigen sozialen Abwertung und des geltend gemachten eigenen Status gegenüber anderen wurden in der damaligen Gemeinschaft mit viel Geschick inszeniert. Wurde man von einem anderen in seiner gesellschaftlichen Stellung herausgefordert, achtete man zunächst darauf, ob dieser einen niedrigeren Status innehatte. Den ersten abwertenden Schritt gegen jemanden zu unternehmen, der sich vermutlich unterhalb der eigenen gesellschaftlichen Position befand, war stets mit dem Risiko verbunden, in dem Streit zu unterliegen und sich damit öffentlich der Schande auszusetzen. Wenn jemand, der einem niedrigeren gesellschaftlichen Rang angehörte, den anderen abwertete und provozierte, war es das beste, diesen zu ignorieren und ihn einfach stehen zu lassen, statt seine eigene Überlegenheit zu zeigen.

Wie aber reagierte Jesus in dieser Situation? Er sagte nichts, und er tat nichts. Er begab sich stillschweigend und würdevoll ohne irgendeinen Protest an seinen ihm zugewiesenen Platz. Er kümmerte sich nicht um das statusbedachte Gesellschaftsspiel. Es interessierte ihn nicht, welchen sozialen Rang ihm andere zuordneten, denn er wusste, wer er war und wozu Gott ihn ausersehen hatte, und das allein war für ihn wichtig. Allzu oft untergrub er ihre Rituale der gegenseitigen sozialen Abwertung und des Geltendmachens des eigenen Status und stellte ihre Vorstellungen von Ehre und Schande auf den Kopf.

Solche Gastmahle fanden niemals im Verborgenen statt, sondern sie waren öffentliche Ereignisse. Jeder wusste über den anderen und seine Angelegenheiten Bescheid, insbesondere da man damals niemanden als ein Individuum betrachtete. Eine jede Person war mit ihrer Identität in der Familie, Sippe, im betreffenden Dorf und in der Umgebung verwurzelt. Da ein jedes Gastmahl Teil des herrschenden Systems von Ehre und sozialer Anerkennung war, lag es im Interesse des Gastgebers, seine Gästeliste öffentlich zu machen. Das war eine diskrete Form der Bekanntmachung, um die anderen wissen zu lassen, dass sie nicht eingeladen waren.

Diese Prostituierte nun – die am Ort zweifellos bekannt war, denn sie war von ihrer gesellschaftlichen Stellung her eine öffentliche Person – hatte vernommen, dass Jesus zu diesem festlichen Ereignis kommen würde. Und sie dürfte gewusst haben, wie die männlichen Gäste dachten, denn sie war gewiss den meisten von ihnen das eine oder andere Mal zu Diensten gewesen. Sie wird ebenfalls gewusst haben, wie Jesus von ihnen behandelt werden würde, und hatte sich vorgenommen, sich an diesen großspurigen Herren, die Ehre und moralische Redlichkeit für sich beanspruchten, zum gegebenen Zeitpunkt rächen.

Da das eigentliche Festmahl bereits begonnen hatte, war zuvor offenbar kein Sklave angewiesen worden, am Eingang die Füße der Gäste zu waschen. Und weil alle Türen des Hauses an diesem Tage weit offen standen, konnten Vorübergehende sehen, wie großzügig der Gastgeber seine Gäste bewirtete, so dass die Prostituierte keinerlei Probleme hatte, in das Haus zu gelangen. Sie ging zielbewusst hinein und wusste genau, wo sie Jesus zu finden hatte, nämlich am Ende der Tafel, wo die Geringsten saßen.

Sie stand hinter seiner Liege und beugte sich von hinten zu ihm hinunter zu seinen Füßen. Sie blickte ihn nicht an, denn dies hätte ihn beleidigt. (Man erinnere sich an das Haus von Martha und Maria, als Maria zu Jesu Füßen saß und ihn anschaute, denn sie war eine anständige Frau und keine Prostituierte.) Sie nahm daraufhin seine Sandalen von seinen Füßen, benetzte seine staubigen Füße mit ihren Tränen, trocknete sie mit ihrem Haar und küsste sie, und schließlich salbte sie sie mit duftendem Öl ein.

Man achte darauf, dass sie Tränen vergoss. Sie waren hier völlig fehl am Platze und bedeuteten deshalb rituelle Unreinheit. Ihre Tränen fielen auf Jesus und ließen ihn ebenfalls unrein werden, was ihn wiederum zu einer Gefahr werden ließ für alle anderen Gäste, die dadurch gegen ihn aufgebracht wurden. Würde er nun mit seiner befleckten Hand eine Speiseschüssel berühren, würde er diese unrein werden lassen, so dass man davon nichts mehr essen konnte. In solch einem Falle hätten alle Versammelten einen lauten Protest erhoben. Viele Gäste hätten sich sogleich auf und davongemacht, wenn nicht Jesus begonnen hätte, sich an Simon, den Gastgeber, zu wenden und mit ihm zu reden.

Die Prostituierte wusste genau, was sie tat. Ihr war klar, wie Jesus von Simon behandelt werden würde, und so hatte sie sich entschlossen, auf ihre Weise ihren Protest zum Ausdruck zu bringen, und zwar um jemandes willen, der für Frauen wie sie ein tiefes Verständnis gezeigt hatte, sie, die keine andere Möglichkeit hatten, als der Prostitution nachzugehen, um in dieser von Männern beherrschten Welt überhaupt zu überleben. (Man rufe sich in Erinnerung, dass Frauen, die damals nicht in einer legalen Beziehung zu einem Mann als

Schutzherrn standen, ihren Lebensunterhalt auf keine andere Weise verdienen konnten als durch Prostitution. Und jüdischen Frauen fiel es nicht leicht, sich der Prostitution zuzuwenden.) Sie war davon überzeugt, dass ihre Handlung von mehr Geschmack zeugte als Simons herabwürdigendes Verhalten und zugleich eine mutige Tat darstellte, um die Heuchelei all dieser ehrenwerten Männer zu entlarven, die versuchten, Jesus lächerlich zu machen.

Lukas überliefert uns Simons leise Nebenbemerkung zu diesem Vorfall: „Wenn dieser ein Prophet wäre, so wüsste er, welch eine Frau das ist, die ihn anrührt." Dieser Kommentar gibt uns einen wichtigen Anhaltspunkt zu den Motiven, warum Simon Jesus überhaupt eingeladen hat. Er wollte mit Jesus gewissermaßen eine Art Spiel spielen und prüfen, ob er die Zukunft kenne und die Gedanken der Menschen lesen könne. So können wir uns eine ungefähre Vorstellung davon machen, welchen Provokationen und Diffamierungen Jesus ausgesetzt war.

Es gibt die Auffassung, Simon selbst hätte arrangiert, dass diese Frau scheinbar uneingeladen zu diesem Festmahl kam, doch ich glaube, dass es gar nicht notwendig ist, sich darüber Gedanken zu machen. Nach Simons Auffassung verhielt sich Jesus genau so, wie er, Simon, es von vornherein vermutet hatte: als ein ehrloser Handwerker, der nicht das Recht besaß, anderen vorzuschreiben, wie sie ehrenhaft und achtbar zu leben hatten.

Doch Jesus war ein Prophet und las Simons Gedanken. Eigentlich musste er dies gar nicht tun. Er wusste im Grunde, was Simon vorhatte, als er ihn zu dem Festmahl einlud mit jenen, die sich selbst als höherstehend erachteten und auf ihn herabsahen. Jesus gab Simon ein Rätsel auf, das von zwei Schuldnern handelte, die dem gleichen Gläubiger unterschiedliche Geldbeträge schuldeten.

Wir müssen uns darüber im klaren sein, dass wir diese Schulden nicht mit den Krediten vergleichen können, die man heute aufnimmt, um z. B. ein Auto oder ein Haus zu finanzieren. Damals wurden der Landbevölkerung und den Bauern durch die Habsucht ihrer Grundbesitzer Schulden aufgezwungen. Allzuoft sahen sich kleine selbständige Bauern mit eigenem Land genötigt, ihren Grund und Boden zu verkaufen und Pachtbauern zu werden, um zu überleben und dadurch nur noch mehr in schuldnerische Abhängigkeit zu geraten. Verschuldung war aber nicht eine gewollte Entscheidung der Betroffenen, sondern vielmehr das Ergebnis struktureller Habgier der Großgrundbesitzer. Und Simon wusste das.

Als Jesus ihn fragte, welcher Schuldner seinen Gläubiger mehr lieben würde, als dieser beiden die Schulden erließ, antwortete Simon: „Ich achte, dem er am meisten geschenkt hat." Simon konnte sich keinen Schuldner vorstellen, der seinen Gläubiger liebte, da es eben der Gläubiger war, dem er vor allem seine Schulden verdankte.

Es handelte sich hierbei freilich um eine listige Fangfrage Jesu. Ein Schuldner, der durch die ungezügelte Habgier eines Gläubigers in eine Verschuldung gerät, wird gegenüber jenem keinerlei Liebe empfinden. Simon wusste, dass die Entscheidung, die Schuld zu erlassen, unter wirtschaftlichen Gesichtspunkten vernünftig und sinnvoll war. Sie gewährleistete die Loyalität des Schuldners, und weil der Gläubiger das Gehöft besaß, war es für ihn besser, den finanziellen Verlust in Kauf zu nehmen, dafür aber den Schuldner um so härter für sich arbeiten zu lassen, da dieser sich nicht weiter verschulden wollte.

Aber Jesus tat nun etwas ganz Entscheidendes, als er sagte: „Ihr sind viele Sünden vergeben, darum hat sie mir viel Liebe erzeigt; wem aber wenig vergeben wird, der liebt wenig." Jesus kehrte nun seine Frage um, als er deutlich machte, dass Liebe, nicht aber Habgier Vergebung hervorzubringen vermag. Weil die Prostituierte Jesus so viel Liebe und Anteilnahme entgegengebracht hatte, wurden ihr ihre Sünden – ihre Schuld gegenüber einer ganz anderen Art von Gläubiger, nämlich Gott – vergeben. Es handelt sich hierbei nicht darum, dass Gott wie ein hartherziger und habsüchtiger Gläubiger die Menschen zunächst in die Schuld treibt und dann aus eigennützigem Interesses seines göttlichen Ansehens heraus die Schuld erlässt. Er ist vielmehr der ältere Bruder, der ein liebendes, aber verschmähtes Mitglied der Gesellschaft in der Ersatzfamilie Gottes willkommen heißt und sie gleichberechtigt neben alle anderen Mitglieder dieser neuen Familie stellt, indem er ihr ihre Sünden vergibt – ihre Schuld gegenüber Gott und den Menschen. Ihre Liebe gegenüber Jesus und ihr Wunsch, ihm zu dienen, veranlassten ihn dazu, ihr die Schulden zu erlassen.

Dann vollzog er in aller Form öffentlich, was eigentlich bereits geschehen war, als er zu ihr sagte: „Dir sind deine Sünden vergeben. Dein Glaube hat dir geholfen. Gehe hin in Frieden." Er sagte zu ihr also nicht: „Geh und sündige nicht mehr", wie er es gegenüber der Ehebrecherin getan hatte. Jene Frau hatte die Wahl, sich zu entscheiden, welchen Weg sie für ihr Leben gehen wollte; die Prostituierte dagegen hatte diese Wahl nicht. Jesus wusste, dass sie keine andere Möglichkeit hatte, als weiterhin dem käuflichen Gewerbe nachzugehen, falls sie keine Familie finden konnte, die sie aufnehmen würde.

Die Ersatzfamilie Gottes musste noch auf Jesu Auferstehung und Himmelfahrt warten, bis dann ihre Familienmitglieder ihre Güter miteinander teilten und Witwen und andere alleinstehende Frauen davor bewahrten, sich der Prostitution hingeben zu müssen.

Simons Plan, Jesus in Verlegenheiten zu bringen, scheiterte. Statt dessen wurde seine eigene Gesinnung entlarvt und er selbst genötigt, eine Lektion zu lernen, nämlich dass sein Wohlstand und seine gesellschaftliche Stellung ihm nicht das Recht gaben, mit den Gefühlen anderer Menschen zu spielen. Die Prostituierte hatte gelernt, dass Liebe und Hingabe, die aus dem Herzen rührt, ihren Lohn finden werden, ungeachtet ihrer Stellung in der Gesellschaft.

Ich bin hier mehr auf die Einzelheiten der Geschichte eingegangen, da auch wir so viel von ihr lernen können. Wir können darüber nachdenken, welche Rolle für uns der soziale Status spielt und wie wichtig er für uns ist, aber auch inwiefern wir uns bisweilen über andere lustig machen, die wir von ihrem gesellschaftlichen Rang her höher oder niedriger einschätzen. Und wir entdecken die erlösende Kraft der selbstlosen Liebe und der Hinwendung zum Nächsten und zu Gott. Ich frage mich, ob sich überhaupt jemand von uns messen kann mit der Liebe und Hingabe zu Jesus, wie es diese wunderbare Prostituierte gezeigt hat.

Frauen, die sich als Wohltäterinnen engagierten

Und es begab sich danach, dass er durch die Städte und Dörfer reiste und predigte und verkündigte das Evangelium vom Reich Gottes; und die Zwölf waren mit ihm, dazu etliche Frauen, die er gesund gemacht hatte von bösen Geistern und Krankheiten, nämlich Maria, die da Magdalena heißt, von welcher waren sieben Geister ausgefahren, und Johanna, die Frau des Chusa, eines Verwalters des Herodes, und Susanna und viele andere, die ihnen Handreichungen taten von ihrer Habe.

(Lk 8, 1–3; siehe auch Mt 27, 55–56; Mk 15, 40–41)

Lukas erwähnt, dass mehrere Frauen Jesus und die zwölf Jünger auf ihrer Mission durch Galiläa begleiteten und „aus den Mitteln ihres Vermögens für ihre Bedürfnisse sorgten“, um es aus dem Griechischen genauer zu übersetzen.

In der damaligen jüdischen Gesellschaft verstieß das, was diese Frauen taten, gegen jede Regel des Anstandes. Das war weitaus mehr als nur das Kochen und Servieren von Mahlzeiten. Wenn eine Gruppe von herumziehenden Männern jemanden benötigte, der für sie kochte, bedienten sie sich gewöhnlich eines männlichen Sklaven. Allein die Vorstellung, dass mehrere Frauen mit diesen Männern herumzogen und ihnen Dienste erwiesen, war unerhört. Reisten sie von den Männern getrennt? Warum hielten sie sich nicht bei ihrer Familie zu Hause auf und sorgen für ihre eigenen Männer? Frauen, die auf Reisen gingen, die anderen Absichten dienten als dem Einkauf und Verwandtenbesuch, wurden stets mit Argwohn betrachtet.

Lukas sagt, dass es sich um Frauen handelte, „die er gesund gemacht hatte von bösen Geistern und Krankheiten". Das bedeutete, dass sie aufgrund der Heilung, mit der Jesus ihr Leben verändert hatte, für ihn und die Zwölf aus den Mitteln ihres Vermögens sorgten. Infolgedessen mussten Jesus und seine Jünger auf ihren Reisen nicht um Essen oder Unterkunft betteln.

Lukas nennt drei dieser Frauen mit Namen: Maria von Magdala, aus der Jesus sieben Dämonen ausgetrieben hatte; Johanna, die Frau des Chusa, eines Verwalters des Herodes, und Susanna.

In jener Gesellschaft – wie ganz allgemein in der damaligen griechisch-römischen Welt – wurden Frauen niemals mit ihrem eigenen Namen genannt. Vergeblich wird man auf alten Ehreninschriften nach Frauen unter ihrem eigenen Namen suchen. Sie werden als Ehefrau, Tochter, Schwester oder Mutter einer männlichen Person erwähnt. Die einzige Ausname stellten Witwen von sehr berühmten oder mächtigen Persönlichkeiten dar.

Es ist wichtig, sich klarzumachen, dass eine Frau, die in den Evangelien ohne Bezug auf einen männlichen Schutzherrn genannt wird, nach gesellschaftlicher Einschätzung eine unehrenhafte Frau war. Maria von Magdala war unehrenhaft wegen ihrer dämonischen Besessenheit; über Susanna ist uns zwar nichts näheres bekannt, aber weil sie wahrscheinlich entweder krank oder besessen gewesen war, dürfte auch sie als unehrenhaft gegolten haben. Johannas Herr wird ausdrücklich erwähnt: Chusa, ein einflussreiches Mitglied am Hofe des Königs Herodes. Sie war die einzige ehrenhafte Frau, die in diesem Zusammenhang erwähnt wird. Aber indem sie ihren Ehemann verlassen hatte, um mit diesen Männern herumzureisen, bereitete sie ihrem Mann entsprechende Schande. Es ist uns nicht überliefert, wie er selbst damit umging, aber ich vermute, dass es für ihn am Hofe des Herodes nicht leicht war.

Dass Jesus den persönlich aufopfernden Dienst von Frauen, die als unehrenhaft galten, ohne Vorbehalte in Anspruch nahm und akzeptierte, sagt viel aus über seine eigene Auffassung und Einschätzung der Sitten und Gebräuche zur damaligen Zeit. Aber dass sie überhaupt so großen Mut hatten, Jesus vor den Augen einer schockierten Öffentlichkeit zu dienen und zu unterstützen, sagt etwas aus über ihre bewusste Entscheidung, sich gegenüber Jesus aus ureigenem Recht als Frauen zu verhalten.

Wenn eine Frau als unehrenhaft angesehen wurde, durfte weder ihr Ehemann noch ihr Vater und auch nicht ihr Sohn in irgend einer Verbindung mit ihr namentlich genannt, denn das hätte die Schande der Frau auch auf ihn bezogen. Ebenso wurde der Ehemann einer Frau, die von Dämonen besessen war, niemals in Verbindung mit ihr erwähnt.

So begegnet uns eine bedeutende Anzahl von Frauen, die aus ihrem gesellschaftlichen Rahmen ausbrachen und beanspruchten, Jesus auf ihre eigene Weise zu dienen. In jedem Falle aber akzeptierte Jesus nicht nur ihr Verhalten, sondern lobte sie. Es ist auch interessant festzustellen, dass die meisten dieser Frauen ihren Dienst in einer Weise versahen, der die Männer verwirrte. Und es ist wichtig, sich daran zu erinnern, dass zwei dieser Frauen dazu auserwählt wurden, die ersten Zeuginnen von Christi Auferstehung zu sein.

Zum Dienst berufen

Die ersten Zeuginnen der Auferstehung Jesu

Aber am ersten Tage der Woche sehr früh kamen sie zum Grab und trugen die Spezerei, die sie bereitet hatten. Sie fanden aber den Stein abgewälzt vom Grabe und gingen hinein und fanden den Leib des Herrn Jesus nicht. Und da sie darum bekümmert waren, siehe, da traten zu ihnen zwei Männer mit glänzenden Kleidern. Und sie erschraken und schlugen ihr Angesicht nieder zur Erde. Da sprachen die zu ihnen: Was suchet ihr den Lebendigen bei den Toten? Er ist nicht hier; er ist auferstanden. Gedenket daran, wie er euch sagte, da er noch in Galiläa war und sprach: Des Menschen Sohn muss überantwortet werden in die Hände der Sünder und gekreuzigt werden und am dritten Tage auferstehen. Und sie gedachten an seine Worte. Und sie gingen wieder vom Grabe und verkündigten das alles den elf Jüngern und den andern allen. Es war aber Maria Magdalena und Johanna und Maria, des Jakobus Mutter, und die andern mit ihnen, die solches den Aposteln sagten. Und es erschienen ihnen diese Worte, als wären's Märchen, und glaubten ihnen nicht. (Lk 24, 1–11; siehe auch Mt 28, 1–8; Joh 20, 1–2)

Zu jener Zeit wurde dem Wort einer Frau bei Gericht kein Glauben geschenkt. Ihr Zeugnis konnte nach dem damals geltenden Recht nur durch die Bestätigung von mindestens zwei Männern von gutem Leumund glaubhaft gemacht werden. Man vergesse nicht, dass es meines Wissens noch gar nicht so lange her ist, dass das Wort einer schwangeren Frau vor Gericht in vielen westlichen Ländern nichts galt.

Die Frauen, die zu dem Grab gingen, um die Einbalsamierung von Jesu Körper zuvollenden, stellten eine bunt gemischte Gruppe dar: Magdalena, die Mutter von Jakobus, Johanna und einige andere, die Jesus seit Beginn der von ihm ins Leben gerufenen Bewegung in Galiläa nachfolgten und das getan hatten, wogegen sich die männliche Jüngerschaft gewehrt hatte: Jesus auf seinem Weg zur Kreuzigung zu begleiten. Eine von ihnen war einst von sieben Dämonen besessen gewesen, zwei waren die Ehefrauen von Fischern und in ihrem Dorf geachtet, eine war die Frau eines hohen Beamten am königlichen Hofe des Herodes, und die anderen verfügten über genügend Geld, um sich Sklaven für ihre eigene Hausarbeit zu halten, während sie mit Jesus und den Zwölfen umherzogen.

Interessant an dieser Gruppe von Frauen ist außerdem, dass keine mit Jesus blutsverwandt war. Für das Einbalsamieren eines Leichnams waren normalerweise die Verwandten des Verstorbenen verantwortlich. Wo waren Jesu Mutter und seine Schwestern? Es scheint so, als ob die Frauen, die zum Grabe gingen, sich selbst als Mitglieder jener Ersatzfamilie betrachteten, von der Jesus gesprochen hatte – die Familie, die aus Gott und ihm selbst als älterem Bruder und den anderen als seinen Geschwistern bestand.

Denn all ihr Geld und ihre Hingabe an den Messias qualifizierte sie in den Augen der Männer, die mit ihnen zu der Jüngerschaft Jesu gehörten, ganz und gar nicht, als glaubwürdige Zeuginnen des bedeutendsten Phänomens in der Menschheitsgeschichte zu gelten: der Auferstehung Jesu. Indem Gott sie dazu erwählte, die ersten Überbringer dieser folgenschweren Nachricht zu sein, machte sich Gott damit selbst zum skandalösesten Gott in der Menschheitsgeschichte.

Vielleicht denken einige, Gott hätte es eigentlich besser wissen müssen. Er hätte die angesehensten, vertrauenswürdigsten, ehrenhaftesten und gesellschaftlich am meisten respektierten Menschen für eine solche Aufgabe erwählen sollen – nämlich Männer –, um offizielle Verkünder der Botschaft zu sein: „Er ist auferstanden!" Aber nein, der skandalöse Gott erwählt dazu Frauen, und diese Frauen waren rebellisch und selbstbewusst genug, diesen Auftrag ohne Wenn und Aber anzunehmen, und sie erwarteten, dass man ihnen Glauben schenken würde, wenn sie den Männern von dieser unerhörten Botschaft berichteten: „Jesus lebt, und er wird ihnen in Galiläa begegnen."

Im Evangelium des Johannes nimmt man ihnen das natürlich nicht ab, bis Petrus und Johannes selbst das Grab überprüfen, was den offiziellen Anspruch der Bestätigung des Zeugnisses von Frauen durch zwei Männer erfüllt. Lukas sagt von den Männern: „Und es erschienen ihnen diese Worte, als wären's Märchen, und sie glaubten ihnen nicht."

Wenn Paulus die einzelnen Personen auflistet, denen sich Jesus nach seiner Auferstehung zuerst zu erkennen gab, wird man eine bemerkenswerte Auslassung feststellen:

> Denn ich habe euch zuvor gegeben, was ich auch empfangen habe: dass Christus gestorben ist für unsere Sünden nach der Schrift; und dass er begraben ist; und dass er auferstanden ist am dritten Tage nach der Schrift; und dass er gesehen worden ist von Kephas, danach von den Zwölfen. Danach ist er gesehen worden von mehr als fünfhundert Brüdern auf einmal, von denen die meisten noch heute leben, etliche aber sind entschlafen. Danach ist er gesehen worden von Jakobus, danach von allen Aposteln. Am letzten nach allen ist er auch von mir als einer unzeitigen Geburt gesehen worden. (1. Kor 15, 3–8)

Alle Evangelien weisen darauf hin, dass Frauen die ersten waren, die Jesus lebendig sahen und seine Stimme hörten. Aber Paulus berichtet nur, was ihm von Petrus und Jakobus mitgeteilt wurde, nämlich dass sie die ersten gewesen seien. Ich frage mich, was wohl Maria und ihre Gefährtinnen dabei empfunden hätten, wenn man ihnen eine Abschrift des Briefes von Paulus an die Korinther übergeben hätte.

Frauen, die sich ungehörig und unverschämt verhalten, werden üblicherweise von den Männern unterdrückt, insbesondere in der Kirche.

Wenn Gott Frauen dazu berief, Jesus zu dienen, nahm er in Kauf, dass der Auftrag und das Werk Jesu missachtet und verächtlich gemacht wurde von einer Gesellschaft, die dem Wort und Dienst der Frauen jenseits des eigenen Haushalts wenig Wert beimaß. Aber diese Frauen standen als loyale Nachfolgerinnen treu und unerschütterlich zu Jesus, sie standen ihm während der Kreuzigung zur Seite, als außer einem alle anderen Männer vor Furcht davongelaufen waren. Ohne die selbstlose Hingabe und das Engagement dieser Frauen wäre das eigentliche Werk Jesu und das der zwölf Jünger weitaus schwieriger gewesen. Sie hatten es den Männer ermöglicht, sich uneingeschränkt der Verkündigung des Reich Gottes zu widmen, ohne Zeit und Kraft darauf verwenden zu müssen, für die Beschaffung der Nahrung und Unterkunft zu sorgen.

Besondere Auserwählte

Die nächste Gruppe von Frauen wurde besonders dazu auserwählt, jeweils einen eigenen außerordentlichen Beitrag für das Werk Gottes in der Welt zu leisten – ein Dienst, der nahezu unentbehrlich war. Aus der damaligen Sicht des ersten Jahrhunderts nach unserer Zeitrechnung gesehen, wurden diese Frauen dazu berufen, einen Platz einzunehmen, der ein anderer war als der, den die Männer den Frauen vorzuschreiben versuchten.

Elisabeth

Und nach diesen Tagen ward seine Frau Elisabeth schwanger und verbarg sich fünf Monate und sprach: So hat mir der Herr getan in den Tagen, da er mich angesehen hat, dass er meine Schmach unter den Menschen von mir nähme.

Maria aber stand auf in den Tagen und ging auf das Gebirge eilends zu einer Stadt in Juda und kam in das Haus des Zacharias und grüßte Elisabeth. Und es begab sich, als Elisabeth den Gruß Marias hörte, hüpfte das Kind in ihrem Leibe. Und Elisabeth ward des heiligen Geistes voll und rief laut und sprach: Gesegnet bist du unter den Frauen und gesegnet ist die Frucht deines Leibes! Und woher kommt mir das, dass die Mutter meines Herrn zu mir kommt? Siehe, da ich die Stimme deines Grußes hörte, hüpfte vor Freuden das Kind in meinem Leibe. O selig bist du, die du geglaubt hast! Denn es wird vollendet werden, was dir gesagt ist von dem Herrn.

Und es begab sich am achten Tage, da kamen sie, zu beschneiden das Kindlein, und hießen es nach seinem Vater Zacharias. Aber seine Mutter antwortete und sprach: Mitnichten, sondern er soll Johannes heißen. Und sie sprachen zu ihr: Ist doch niemand in deiner Verwandtschaft, der so heißt. Und sie winkten seinem Vater, wie er ihn wollte heißen lassen. Und er forderte eine Tafel und schrieb darauf: Er heißt Johannes. Und sie verwunderten sich alle.

(Lk 1, 24–25, 39–45, 59–63)

Zunächst begegnen wir in Lukas 1, 5–7 Elisabeth, der künftigen Mutter von Johannes dem Täufer. Sie wird als die Frau von Zacharias bezeichnet, der zur Priestergruppe Abija gehörte. Sie stammte ebenfalls aus einer priesterlichen Familie, da es für jüdische Priester üblich war, sich eine Frau aus priesterlichem Hause zu suchen. Sie und ihr

Mann waren „alle beide fromm vor Gott und wandelten untadelig in allen Geboten und Satzungen des Herrn“. Aber sie war unfruchtbar und konnte inzwischen aufgrund ihres Alters keine Kinder mehr bekommen.

Wir müssen uns an dieser Stelle daran erinnern, dass es damals die vorrangige Rolle der Frau war, ihrem Ehemann Kinder zu gebären. Dies war ihr wichtiger Anteil, um die Ehre des Namens ihres Mannes in der Familie und im Ort zu bewahren. Ein Mann ohne Erben war Gegenstand der Schande, während unfruchtbare Frauen niemals darauf hoffen konnten, von der Gemeinschaft überhaupt akzeptiert zu werden. Die Geschichte in 1 Sam 1, 5–8, in der berichtet wird, wie man Hanna behandelte, war für die Situation einer solchen Frau kennzeichnend. Bevor eine Frau ihrem Mann keinen Sohn geboren hatte, war ihre Stellung als Blutsverwandte in der Familie niemals gesichert.

Das *Kindheitsevangelium des Jakobus* aus dem 2. Jh. gewährt einen interessanten Einblick, wie ausgeprägt diese festgefahrene Auffassung damals war. Joachim, der Vater der Jungfrau Maria, hatte das Recht, als erster dem Herrn sein Opfer zu geben, aber er wurde daran gehindert, weil er keine Kinder hatte. Nachdem er in den alten Urkunden nachforschte, stellte er fest, dass er der einzige in seinem Stamm war, der ohne Nachkommen war. Er war so beschämt darüber, dass er sich in die Wüste zurückzog und fastete.[2]

Elisabeth war die Ursache der verlorenen Ehre ihres Mannes in der Gemeinschaft, auch wenn er selbst einen sehr geachteten Beruf – nämlich den des Priesters – ausübte. So wurde auf Zacharias Druck ausgeübt, sich eine jüngere Frau zu nehmen, denn wenn er wenigstens einen Sohn vorweisen könnte, wäre dies sehr viel. Dennoch blieb er seiner ehelichen Verpflichtung gegenüber Elisabeth treu, betete ununterbrochen um eine Lösung des Problems seiner verlorenen Ehre.

Und obwohl er ein Mann war, der unter seiner Unehre und Schmach litt, sandte Gott gerade ihm den Engel Gabriel, der ihm versicherte, dass Gott sich des Problems von Zacharias annehmen würde: Seine Frau werde noch auf ihre alten Tage schwanger werden und einen Sohn gebären, der für eine wichtige Aufgabe bestimmt sei: der neue Elija zu sein, um Israel auf das Kommen des Messias vorzubereiten.

Als Elisabeth nun merkte, dass sich die Worte des Engels erfüllt

[2] Protevangelium des Jakobus 1. 2–4.

hatten und sie schwanger geworden war, verbarg sie sich vor den Blicken der Öffentlichkeit und zog sich zurück, und zwar aus zwei Gründen: um zum einen sicherzustellen, dass man sie nicht beschuldigen konnte, Verkehr mit einem jungen Mann gehabt zu haben, und zum anderen wartete sie, bis ihre Schwangerschaft ganz offenkundig war, so dass niemand sie der Lüge bezichtigen konnte.

Während des sechsten Monats ihrer Schwangerschaft wurde sie von einer Verwandten besucht, Maria, der künftigen Mutter von Jesus. Noch während der Begrüßungszeremonie zwischen beiden Frauen machte das Ungeborene in Elisabeths Leib eine ungewöhnlich starke Bewegung. Das Gespräch zwischen Elisabeth und Maria war eine typische Unterhaltung unter Frauen, die, wie es damals üblich war, stets hinter verschlossenen Türen stattfand. Die Tatsache, dass Lukas hier gewissen Einzelheiten eine solche Aufmerksamkeit schenkt, kann bedeuten, dass er eine besondere Beziehung zu Maria besaß, denn in keinem anderen Evangelium werden derlei Dinge erwähnt.

Elisabeths Reaktion auf Marias Neuigkeit war die Freude, die sie für ihre Verwandte empfand. Sie beklagte in diesem Augenblick nicht die Unfruchtbarkeit in ihrem eigenen Leben, sondern nahm herzlich Anteil an Marias Glück, in solch jungen Jahren ihr erstes Kind zu bekommen. Sie empfand es auch als ein besonderes Vorrecht, die einzige und erste zu sein, die von Marias Schwangerschaft erfuhr. Ihr großartiger Ausruf, mit dem sie Maria pries – „Gesegnet bist du unter den Frauen, und gesegnet ist die Frucht deines Leibes!" –, ist in der christlichen Liturgie und im Gebet über all die Zeiten hinweg bewahrt worden.

Wir müssen uns immer wieder bewusst machen, dass dem Glauben und dem plötzlichen Ausbruch von Lobpreisung und Prophezeiung von Frauen in der damaligen Gesellschaft kein Wert beigemessen wurde. Wenn sie sich dennoch auf die Überlieferung und die heiligen Schriften beriefen, liefen sie Gefahr, sich dem Unwillen der Männer auszusetzen.

Als es an der Zeit war, gebar Elisabeth ihren Sohn und verkündete, dass sein Name Johannes sein würde, ein Name, der nicht der des Zacharias und auch nicht der seines Vaters war. Dieser Name löste im ganzen Ort mehr als Verwirrung aus, denn die Namen der männlichen Kinder repräsentierten auf bedeutsame Weise das, was die Familie und Sippe miteinander verband. Man erwartete vom Vater, dass er seine Zustimmung zu dem Namen gab, sozusagen als eine Zusicherung, dass er dieses Kind als sein eigenes betrachtete. Wenn der Name eines Kindes nicht auf die eigene Familie bezogen war, wurde dies mit größtem Argwohn betrachtet und konnte zu der Mutmaßung führen, dass Zacharias womöglich gar nicht der Vater war.

Doch Zacharias, von Gabriel durch seinen Zweifel an der Prophezeiung des Engels zum Verstummen gebracht, wurde gerufen, um seinem Sohn einen Namen zu geben. Er tat dies, indem er ihn aufschrieb und auf diese Weise bestätigte, dass der Name Johannes sei. Sogleich erhielt er seine Stimme wieder und pries Gott.

Die Reaktion des Dorfes war vorhersehbar. Alle Menschen auf dem ganzen Gebirge Judäas, wo Zacharias wohnte, waren wochenlang verwirrt und in heller Aufregung über das Geschehen. Dass eine Frau, die hochbetagt war, noch einen Sohn gebar, war verwunderlich genug – es erinnerte an Sarah, Abrahams Frau. Aber der Name, der dem Neugeborenen gegeben worden war, Johannes – „Gott ist gnädig gewesen" –, bedeutete, dass er nicht fest in der Familie verwurzelt war. Und das zeigte sich dann auch später, als Johannes seine Eltern und das Zuhause verließ, um sich in die Wüste zurückzuziehen sich nicht seinem Vater zu folgen und ebenfalls den Beruf des Priesters zu ergreifen, sondern um ein zweiter Elija zu werden: das Kommen des Messias zu verkünden und somit die Notwendigkeit, dass alle Menschen sich auf dieses Kommen vorbereiten sollten.

Von hier an tritt Elisabeth nicht mehr in Erscheinung. Nun hatte sie schließlich, noch dazu in ihrem hohen Alter, als Ehefrau und Mutter Anerkennung und Respekt in der Gemeinschaft gefunden. Alle Jahre der Scham und des Leids waren vorbei. Die ehrenvolle Stellung ihres Ehemannes als Familienoberhaupt, der nun einen Sohn hatte, war wieder hergestellt. Ihre standhafte Treue in der Dorfgemeinschaft, die sie so lange Zeit unter Druck gesetzt hatte, können wir nicht hoch genug bewerten. Ganz offenkundig hatte Gott sie auserwählt, und in der Tat erwies sie sich Gottes würdig!

Maria, die Mutter Jesu

So wenig war über diese Maria bekannt, dass im 2. Jh. eine Familie für sie erfunden werden musste. Das *Protevangelium des Jakobus* berichtet, dass ihre Mutter eine Anna aus Bethlehem war und ihr Vater ein Joachim aus Nazareth. Wir wissen von einer Schwester, die bei Johannes (19, 25) erwähnt wird, als sich diese unter den Frauen befand, die unter dem Kreuz Jesu standen. Es scheint so, als ob sie aus dem Hause und Geschlecht Davids stammt und damit aus dem gleichen israelitischen Stamm wie ihr angetrauter Mann Joseph.

Wir sollten darüber nachdenken, dass Gott als Mutter für den Messias eine junge Frau auserwählt hat, deren Vater nicht namentlich genannt wird und deren Herkunft nicht klar ist. Noch verwunderlicher ist es, wenn man bedenkt, dass sowohl Matthäus als auch Lukas einen Stammbaum von David aufführen, der bis auf Adam zurückreicht, wo es gar nicht Joseph war, der für die Fortsetzung dieser Ahnenreihe sorgte.

Was uns hier vorliegt, ist nicht mehr als die übliche Betonung des männliche Oberhaupts einer Familie, mit dem alle im Haushalt wohnenden Mitglieder identifiziert wurden. Sein Stammbaum sicherte nicht nur die Identität, sondern auch die Ehre der Familie und Sippe, in der seine Frau, die Kinder und die zum Hause gehörigen Sklaven verwurzelt waren. Wenn die Ehefrau nicht aus einer fremden Familie herrührte oder keine Sklavin war, war ihr Stammbaum nicht so entscheidend.

Und im sechsten Monat ward der Engel Gabriel gesandt von Gott in eine Stadt Galiläa, die heißt Nazareth, zu einer Jungfrau, die vertraut war einem Manne mit Namen Joseph, vom Hause David; und die Jungfrau hieß Maria. Und der Engel kam zu ihr hinein und sprach: Gegrüßet seist du, Hochbegnadete! Der Herr ist mit dir! Sie aber erschrak über seine Rede und dachte bei sich selbst: Welch ein Gruß ist das? Und der Engel sprach zu ihr: Fürchte dich nicht, Maria, du hast Gnade bei Gott gefunden. Siehe, du wirst schwanger werden und einen Sohn gebären, des Namen sollst du Jesus heißen.

Der wird groß sein und ein Sohn des Höchsten genannt werden; und Gott der Herr wird ihm den Thron seines Vaters David geben, und er wird ein König sein über das Haus Jakob ewiglich, und seines Reichs wird kein Ende sein.

Da sprach Maria zu dem Engel: Wie soll das zugehen, da ich doch noch keinen Manne erkannt habe? Der Engel antwortete und sprach zu ihr: Der heilige Geist wird über dich kommen, und die Kraft des Höchsten wird dich überschatten; darum wird auch das Heilige, das von dir geboren wird, Gottes Sohn genannt werden.

Und siehe, Elisabeth, deine Verwandte, ist auch schwanger mit einem Sohn in ihrem Alter und geht jetzt im sechsten Monat, von der man sagt, dass sie unfruchtbar sei. Denn bei Gott ist kein Ding unmöglich. Maria aber sprach: Siehe, ich bin des Herrn Magd; mir geschehe, wie du gesagt hast. Und der Engel schied von ihr. (Lk 1,26–38)

Hier begibt sich der Engel des Herrn direkt zu der Frau, nicht zu ihrem Ehemann oder Verlobten, wie es bei Elisabeth der Fall war.

Das an sich ist schon ungewöhnlich. Als Maria mit Joseph verlobt wurde, kam sie unter seinen Schutz und wurde in seine Familie aufgenommen. Eine Verlobung hatte damals einen weitaus größeren Öffentlichkeitscharakter, als dies bei uns heute in den westlichen Ländern üblich ist. Die Heirat von Bräutigam und Braut fand in einer öffentlichen Zeremonie auf dem Marktplatz des Ortes statt. Beide Familienoberhäupter verhandelten lange über die Mitgift und die übrigen materiellen Lebensumstände für die Braut. Der Vertrag über die Hochzeit wurde üblicherweise von den beiden Vätern ausgehandelt und abgeschlossen, wobei die Mütter einen nicht zu unterschätzenden Beitrag leisteten. Der Ehevertrag wurde an einem besonderen Tag offiziell bekannt gegeben und in Anwesenheit des ganzen Ortes unterzeichnet.

Die einzige Verzögerung in diesem Ablauf war die Zeit, die man brauchte, um die Hochzeitszeremonie vorzubereiten. Entscheidend war, dass beide bereits bei der Übergabe des Ehevertrages während der Verlobungszeremonie faktisch verheiratet waren, aber vor der eigentlichen Hochzeitszeremonie noch nicht zusammenlebten. Bis dahin durfte die Braut und künftige Ehefrau nicht an öffentlichen Versammlungen teilnehmen und hatte sich so zu verhalten, als ob sie bereits die Ehefrau sei. Hätte ein anderer Mann in dieser Zeit mit ihr Geschlechtsverkehr gehabt, wäre dies als Ehebruch angesehen worden, und beide hätten gesteinigt werden können. Wenn der künftige Ehemann die Verlobung auflösen wollte, benötigte er einen formellen Scheidebrief.

Als Gabriel zu Maria kam, war sie demnach also bereits im Grunde mit Joseph „verheiratet". Jegliche Kommunikation mit ihr hätte eigentlich an ihn gerichtet werden müssen, nicht aber direkt an sie. Das ist zweifellos ein Grund, weshalb Matthäus – der sehr viel sorgfältiger darauf achtete, dass seine Hauptfiguren die gesellschaftlichen Regeln einhielten – den Besuch Gabriels bei Maria ausließ und den Engel Joseph besuchen ließ, um ihm zu versichern, dass Marias Schwangerschaft nicht von einem Ehebruch herrührte, sondern auf dem Eingreifen des Heiligen Geistes beruhte.

Maria hatte also zwei gute Gründe, durch den Besuch Gabriels beunruhigt zu sein. Der erste war, dass er zu ihr kam und nicht zu Joseph. Wie um alles in der Welt konnte sie Joseph davon erzählen? Es gab keine männliche Zeugen, die bei diesem Besuch anwesend waren. Der zweite Grund waren die Worte, mit denen Gabriel sie begrüßte: „Gegrüßet seist du, Hochbegnadete! Der Herr sei mit dir."

Maria, eine bescheidene und einfache Frau, war durch diesen Gruß tief beunruhigt. Warum wurde nicht ihr angetrauter Ehemann auf solch eine Weise begrüßt? Sie hatte ohne ihn nicht die gesellschaftliche Stellung, um einen solchen Gruß entgegenzunehmen. Gabriel beruhigte sie und prophezeite ihr, dass ihr Sohn der Messias und König über das künftige Haus Davids sein würde. Aber wie konnte dies möglich sein? Sie war noch nicht offiziell verheiratet und konnte deshalb nicht von Joseph schwanger sein. Ebenso durfte sie bis zur öffentlichen Eheschließung keinerlei Gemeinschaft mit anderen Männern haben.

Gabriel erklärte ihr, was ihr widerfahren würde. Gottes Heiliger Geist würde bewirken, dass sie schwanger werde, und sie werde ein Kind bekommen, das männlich wäre und auch „heilig", d.h. es würde dem Dienst für Gott geweiht sein. Es ist hierbei wichtig, sich daran zu erinnern, dass „Heiligkeit" den Raum und den Zweck beschreibt, nicht die innewohnende Eigenschaft. Das Kind Jesus war geweiht, Gott zu dienen, und würde durch Gottes Handeln ein Sohn Gottes sein.

Maria wurde also gesagt, dass Gott selbst die traditionelle Rolle des Ehemannes in ihrem Falle annehmen würde: Gott würde sie zur Mutter machen und ihr fürsorgender Herr sein.

Es scheint ganz so, als ob Maria mitgeteilt worden wäre, Gott errichte anstelle der bisherigen Familie des Gottesvolkes Israel eine neue Ersatzfamilie, in der Gott der Vater sein würde, sie die Mutter und Jesus der ältere Bruder. Alle nachfolgenden Kinder, die sie Joseph gebären würde, wären dann Jesu jüngere Geschwister. Dieser Gedanke einer Ersatzfamilie sollte das entscheidende Gemeinschaftsmodell werden, was auch die Dynamik der Bewegung der frühen Christenheit erklärt.

Marias Antwort war ebenso schlicht wie ehrlich. Sie konnte wirklich nicht verstehen, was dies alles zu bedeuten hatte, und erwiderte Gabriel: „Siehe, ich bin des Herrn Magd (wörtlich: Sklavin); mir geschehe, wie du gesagt hast." Sie bezeichnete sich hier selbst als eine Sklavin, die auf ihren Besitzer wartet und ohne weitere Fragen alles tut, was er ihr gebietet, ohne dafür entlohnt zu werden und irgend einen Anspruch zu erheben. Ein Sklave hatte keinerlei Rechte auf eine Familie oder Verwandtschaft, keinerlei Rechte auf persönliches Eigentum oder seinen eigenen Willen. Ihre Antwort ist eine bedingungslose und absolute Unterwerfung gegenüber Gott, der Gabriel mit dieser Botschaft sandte. Gabriel teilte ihr außerdem mit, dass ihre Verwandte Elisabeth trotz ihres hohen Alters bereits im sechsten

Monat schwanger war. Wie auch bei Elisabeth wurde der Name von Marias künftigem Sohn von Gott von vornherein festgelegt. Dadurch wurde dem Kind bei seiner Geburt eine große Ehre zuteil. In beiden Fällen also rührte der Name des Neugeborenen nicht aus dem traditionellen Familienstammbaum her, was die besondere Bestimmung beider Kinder unterstrich.

Nachdem sich Maria von dieser Begegnung, die für sie ein geradezu traumatisches Erlebnis gewesen sein musste, erholt hatte, machte sie sich auf, um ihre Cousine Elisabeth zu besuchen. Sie suchte also nicht als erstes Joseph auf. Es war dem Verlobungspaar nicht gestattet, sich vor dem öffentlichen Hochzeitstag ohne die Gegenwart anderer zu treffen. Und wer würde ihr überhaupt diese phantastisch anmutende Begegnung mit Gabriel und dessen Botschaft glauben? Keine ihrer Freundinnen und auch niemand aus ihrer Familie würde ihr je abnehmen, dass Gott sie auserwählt und durch Gabriel zu ihr gesprochen hatte, ohne sich zunächst an Joseph zu wenden.

Da ich mich bereits mit dem Zusammentreffen der beiden Frauen beschäftigt habe, möchte ich mich nun Marias prophetischem Lobgesang widmen.

Und Maria sprach:
Meine Seele erhebt den Herrn,
und mein Geist freuet sich Gottes, meines Heilandes;
denn er hat die Niedrigkeit seiner Magd angesehen.
Siehe, von nun an werden mich seligpreisen alle Kindeskinder.
Denn er hat große Dinge an mir getan,
der da mächtig ist und dessen Name heilig ist.
Und seine Barmherzigkeit währet immer für und für bei denen, die ihn fürchten.
Er übet Gewalt mit seinem Arm
und zerstreuet, die hoffärtig sind in ihres Herzens Sinn.
Er stößet die Gewaltigen vom Thron und erhebt die Niedrigen.
Die Hungrigen füllet er mit Gütern und lässt die Reichen leer.
Er denket der Barmherzigkeit und hilft seinem Diener Israel auf,
wie er geredet hat zu unseren Vätern,
Abraham und seinen Kindern ewiglich.
Und Maria blieb bei ihr etwa drei Monate; danach kehrte sie wieder heim.

(Lk 1,46–56)

Die folgende Übersetzung dieses Textes durchbricht unsere allzu große Vertrautheit mit den Worten, die wir so oft in unseren Liturgien gehört haben, und lässt Marias Lobgesang in einem neuen Licht erscheinen:

Mit meinem Geist preise ich den Herrn,
und von ganzem Herzen lobe ich Gott, meinen Erlöser,
denn Gott hat mir trotz meiner Niedrigkeit als Sklavin Beachtung geschenkt.
Siehe, von nun an werden alle Generationen verkünden,
dass Gott sich meiner auf eine ganz besondere Weise angenommen hat,
denn der Allmächtige hat große Dinge für mich getan.
Geheiligt sei der Name Gottes,
und göttliche Barmherzigkeit währe von Generation zu Generation
bei denen, die dem Allmächtigen Ehre erweisen.
Mit seinem starken Arm übt der Herr seine unumschränkte Gewalt aus
und vertreibt die, die in ihrem Inneren hochmütig und anmaßend sind.
Der Allmächtige hat die Mächtigen von ihrem Thron gestoßen,
die Unterwürfigen aber hat er erhöht.
Die Hungernden hat Gott mit Gütern gesättigt,
und die Selbstzufriedenen hat er leer ausgehen lassen.
Mit seiner ganzen Treue kümmert er sich um Israel, seinen Geliebten,
im Gedenken an seine göttliche Barmherzigkeit;
wie er es unseren Vorfahren,
Abraham und seinen Nachkommen für alle Zeiten zugesagt hat.

Keine Übersetzung von einer Sprache in die andere vermag inhaltlich vollständig das zu übertragen und zum Ausdruck zu bringen, was im Originaltext enthalten ist und den Sprecher bei der Niederschrift bewegt hat. Doch ich hoffe, dass diese obige Übersetzung dazu anregt, über die Worte Marias neu nachzudenken.

Maria wurde vom Engel Gabriel eine Ehre erwiesen, von der sie nicht glauben konnte, sie verdient zu haben, und so schüttete sie ihr Herz aus, nicht nur, weil sie Gott gegenüber mit großem Dank erfüllt war, dass er sie für solch eine ehrenvolle Aufgabe als Mutter des Messias auserwählt hatte, sondern weil damit auch die lange unterdrückte Hoffnung auf eine umfassende Veränderung, die diese Erwählung mit sich brachte, neue Nahrung bekam.

Die von Männern mündlich vorgetragene Dichtung war damals eine formeller, öffentlicher Vorgang, bei dem eine Zusammenstellung von allgemein bekannten Zitaten aus den Psalmen und Propheten erfolgte. Beim Lobgesang des Zacharias im Tempel wird dies recht anschaulich vorgeführt. Diese Hymne ist voll von der allgemeinen Hoffnung und den Gebeten, die in einem jeden feierlichen Akt der religiösen Gemeinschaft enthalten waren. Poesie von Frauen – die üblicherweise im privaten Kreise rezitiert wurde, wenn Frauen in dem gesellschaftlich reglementierten begrenzten Rahmen zusammentrafen – hatte bereits so etwas wie einen revolutionären Charakter, denn sie behandelte Themen, über Frauen die nicht nachdenken geschweige denn Hymnen singen durften.

Marias Lobgesang – sie dürfte den Text wohl nach einer bekannten Melodie gesungen haben – enthält viele Themen, die Frauen in Gegenwart von Männern niemals anzusprechen gewagt hätten. Sie preist den Gott Israels, der absichtlich eine Frau erwählt hat, um an der Errichtung eines neuen Israels teilzuhaben. Und sie weist darauf hin, dass der Gott Israels mit allen Menschen Erbarmen habe, nicht nur mit Israel. Sie schildert Gott als jemanden, der die wirtschaftlichen und sozialen Strukturen der jüdischen Gesellschaft radikal verändert. Sie behauptet, dass all diese von Gott beabsichtigten revolutionären Ereignisse tatsächlich schon Abraham, Isaak und Jakob verheißen worden waren. Hätte Maria dieses Lied vor ihrem anvertrauten Ehemann Joseph oder auf dem Marktplatz des Dorfes gesungen, wäre sie gewiss wegen Gotteslästerung gesteinigt worden!

Lukas berichtet, Maria sei über drei Monate bei Elisabeth geblieben, bevor sie nach Hause zurückkehrte. Das bedeutet wohl, dass sie kurz vor der Geburt des Johannes Elisabeth verließ und ihrer Cousine während dieser letzten schwierigen Wochen der Schwangerschaft half, als diese die besondere Unterstützung benötigte, die nur eine Frau zu leisten vermochte. Man erinnere sich, dass Elisabeth sich verbarg, als sie spürte, dass sie schwanger war, und so hatte sie niemanden, den sie zu sich rufen konnte.

Lukas erzählt uns nicht ganz genau, wann Maria empfangen hat, aber es könnte sehr wohl bald nach Gabriels Besuch gewesen sein, so dass sich ihre Schwangerschaft bemerkbar machte, als sie noch bei Elisabeth war. Wir entdecken bei diesen beiden Frauen eine große, starke Entschlossenheit, bei Maria aber eine besondere Form des Vertrauens in das Schicksal in Bezug auf sich selbst und den Sohn in ihrem Leibe. Doch ihr Vertrauen auf die göttliche Verheißung wurde auf eine harte Probe gestellt, und von Zeit zu Zeit zweifelte sie daran. Nach der Geburt Jesu und dem Besuch der Hirten schreibt Lukas: „Maria aber behielt alle diese Worte und bewegte sie in ihrem Herzen.“

Lukas gibt uns einige Hinweise auf die gesellschaftliche Stellung des Joseph. Das Neugeborene war in Windeln oder Lumpen gewickelt, womit sich gewöhnlich die Armen kleideten. Die Praxis, Neugeborene in Tücher fest einzuwickeln, um ihren Bewegungsspielraum zu begrenzen, war damals sehr verbreitet und hat sich in einigen Kulturen bis heute erhalten. Joseph war Handwerker und verfügte nicht über die Mittel, seinen kleinen Sohn in teure Stoffe zu kleiden. Lediglich nach dem Besuch der Weisen, die kostbare Geschenke mitgebracht hatten, war ein wenig Geld vorhanden.

Die mediterrane Jungfrau, die ein Geheimnis mit sich trug, das sie einzig und allein mit ihrer Cousine Elisabeth teilen konnte, sah sich einer schwierigen Zeit gegenüber, in der man sie des Ehebruchs verdächtigte und ihren Sohn als illegitim ansah.

Wir sehen sie dann, wie sie ihren Sohn in aller Stille zur Beschneidung in den Tempel bringt und dort die Prophezeiungen von Simeon und Hanna hört. In jedem Jahr zum Passahfest nahmen sie und Joseph Jesus mit in den Tempel nach Jerusalem. Als Jesus zwölf Jahre alt geworden war, unternahmen sie ebenfalls eine Reise nach Jerusalem, die mit einem speziellen Anlass verbunden war, nämlich mit dem Ritual, ein „Sohn des Gesetzes" zu werden. Dies kennzeichnete seine Pubertätsreife und auch sein Recht, von nun an den Versammlungen in der Synagoge beizuwohnen. Es kennzeichnete ebenso seinen Übergang aus der Welt der Mutter in die des Vaters. Von diesem Augenblick an übernahm Joseph die Rolle des Erziehers, während Maria im Hintergrund blieb.

Die emotionale Zuneigung des Sohnes seiner Mutter gegenüber wurde dabei nicht unterdrückt und ging auch nicht verloren, und für die Mutter war es oft schwierig, ihre bisherige erzieherische Rolle an den Ehemann abzugeben. Aber so war es in den antiken mediterranen Familien üblich, und Jesus und Maria mussten sich dieser Tradition fügen.

> Und seine Eltern gingen alle Jahre nach Jerusalem auf das Passahfest. Und als er zwölf Jahre alt war, gingen sie hinauf nach Jerusalem nach dem Brauch des Festes. Und da die Tage vollendet waren und sie wieder nach Hause gingen, blieb das Kind Jesus zu Jerusalem, und seine Eltern wussten's nicht. Sie meinten aber, er wäre unter den Gefährten, und kamen eine Tagereise weit und suchten ihn unter den Verwandten und Bekannten. Und da sie ihn nicht fanden, gingen sie wiederum nach Jerusalem und suchten ihn. Und es begab sich, nach drei Tagen fanden sie ihn im Tempel sitzen mitten unter den Lehrern, wie er ihnen zuhörte und sie fragte. Und alle, die ihm zuhörten, verwunderten sich seines Verstandes und seiner Antworten. Und da sie ihn sahen, entsetzten sie sich. Und seine Mutter sprach zu ihm: Mein Sohn, warum hast du uns das angetan? Siehe, dein Vater und ich haben dich mit Schmerzen gesucht. Und er sprach zu ihnen: Was ist's, dass ihr mich gesucht habt? Wisset ihr nicht, dass ich sein muss in dem, das meines Vaters ist? Und sie verstanden das Wort nicht, das er zu ihnen redete. Und er ging mit ihnen hinab und kam nach Nazareth und war ihnen untertan. Und seine Mutter behielt alle diese Worte in ihrem Herzen. (Lk 2, 41–51)

Auffällig an dieser Geschichte ist, dass Maria, nachdem Jesus mit diesem Übergang von der mütterlichen in die väterliche Sphäre problemlos zurechtkam, diesen Schritt noch nicht vollzogen hat. Als Jesus vermisst wurde und seine Eltern nach Jerusalem zurückkehrten, um ihn schließlich im Tempel zu finden, war es Maria und nicht Joseph, die das erste Wort an Jesus richtete: „Mein Sohn, warum hast du uns das angetan? Siehe, dein Vater und ich haben dich mit Schmerzen gesucht." Maria hätte es eigentlich Joseph überlassen sollen, die Situation in die Hand zu nehmen. Jesus tadelte seine Mutter respektvoll, sie wußte wohl nicht, wo er sich aufhielt, und verwies damit selbstbewusst auf seinen neuen Status als Sohn seines Vaters.

Erneut merkt Lukas an, dass Maria all diese Dinge in ihrem Herzen bewahrte. Von nun an tritt Maria in der Evangelienerzählung nur noch selten in Erscheinung. Ihr Sohn übernahm das Geschäft seines Vaters, wie es von ihm erwartet wurde. Wir wissen von zwei Brüdern und mehreren Schwestern, denen gegenüber Jesus verpflichtet war. Er war nun in der Rolle des männlichen Schutzherrn, dem seine Mutter und seine Schwestern anvertraut waren. Die Familienehre erforderte es, dass er für sie sorgte, und seinen Schwestern gegenüber war es seine Pflicht, für sie passende Ehemänner zu finden und sich um die jeweilige Mitgift zu kümmern. Er hatte seinen jüngeren Brüdern zu helfen, ihren eigenen Hausstand zu gründen, wenn sie ins heiratsfähige Alter kamen.

Als Jesus in seinem dreißigsten Lebensjahr sein Zuhause verließ, um seine messianische Aufgabe zu erfüllen, wurde sein Verhalten von seinem ganzen Dorf und seiner Familie als unehrenhaft und schändlich betrachtet. Dass er seine Mutter und seine Schwestern ohne Familienoberhaupt einfach sich selbst überließ, war unverzeihlich, und zu gegebener Zeit würde man ihn ohne Zweifel daran erinnern. Ich erwähne diesen Sachverhalt in einem Buch über Frauen deshalb, weil es ein wichtiger Aspekt ist, um das Verhalten von Maria zu verstehen.

Markus schildert, wie Maria einmal versuchte, Jesus zu bewegen, wieder nach Hause zurückzukehren. Er hatte zwischenzeitlich viele Menschen geheilt und Dämonen ausgetrieben.

Und er kam nach Hause, und da kam abermals das Volk zusammen, so dass sie nicht vermochten zu essen. Und da es die Seinen hörten, gingen sie hinaus und wollten ihn zurückhalten, denn sie sprachen: Er ist von Sinnen. Die Schriftgelehrten aber, die von Jerusalem herabgekommen waren, sprachen: Er hat den Beelzebub und treibt die bösen Geister aus durch ihren Obersten ...

Und es kamen seine Mutter und seine Brüder und standen draußen, schickten zu ihm und ließen ihn rufen.

(Mk 3, 20–22, 31; siehe auch Mt 12, 46–50 und Lk 8, 19–21)

Maria war noch immer über die Schande bekümmert, die Jesus über den Namen ihres Mannes gebracht hatte, und nun wurde er gar beschuldigt, wahnsinnig zu sein, vielleicht sogar besessen von den Dämonen, die er ausgetrieben hatte. So wollte sie ihn nun in das Innere des Hauses holen und den Blicken der Öffentlichkeit auf der Straße entziehen.

Nur noch ein Mal begegnet uns Maria in der Evangelienerzählung, wie sie im eigenen Interesse handelt – abgesehen von der Kreuzigungsszene und ihrem Auftauchen bei den elf Jüngern nach Jesu Auferstehung –, nämlich auf jenem Hochzeitsfest, wo Jesus Wasser in Wein verwandelte.

Und am dritten Tage war eine Hochzeit zu Kana in Galiläa, und die Mutter Jesu war da. Jesus aber und seine Jünger wurden auch auf die Hochzeit geladen. Und da es an Wein gebrach, spricht die Mutter Jesu zu ihm: Sie haben nicht Wein. Jesus spricht zu ihr: Frau, was geht's dich an, was ich tue? Meine Stunde ist noch nicht gekommen. Seine Mutter spricht zu den Dienern: Was er euch sagt, das tut. Es standen dort aber sechs steinerne Wasserkrüge, gesetzt nach der Sitte der jüdischen Reinigung, und es gingen in jeden zwei oder drei Maß. Jesus spricht zu ihnen: Füllet die Wasserkrüge mit Wasser! Und sie füllten sie bis obenan. Und er spricht zu ihnen: Schöpfet nun und bringet's dem Speisemeister! Und sie brachten's. Als aber der Speisemeister kostete den Wein, der Wasser gewesen war, und wusste nicht, woher er kam – die Diener wussten's aber, die das Wasser geschöpft hatten –, ruft der Speisemeister den Bräutigam und spricht zu ihm: Jedermann gibt zuerst den guten Wein und erst dann, wenn sie trunken geworden sind, den geringeren; du aber hast den guten Wein bisher behalten. (Joh 2, 1–10)

Eine Hochzeit ist ein gesellschaftliches Ereignis, bei dem sich zwei Familien in aller Öffentlichkeit miteinander verbinden. Die beiden Familien – nicht der Bräutigam und die Braut – stehen hierbei im Mittelpunkt des Geschehens. Es liegen Monate des Verhandelns hinter ihnen, die öffentliche Übergabe des Ehevertrags hat stattgefunden, und schließlich wird das Hochzeitsfest begangen, wo die beiden Familien sich nach der Verlobung das erste Mal offiziell zusammenfinden.

Die Tatsache, dass Maria zusammen mit Jesus und den zwölf Jüngern dort anwesend war, weist darauf hin, dass sie engere Freunde der beiden Familien waren. Dieser Sachverhalt wird noch offenkundiger, wenn man sich vor Augen hält, dass Maria offenkundig für die Speisen und Getränke zuständig war. Der Hauptteil des Festes fand gewöhnlich im Haus der Eltern der Braut statt und war ein entscheidender Auftakt für den Bräutigam, die Braut in sein Heim zu führen, um die Ehe zu vollziehen. In diesem Falle aber scheint es, dass das Fest im Haus der Eltern des Bräutigams stattfand. Dies wiederum legt die Vermutung nahe, dass Maria wahrscheinlich eine nähere Verwandte der Familie des Bräutigams war.

Eine kritische Situation entstand, als der Weinvorrat bedenklich zur Neige ging. Die Ehre des Vaters des Bräutigams war dadurch gefährdet. Er musste die Situation seiner Familie und seines Besitzes offenlegen, wenn er mit der Familie der Braut über die Mitgift, die er von ihr erwartete, verhandelte. Er tat dann sein bestes, um die Versorgung seines Sohnes zu sichern, damit dieser seine ehrenvolle Stellung in der Gemeinschaft ebenfalls weiterhin aufrecht erhielt.

Wäre ihm nun der Wein ausgegangen, hätte ihn der ganze Ort – und nicht nur die zum Fest Geladenen – bezichtigt, er habe anmaßend über seine Verhältnisse gelebt und vorgegeben, über mehr Geld zu verfügen, als er tatsächlich besaß. Ginge er hinaus zum nächsten Weinhändler und versuchte, mehr Wein zu kaufen, wäre er auch nicht sehr viel besser dran, denn der Winzer hätte vielleicht die günstige Gelegenheit ergriffen und für den Wein den doppelten Preis verlangt.

Maria ging zu ihrem Sohn mit der Bitte, doch etwas zu tun, um die peinliche Situation zu retten. Die Ehre des Ehemanns ihrer Freunde stand auf dem Spiel. Da ihr eigener Mann nicht mehr lebte, war Marias gesellschaftliche Stellung von der ihres Sohnes abhängig. Auch wenn Jesus seine Familie in Schande gebracht hatte, als er sie verlassen und seine Verantwortung nicht wahrgenommen hatte, sah Maria nun eine Gelegenheit für ihren Sohn, den Namen der Familie zu rehabilitieren. Wenn sie ihn überreden konnte, diesen Tag durch irgendeine Aufmerksamkeit zu retten, würde die Gemeinschaft ihr die Ehre ihres Mannes wieder zuerkennen.

Doch Jesus war nicht daran interessiert, sich an solchen gesellschaftlichen Spielen um Ehre und Unehre zu beteiligen. Seine rätselhafte Antwort – im Griechischen heißt es: „O Frau, was bedeutet es für mich und für dich? (Die Wendung τι μοι και σοι meint soviel wie: Lass mich in Ruhe!) Meine Stunde ist es noch nicht“ – gibt Maria zu verstehen, dass er ihr das, was sie von ihm sehnsüchtig verlangt, nicht geben kann. Sie wollte eine Bestätigung der Vollmacht und besonderen Stellung ihres Sohnes in aller Öffentlichkeit. Er aber löste das Problem, ohne auf sein Ansehen zu achten oder sich besonders dabei hervorzutun.

Jesu Augenblick der höchsten Ehre ist der Tod am schändlichen und entehrenden Kreuz. Er würde nichts tun, um sein gesellschaftliches Ansehen zu behaupten und die Ehre zu verteidigen, wie es die Gemeinschaft von ihm normalerweise verlangte. Das Wunder, das er hier tat, wurde nur von den Sklaven wahrgenommen, die die Gäste mit Wein bewirteten. Als der Speisemeister anmerkte, dass dieser Wein von bester Qualität sei, betrübte dies Maria zudem. Wenn doch wenigstens alle am Fest Geladenen wüssten, dass es ihr angeblich so unehrenhafter Sohn war, der alle vor großer Peinlichkeit bewahrt hatte, indem er Wasser in kostbaren Wein verwandelt hatte!

Maria wollte als das angesehen werden, was sie auch tatsächlich war: eine wahre mediterrane Frau der Antike, die mit ihrer Identität vor allem anderen in dem guten Ruf ihres Ehemannes verwurzelt war, dann in dem ihres Sohnes; schließlich wurde sie dem Apostel Johannes anvertraut, um in dessen Familie bis zu ihrem Tode sozial verankert zu sein.

In vieler Hinsicht verhielt sie sich in ihren früheren Jahren unkonventionell und unerhört, doch als Jesus begann, seiner Berufung zu folgen, wurde sie auf schmerzhafte Weise geprüft, als ihre Hoffnung auf Ehre und Ansehen für ihren Sohn sich nicht erfüllte. Bedauerlicherweise hören wir nach Jesu Auferstehung nichts mehr von ihr, so dass wir nicht wissen, wie sie auf das Reich Gottes reagierte, als es tatsächlich anbrach. Wie es damals üblich war, schenkten ihr die Männer der frühen Kirche als Frau ohnehin keinerlei Aufmerksamkeit.

Die Ehebrecherin

Es erscheint auf den ersten Blick befremdlich, in die Aufzählung von Frauen, die als besonders Erwählte gelten, auch jene aufzunehmen, die beim Ehebruch ergriffen wurde. Aber während die zuletzt genannten beiden Frauen von Gott ausersehen waren, um eine besonders wichtige Rolle im Reich Gottes zu spielen, wurde diese Frau von den Gegnern Jesu erwählt, weil man sich von ihr erhoffte, dass sie Jesus Schande bereiten würde. In dieser Situation aber drehte Jesus den Spieß um und ließ angesichts dieser Frau eine wichtige Bemerkung über die allgemeine Rolle der Frau in der Gesellschaft fallen.

Aber die Schriftgelehrten und Pharisäer brachten eine Frau zu ihm, im Ehebruch ergriffen, und stellten sie in die Mitte und sprachen zu ihm: Meister, diese Frau ist ergriffen auf frischer Tat im Ehebruch. Mose aber hat uns im Gesetz geboten, solche zu steinigen. Was sagst du? Das sprachen sie aber, ihn zu versuchen, auf dass sie eine Sache wider ihn hätten. Aber Jesus bückte sich nieder und schrieb mit dem Finger auf die Erde. Als sie nun anhielten, ihn zu fragen, richtete er sich auf und sprach zu ihnen: Wer unter euch ohne Sünde ist, der werfe den ersten Stein auf sie. Und bückte sich wieder nieder und schrieb auf die Erde. Da sie aber das hörten, gingen sie hinaus, einer nach dem andern, von dem Ältesten an; und Jesus ward allein gelassen und die Frau in der Mitte stehend. Jesus aber richtete sich auf und sprach zu ihr: Frau, wo sind sie, deine Ankläger? Hat dich niemand verdammt? Sie aber sprach: Herr, niemand. Jesus aber sprach: So verdamme ich dich auch nicht; gehe hin und sündige hinfort nicht mehr. (Joh 8, 3–11)

Ehebruch war eine Sünde, die sich gegen den Ehemann richtete. Die Ehefrau war mit ihrer Identität und gesellschaftlichen Stellung an ihren Mann gebunden und hatte jenseits dieser Beziehung keinen eigenständigen Platz in der Gemeinschaft. Seine Ehre wurde durch ihre Treue zu ihm aufrechterhalten, während Untreue ihrerseits ihn in Schande und Unehre brachte. Es wurde von den Frauen erwartet, dass sie vor der Eheschließung Jungfrauen waren; gab es nur das geringste Anzeichen, das an ihrer Jungfräulichkeit zweifeln ließ, wurde der Ehevertrag sofort annulliert. Jeder Beweis für einen sexuellen Fehltritt der Ehefrau bedeutete unverzüglich die Scheidung. Der Ehemann hatte in solch einem Falle keine andere Wahl. Es war eine offene Gesellschaft, nichts geschah hinter verschlossenen Türen, was nicht rasch an die Öffentlichkeit drang. Privatsphäre als ein unantastbarer Wert an sich war damals unbekannt.

Um gegen eine Frau wegen Ehebruchs anzuklagen, musste sie verheiratet sein. Wenn ein verheirateter Mann mit einer alleinstehenden Frau sexuellen Verkehr hatte, galt dies nicht als Ehebruch. Diese Frau nun wurde von Jesu Gegnern benutzt, um ihm eine Falle zu stellen, damit er die Gültigkeit des mosaischen Gesetzes in Zweifel zog. War es doch allgemein bekannt, dass er gegenüber Frauen eine liberale Auffassung vertrat, und so wollten sie auf diese Weise versuchen, ihn anzugreifen. Wenn er sagen würde, sie dürfte wegen ihres Vergehens nicht gesteinigt werden, konnte er vor die Oberen des Tempels gebracht und angeklagt werden, er lehre andere, das Gesetz zu brechen. Wenn er ihnen zustimmen würde, dass man sie steinigte, konnten sie ihn vor die Behörde der Römer bringen und ihn beschuldigen, er breche das römische Gesetz, denn es war damals für einen Juden in

Israel verboten, jemanden zum Tode zu verurteilen, ohne zuvor das Einverständnis des römischen Statthalters einzuholen.

Doch ihr Plan scheiterte, da Jesus die Situation umkehrte, indem er sie an ihre eigene Gesetzestreue erinnerte: „Wer unter euch ohne Sünde ist, der werfe den ersten Stein." Diese Männer kannten sich untereinander nur zu gut und wussten, dass niemand unter ihnen die Gesetze vollkommen eingehalten hatte. Hätte jemand von ihnen einen Stein aufgehoben, so hätte er damit einen moralischen Anspruch erhoben, von dem alle anderen wussten, dass er falsch war, und das hätte ihm nur Hohn und Spott eingebracht.

Es wurde ihnen schnell klar, dass Jesus sie ausmanövriert hatte. Und so ging einer nach dem anderen schweigsam davon, die Ältesten und Angesehensten zuerst, denn sie hatten in der prekären Situation am meisten zu verlieren; konnten doch die Jungen und Dummköpfe ihretwegen so töricht sein und ihren Standpunkt hartnäckig weiter vertreten.

Schließlich war die Frau mit Jesus allein. Sie hatte keinerlei Protest erhoben. Sie hatte nicht gefragt: „Warum holt ihr nicht auch den Mann? Es braucht immer zwei, um einen Ehebruch zu begehen." Sie hätte behaupten können, sie sei von einem der Anwesenden überfallen und vergewaltigt worden, denn wer sonst hätte sie bei diesem Vorfall sehen können. Ihr ehebrecherischer Partner hätte ohne weiteres unter ihren Anklägern sein können.

Jesus fragt sie etwas, das eigentlich ganz offenkundig war: „Hat keiner dieser Männern eine offizielle Anklage gegen dich erhoben?" Ihre schlichte Erwiderung: „Nicht einer, Herr", veranlasste Jesus zu den bekannten Worten: „Dann werde auch ich keine Anklage gegen dich erheben. Na los, gehe schon, und mach dich nicht noch einmal strafbar."

Bemerkenswert ist, dass Jesus nicht die Wahrheit herauszufinden versucht. Er setzt offenbar voraus, dass sie die Straftat begangen hatte. Überdies ist auffällig, dass Jesus, der nicht stillschweigend über den Tatbestand des Ehebruchs hinwegsieht, offenkundig anzudeuten scheint, dass eine Scheidung nicht die notwendige Konsequenz sein müsse.

Als Jesus im Markusevangelium zur Ehescheidung befragt wird, weitet er die Bedeutung der Ehescheidung auch auf die Untreue des Ehemannes gegenüber seiner Frau aus, so dass er der Frau ebenfalls das Recht zuspricht, sich von ihrem Manne scheiden lassen zu können, was in jenen Tagen in Israel ganz selten geschah.[3]

[3] Mk 10, 2–12.

Die Gegner Jesu versuchten, diese Frau gegen ihn zu benutzen, doch letztendlich wendete sich die Sachlage gegen sie selbst. Die Ergebenheit, mit der sie sich in ihre Situation fügte, aber auch ihre Weigerung, sich aus dem herauszuwinden, was offenkundig eine Straftat war, führte schließlich dazu, dass ihr vergeben wurde. Gibt es da noch Bedenken, dass sie jemals wieder Ehebruch begangen hat?

Diese drei Frauen wurden ausgewählt als Beispiele dafür, dass Gott sein prophetisches Wort nicht einschränkt und auch von dem Mann verantwortungsbewusstes Handeln verlangt. Ohne die bereitwillige Mitarbeit von Frauen wie diesen – auch wenn es bedeutete, gegen damalige Sitten und Gebräuche und sogar gegen das seinerzeit gültige Gesetz zu verstoßen – wäre die Welt und die Kirche heute in einem weitaus armseligeren Zustand.

Die nur an sich selbst denken

Hier geht es um solche, die einzig und allein an sich denken, statt sich auch um die anderen zu kümmern. Das bezieht sich nicht nur auf Männer. Im Alten Testament begegnen uns viele Frauen, die sich nicht gerade vorbildlich verhalten haben. Die folgenden beiden Frauen, eine Mutter und ihre Tochter, stellen sozusagen die einzigen „schlechten" Frauen im Evangelium dar. Sie gehörten zur Familie des Herodes und hatten einen zweifelhaften Ruf.

Herodias und ihre Tochter

Denn er, Herodes, hatte ausgesandt und Johannes ergriffen und ins Gefängnis geworfen um der Herodias willen, der Frau seines Bruders Philippus, die er zum Weib genommen hatte. Denn Johannes hatte zu Herodes gesagt: Es ist nicht recht, dass du deines Bruders Frau hast. Herodias aber stellte ihm nach und wollte ihn töten und konnte nicht. Denn Herodes fürchtete den Johannes, weil er wusste, dass er ein frommer und heiliger Mann war, und verwahrte ihn; und wenn er ihn gehört hatte, ward er sehr unruhig; und doch hörte er ihn gerne. Und es kam ein gelegener Tag, da Herodes an seinem Geburtstag ein Mahl gab seinen Großen und den Obersten und den Vornehmsten in Galiläa. Da trat herein die Tochter der Herodias und tanzte und gefiel wohl dem Herodes und denen, die am Tisch saßen. Da sprach der König zu dem Mädchen: Bitte von mir, was du willst, ich will dir's geben. Und er schwur ihr einen Eid: Was du wirst von mir bitten, will ich dir geben, bis an die Hälfte meines Königreichs. Und sie ging hinaus und sprach zu ihrer Mutter: Was soll ich bitten? Die sprach: Das Haupt Johannes des Täufers. Und sie ging alsbald hinein mit Eile zum König, bat und sprach: Ich will, dass du mir gebst jetzt zur Stunde auf einer Schüssel das Haupt Johannes des Täufers. Und der König ward sehr betrübt; doch um des Eides willen und derer, die am Tische saßen, wollte er ihr die Bitte nicht abschlagen. Und alsbald schickte der König den Henker hin und hieß sein Haupt herbringen. Der ging hin und enthauptete ihn im Gefängnis und trug her sein Haupt auf einer Schüssel und gab's dem Mädchen, und das Mädchen gab's seiner Mutter. Und da das seine Jünger hörten, kamen sie und nahmen seinen Leib und legten ihn in ein Grab.

(Mk 6, 17–29; siehe auch Mt 14, 1–12)

Wir wissen von Josephus[4], dem jüdischen Historiker aus dem ersten nachchristlichen Jahrhundert, dass Herodias' Tochter, die sie von ihrem ersten Ehemann Philippus hatte, Salome genannt wurde. Herodes Antipas wurde im 4. Jh. v. Chr. zum Tetrarch von Galiläa ernannt. Da er, der Sohn von Herodes dem Großen, mit der eingeschränkten Macht, über die er verfügte, nicht zufrieden war, verlangte er, zum unmittelbaren königlichen Vasallen des römischen Kaisers erhoben zu werden. Wegen dieser beispiellosen Anmaßung wurde er im Jahre 39 n. Chr. abgesetzt und nach Lyon verbannt. Als er noch an der Macht und im Amt war, hat er offenbar für sich eigenmächtig den Königstitel beansprucht, weshalb ihn Markus hier auch „König" nennt.

Herodias selbst war die Enkelin von Herodes dem Großen und auch Halbnichte von Herodes Antipas. Sie heiratete Philippus, einen Sohn von Herodes dem Großen, und Philippus war der Tetrarch der Evangeliengeschichte. Ihre Tochter Salome war mit Philippus, ihrem Onkel, verheiratet. Die gesamte herodianische Familie war mit inzestuösen Beziehungen durchsetzt, so dass es nicht verwunderlich ist, wenn deren Familiengeschichte schwer zu durchschauen ist.

Es erweckt nach dem Evangelienbericht den Eindruck, dass Johannes der Täufer Herodes Antipas öffentlich verurteilt hat wegen der Scheidung von seiner ersten Frau, einer nabatäischen Prinzessin, um Herodias (also die von Herodes Philippus geschiedene Frau) zu heiraten. Eine solche in aller Öffentlichkeit bekannt gemachte Enthüllung familiärer Interna einer mächtigen Elite wurde natürlich aufs Schärfste missbilligt, und so wurde der Täufer gefangengenommen, vermutlich auf das Geheiß von Herodias hin, die infolge seiner Indiskretion den größten Schaden davon gehabt hatte.

Dass Herodes sich vor Johannes fürchtete, ist ein wichtiger Hinweis

[4] Flavius Josephus, Antiquitatis Iudaicae libri (Jüdische Altertumskunde), XVIII, 5.

darauf, welchen Respekt man dem Täufer allgemein zollte und welches hohe Ansehen er in der Bevölkerung besaß. Es war hier wohl jene Angst und Eifersucht, die möglicherweise auch dem Fall von Antipas zugrunde lagen. Das öffentliche Fest, das Herodes zu seinem Geburtstag veranstaltete, war er seiner Ehre schuldig und demonstrierte seine Macht. Er tat dies, weil man es von ihm erwartete, nicht weil er ein großzügiger und offenherziger Herrscher war. Markus berichtet uns, wer zu dem Fest geladen war: seine Leute vom Hofe, die Offiziere seiner Armee und die zivile Führungsschicht Galiläas. Insofern stellten die Gäste eine illustre Gesellschaft der Oberschicht Galiläas dar.

Als Salome ihren Tanz vorführte, tat sie eigentlich etwas äußerst Schändliches. Ein Tanz von Frauen war damals in Israel nur innerhalb der Familie und eigenen Verwandtschaft gestattet. Dass die anwesenden ehrenwerten Männer, die zur Oberschicht gehörten, so eine Schande überhaupt duldeten, ließ sie ihre Ehre und ihr Ansehen in den Augen der übrigen Gemeinschaft verlieren. Diese peinliche Situation wurde von Herodes selbst noch verschlimmert, da er sich von der Erotik des Tanzes der Salome betören und hinreißen ließ. Es war natürlich klar, dass diese ganze Veranstaltung gezielt von zwei Frauen vorbereitet und inszeniert worden war, um Herodes etwas zu entlocken. Unter normalen Umständen hätte er ein solches Ansinnen zurückgewiesen. Als Herodes Salome dann in seinem berauschten Zustand alles anbot, was man damals einer Frau offerieren konnte – die Hälfte seiner Besitztümer –, ging sie sogleich zu ihrer Mutter. Doch bei diesem Vorhaben ging es nicht um Geld oder Vermögen. Das Ganze entpuppte sich als raffinierter Plan, um die Hinrichtung des verhassten Täufers zu erreichen.

Da Herodes sein Wort vor allen versammelten Gästen gegeben hatte, waren sich die beiden Frauen sicher, dass er nun in der Falle saß. Er hatte keinerlei Möglichkeit, sich aus dieser Klemme zu befreien. Wäre dies innerhalb eines privaten Zirkels passiert, also auf einem internen familiären Fest, wäre ihr Plan gescheitert. Aber so musste Herodes sein Versprechen einlösen, wenn auch sicher nicht ohne eine gewisse Erleichterung, dass er sein halbes Vermögen nicht einer Frau geben musste, die er ohnehin nicht zur Ehefrau nehmen konnte, da seine jetzige Frau – ihre Mutter – noch lebte.

Wir können nur mit Entrüstung und Bestürzung auf das blutige Haupt von Johannes dem Täufer starren, dem letzten hebräischen Propheten, das von den beiden schrecklichen Frauen triumphierend auf einem silbernen Tablett davongetragen wurde. Wir haben es hier mit zwei Frauen zu tun, die es sehr gut verstanden, inmitten der Männer das übliche gesellschaftliche Spiel von Ehre und Scham zu manipulieren und zu pervertieren, um es für ihre eigenen verwerflichen Bedürfnisse zu benutzen.

Frauen in Jesu Gleichnissen

In den drei folgenden Gleichnissen Jesu werden Frauen erwähnt, die vorbildliches Verhalten veranschaulichen – ein Verhalten, das weit über die moralischen Werte hinausging, die man gewöhnlich Frauen zuschrieb: Reinheit und Jungfräulichkeit. Das alttestamentliche „Lob über das tugendsame Weib“ in Spr 31, 10–31 ist repräsentativ für die „ideale Frau“ in der damaligen mediterranen Gesellschaft. Ihre Welt, in der sie Mensch sein durfte, war im Inneren des Hauses, wo sie arbeitete und den Haushalt organisierte, um ihrem Mann zu ermöglichen, seine Zeit auch damit zu verbringen, mit anderen Ehemännern auf dem Marktplatz des Ortes zusammenzusitzen. Doch Jesus machte deutlich, dass Frauen weitaus mehr zu bieten hatten, sogar dann, wenn sie nicht den Verpflichtungen nachkamen, die man gewöhnlich von ihnen erwartete.

Die klugen und törichten Jungfrauen

Dann wird das Himmelreich gleich sein zehn Jungfrauen, die ihre Lampen nahmen und gingen aus, dem Bräutigam entgegen. Aber fünf unter ihnen waren töricht, und fünf waren klug. Die törichten nahmen ihre Lampen; aber sie nahmen nicht Öl mit sich. Die klugen aber nahmen Öl in ihren Gefäßen samt ihren Lampen. Da nun der Bräutigam lange ausblieb, wurden sie alle schläfrig und schliefen ein. Zur Mitternacht aber ward ein Geschrei: Siehe, der Bräutigam kommt; gehet aus, ihm entgegen! Da standen diese Jungfrauen alle auf und machten ihre Lampen fertig. Die törichten aber sprachen zu den klugen: Gebt uns von eurem Öl, denn unsere Lampen verlöschen. Da antworteten die klugen und sprachen: Nein, sonst würde es für uns und euch nicht genug sein; geht aber hin zu den Krämern und kaufet für euch selbst. Und da sie hingingen, zu kaufen, kam der Bräutigam; und die bereit waren, gingen mit ihm hinein zur Hochzeit, und die Tür ward verschlossen. Zuletzt kamen auch die andern Jungfrauen und sprachen: Herr, Herr, tu uns auf! Er antwortete aber und sprach: Wahrlich, ich sage euch: Ich kenne euch nicht. Darum wachet! Denn ihr wisset weder Tag noch Stunde. (Mt 25, 1–13)

Eine Hochzeit war ein großes gesellschaftliches Ereignis für den ganzen Ort. Die beiden Familien, die in diesem Rahmen vereinigt wurden, verwendeten unter Berücksichtigung ihrer gesellschaftlichen Stellung äußerst große Sorgfalt daran, alles für die Zeremonien und das Fest bestens vorzubereiten.

Hier handelt es sich um eine Hochzeit mit zehn Brautjungfern. Das war ein ganz wichtiges Ereignis für die führende gesellschaftliche Schicht des Ortes. Während jeder die Vorbereitungen von außen mitverfolgen und zuschauen konnte, wurden nur die angesehensten und ehrwürdigsten Mitglieder der Gemeinschaft zu dem Fest selbst und zu den offiziellen Anlässen geladen.

Der besondere Teil der Zeremonie, den Jesus hier für sein Gleichnis verwendet, ist der Augenblick, wenn der Bräutigam sein Elternhaus verlässt, um sich zu den Eltern der Braut zu begeben und sie danach zu dem Haus zu führen, in dem er mit seiner Braut künftig wohnen würde. Dieses Haus war üblicherweise nicht weit vom Haus seiner Eltern entfernt. Es ist bekannt, dass die Juden irgendwann von der in der Genesis beschriebenen Tradition (wonach der Bräutigam nach der Eheschließeung mit der Familie seiner Braut zusammenlebte) abwichen und sich der hier angesprochenen Tradition zuwendeten, wonach die Braut in die Familie ihres Ehemanns integriert wurde. Der Bräutigam machte sich auf zu dem Haus der Eltern seiner Braut, und die Brautjungfern schlossen sich dem Zug zum Haus des Bräutigams an. Im Haus der Braut hatten sich bereits alle offiziell geladenen Gäste niedergelassen und wurden bewirtet, um auf das Hochzeitspaar zu warten und sich ihnen ebenfalls anzuschließen. Am Ende des Hochzeitsfestes führte der Bräutigam seine Braut in das Schlafgemach, um die Ehe zu vollziehen. Anschließend kehrte er zur Feier zurück und zeigte den Anwesenden das blutbefleckte Leinen, um seine eigene Männlichkeit und die Jungfräulichkeit seiner Braut zu beweisen. Dies wurde dann mit Beifallsrufen und allgemeiner Zustimmung begrüßt. Die Ehre beider Elternteile stand hierbei auf dem Spiel. (Es ist interessant festzustellen, dass diese Praxis bis heute in vielen mediterranen Gegenden beibehalten wurde.)

Im Gleichnis nun kommt der Bräutigam verspätet aus seinem Elternhaus. Alle Mütter auf der Welt trennen sich bekanntlich äußerst ungern von ihren Söhnen, während die Väter dafür sorgen, dass die finanziellen Verhältnisse geregelt sind. Was auch immer hier der Grund für die Verzögerung gewesen sein mag – der Bräutigam erreichte das Haus seiner Braut sehr viel später. Alle Brautjungfern waren in der Zwischenzeit eingeschlafen, denn die bisherigen Anstrengungen für die feierlichen Vorbereitungen forderten ihren Tribut. Ihre Lampen sollten angezündet werden, um den Eingang des Elternhauses der Braut zu erleuchten, aber fünf der Lampen waren verloschen, und es gab kein Öl mehr, um sie wieder anzuzünden. Die fünf Mädchen versuchten die anderen zu überreden, ihr übriges Öl mit ihnen zu teilen, doch erfolglos. Denn wenn der Bräutigam sich weiter verspäten würde, dann würden bis dahin alle Lampen verlöschen und der festlich erleuchtete Hochzeitszug könnte nicht stattfinden. So war es das naheliegendste, zum nächsten Ölhändler zu gehen, ihn mitten in der Nacht aufzuwecken und um Öl zu bitten. Die Tatsache, dass diese Kaufleute zu Hause waren und sich nicht als Gäste auf dem Fest aufhielten, verweist darauf, welch hoher gesellschaftlicher Anspruch an die Geladenen gestellt wurde und dass es sich um eine besondere Hochzeitsfeier gehandelt haben muss. Nach gewisser Zeit kehrten die fünf Brautjungfern wieder zurück, der Bräutigam aber war inzwischen bereits eingetroffen und hatte die Braut in sein Haus geführt.

Die Konsequenz ihrer Nachlässigkeit war, dass die Hochzeitszeremonie nicht, wie ursprünglich geplant, mit zehn Brautjungfern vollzogen werden konnte, sondern nur noch mit fünf, was für die Familie des Bräutigams eine Schande bedeutete, denn sie hatte sich für diese Brautjungfern entschieden. Alle Brautjungfern wurden nicht nur mit peinlichster Sorgfalt ausgewählt, um zu gewährleisten, dass sie mit beiden Familien blutsverwandt waren, sondern ihre Mütter hatten mit ihnen auch tagelang das Tanzen und Singen, das zur Feier vorgeführt werden musste, geübt und sich vergewissert, wie sie gekleidet sein sollten und wie gewissenhaft sie auf ihre Lampen achten müssten. Da sie in einer Hinsicht nachlässig waren – nicht genügend Öl dabei zu haben für den ungewöhnlichen Fall, dass sich der Bräutigam verspätete –, beeinträchtigte auf nachhaltige Weise das ganze Fest.

In dem Gleichnis bezeichnet Jesus sie mit einem recht abwertenden Begriff, wobei das Wort *moros* (μωϱος) im Griechischen soviel wie „töricht, stumpfsinnig, dumm“ bedeutet. Er nennt sie also „Dummköpfe“. Sie konnten sich für ihre Nachlässigkeit in keiner Weise entschuldigen, denn sie waren ausreichend für ihre Aufgabe vorbereitet worden. Sie hatten der ganzen Feier große Schande bereitet. Der ganze Ort musste sich von ihnen brüskiert fühlen. Und es dürfte Jahre gedauert haben, bis man in diesem Ort wieder erhobenen Hauptes den Leuten der Nachbarorte gegenüber treten konnte; die anderen dürften sie zweifellos immer wieder an diese peinliche Schmach erinnert haben.

Aber man beachte, dass es nicht die klugen Jungfrauen sind, die hier die entscheidende Rolle in dem Gleichnis spielen. Sie taten lediglich das, worauf sie gut vorbereitet worden waren und was man dementsprechend von ihnen verlangen konnte, so dass es keinen Anlass gab, sie für ihr Verhalten zu loben. Wenn man nichts anderes als seine Pflicht tut, kann man keine besondere Belohnung erwarten. Die törichten Jungfrauen dagegen verwendet Jesus in dem Gleichnis, um etwas ganz Entscheidendes in Bezug auf das Kommen des Reich Gottes deutlich zu machen. Als der Bräutigam, nachdem er in sein neues Haus getreten war, die Türe hinter sich schloss, tat er etwas sehr Ungewöhnliches. Bei solchen Feierlichkeiten verschloss man damals das Haus nie, sondern ließ ganz bewusst Tür und Tor weit geöffnet, um dadurch den großzügigen Rahmen des Festes und die besonders erwählte Stellung der geladenen Gäste vor aller Augen deutlich werden zu lassen.

Warum also wurde das Tor bei diesem Fest verschlossen? Vorübergehende und Schaulustige hätten namlich schnell die fehlenden Brautjungfern bemerkt. Die Schande, die sie über die Festgesellschaft gebracht hatten, sollte den öffentlichen Blicken entzogen werden. Das blutbefleckte Leinen würde nun nur im Rahmen der offiziell geladenen Gäste gezeigt werden und nicht vor den Augen aller Leuten des Ortes. So schwerwiegend also war die soziale Auswirkung dieses einen Fehlers, den die törichten Jungfrauen begangen hatten. Es handelte sich hierbei nicht um Unkenntnis, hatte man sie doch ganz genau instruiert, worauf sie zu achten hatten und was sie alles tun sollten. Es war schlicht ein kapitaler Fehler, der aus Dummheit und Unaufmerksamkeit gegenüber scheinbaren Kleinigkeiten begangen worden war.

Jesus bedient sich hier zweier ganz verschiedener Frauentypen, um Wichtiges deutlich zu machen. Wenn man genau das tut, worauf man vorbereitet ist und was von einem erwartet wird, bringt dies keinen besonderen Beifall. Die Pflicht muss getan werden, weil sie erwartet wird. Man muss schon mehr als die erforderliche Pflicht tun, um Lob und Anerkennung zu erlangen, und das war in der damaligen mediterranen Gesellschaft nahezu unmöglich. Wenn man seinen gesellschaftlichen Verpflichtungen nachkam, gewährleistete dies, dass die gute Ordnung in der Gemeinschaft in Frieden und Harmonie aufrechterhalten werden konnte. Pflichterfüllung und das Befolgen der Sitten und Gebräuche waren in der antiken mediterranen Gesellschaft ganz wichtig, viel wichtiger als Gesetze, denn sie spielten eine viel entscheidendere Rolle zur Aufrechterhaltung von Frieden und Wohlstand.

Der einzige Fehler der fünf törichten Jungfrauen bewirkte einen verheerenden Schaden für die ganze Gemeinschaft des Ortes und wirkte sich nicht nur auf die Hochzeitszeremonie aus. Er brachte Unehre und Schande über beide Familien und Irritation in das Alltagsleben des ganzen Ortes.

Jesu Zusammenfassung des Gleichnisses „Darum wachet! Denn ihr wisset weder Tag noch Stunde“ könnte auch so formuliert werden: „Achtet darauf, dass ihr euch auch den unscheinbarsten und gering geachteten, kleinen Dingen in eurem Leben mit Sorgfalt widmet, denn ein Fehltritt im Kleinen wird große Auswirkungen auf einen jeden in eurer Gemeinschaft haben.“

Wir sind in unserem Leben heute von einem großen Individualismus geprägt, der sich auch auf unsere Beziehung untereinander und auf unseren Dienst für Gott erstreckt, so dass uns dieser Aspekt in Jesu Gleichnis abhanden kommt. Doch Jesus benutzt diese unterschiedlichen Frauen, um uns Wesentliches in Bezug auf unser christliches Zeugnis und unseren Dienst für Gott mitzuteilen. Um dies deutlich zu machen, stellt er die Jungfrauen in eine besondere Situation, außerhalb des gewohnten Alltags in ihrer normalen Umgebung.

Die Frau, die eine Münze verlor

> Oder welche Frau ist, die zehn Silbermünzen hat, so sie deren eine verliert, die nicht ein Licht anzünde und kehre das ganze Haus und suche mit Fleiß, bis dass sie die Münze finde? Und wenn sie sie gefunden hat, ruft sie ihre Freundinnen und Nachbarinnen und spricht: Freuet euch mit mir; denn ich habe meine Silbermünze wiedergefunden, die ich verloren hatte. Also auch, sage ich euch, wird Freude sein vor den Engeln Gottes über einen Sünder, der Buße tut. (Lk 15, 8–10)

In diesem Gleichnis nun stellt Jesus die Frau genau an den Platz, der von ihr gesellschaftlich erwartet wird, nämlich in ihren Haushalt. Im Gegensatz zu dem vorherigen Gleichnis begegnet uns hier eine arme Frau. Ihre Mitgift betrug ganze zehn Drachmen, der Lohn eines Arbeiters für zehn Tage. Sie musste anstelle ihres Ehemannes auf ihre Mitgift aufpassen, da es ihm nicht erlaubt war, das Geld auszugeben. Es sollte später dem Ehemann der ältesten Tochter weitergegeben werden. Die Mitgift verkörperte die gesellschaftliche Stellung dieser Familie, und der ganze Ort wusste, wie groß oder klein die Summe war.

Die Frau hatte die Münzen vielleicht in ein Tuch eingenäht, das sie an besonderen Tagen um ihren Kopf band, so dass damit die Ehre ihres Mannes öffentlich betont wurde. Etwas von dieser Mitgift zu verlieren war eine Katastrophe. Und so kehrte sie das ganze Haus vom Dachboden bis zum Keller aus, verbrauchte dazu Öl für ihre Lampe, um auch in die dunkelsten Ecken zu leuchten, ob die Münze nicht in eine Nische gerollt war, bis sie das Geldstück schließlich gefunden und wieder an seinen üblichen Platz verborgen hatte.

Dann rief sie ihre Nachbarinnen und Freundinnen und – wie es jede Frau nun einmal in solch einer Situation getan hätte – erzählte ihnen noch einmal die ganze Geschichte: Sie zeigte ihnen ihre Silbermünze, die verlorengegangen war, wie sie die Lampe entzündet und das ganze Haus ausgekehrt hatte, und dann zeigte sie ihnen den Ort, wo sie die Münze wiedergefunden hatte. Und siehe, so fügte sie hinzu, so habe ich meine Silbermünze verloren. Auf diese Weise waren die Frauen miteinander verbunden und vergewisserten sich so untereinander der Stabilität des für sie hilfreichen sozialen Gefüges innerhalb der Gemeinschaft.

Die Männer dagegen feierten nur ihre Erfolge und rühmten sich ihrer guten Taten; über Fehler verloren sie nie ein Wort. Im dem vorangehenden Gleichnis bei Lukas geht es um einen reichen Grundbesitzer, dem eines von seinen hundert Schafen abhanden kam. Er ließ die übrigen neunundneunzig, die von Hunden bewacht wurden, zurück und machte sich auf und fand das verlorene. Als er zurückkehrte, feierte er mit seinen Nachbarn, aber er machte sich selbst keinerlei Vorwürfe, wieso er das Schaf überhaupt verlieren konnte.[5]

Die Redlichkeit dieser Frau und ihre Bereitschaft, ihre Fehler vor ihren Freundinnen einzugestehen, stellt sie in einen krassen Gegensatz zu Unredlichkeit von Männern, die nur auf ihren Erfolgen beharren und öffentlich niemals eigene Fehler eingestehen.

Jesus lässt keinen Zweifel daran, wer von ihnen im Himmelreich mit Freude empfangen wird.

Die Witwe, die einen Richter herausforderte

Er sagte ihnen aber ein Gleichnis davon, dass man allezeit beten und nicht nachlassen solle, und sprach: Es war ein Richter in einer Stadt, der fürchtete sich nicht vor Gott und scheute sich vor keinem Menschen. Es war aber eine Witwe in derselben Stadt, die kam zu ihm und sprach: Schaffe mir Recht vor

[5] Lk 15, 4–7.

meinem Widersacher! Und er wollte lange nicht. Danach aber dachte er bei sich selbst: Ob ich mich schon vor Gott nicht fürchte noch vor keinem Menschen scheue, so will ich doch dieser Witwe, weil sie mir so viel Mühe macht, ihr Recht schaffen, auf dass sie nicht zuletzt komme und mir etwas antue. Da sprach der Herr: Höret hier, was der ungerechte Richter sagt! Sollte Gott nicht auch Recht schaffen seinen Auserwählten, die zu ihm Tag und Nacht rufen, und sollte er's bei ihnen lange hinziehen? Ich sage euch: Er wird ihnen ihr Recht schaffen in Kürze. Doch wenn des Menschen Sohn kommen wird, meinest du, er werde den Glauben finden auf Erden? (Lk 18, 1–8)

Witwen wie auch Waisen hatten in der damaligen hebräischen Gesellschaft einen schwierigen Stand, und ihr sozialer Status war, wie bereits erwähnt, sehr verletzlich. Sie waren nicht in der Lage, das Vermögen ihres letzten Ehemanns zu erben, und es war ihnen auch nicht möglich, sich durch eine berufliche Tätigkeit irgend eine Form von Einkommen zu verdienen (es sei denn mit Prostitution). Die Witwen wurden somit gewissermaßen zum Symbol der Ohnmacht, Sprachlosigkeit und Unterdrückung.

In diesem Gleichnis wird der Richter als skrupellos charakterisiert: Er hatte weder Ehrfurcht vor religiösen Dingen, noch respektierte er die profanen Maßstäbe, wie sie die Menschen für Wert erachteten. Für solch einen Richter gilt verständlicherweise der Buchstabe des Gesetzes an sich nichts, Hauptsache war, es zahlte sich für ihn aus.

Die Witwe hatte ein juristisches Problem, aber sie hatte keinen Mann, der für sie zum Gericht gehen konnte; sie war von ihrer gesellschaftlichen Stellung her relativ ohnmächtig und hilflos und lief Gefahr, den Prozess gegen ihren Gegner zu verlieren. So fasste sie den Entschluss, sich direkt in das Haus des Richters zu begeben, um selbst mit ihm zu sprechen. Das war ein unerhörter Vorgang. Hatte sie doch in ihrer Lage keineswegs das Recht, so etwas zu tun, und jedes Entgegenkommen seinerseits würde ihn ebenso in eine unehrenhafte Situation bringen.

Aber sie war von ihrer Sache fest überzeugt und bedrängte ihn derart hartnäckig, dass er schließlich keine andere Wahl sah, als sich notgedrungen ihres Falles anzunehmen. Nachdem er diesen Schritt gegangen war, musste er sich in ihrer Sache an die Buchstaben des Gesetzes halten und eine Entscheidung zu ihren Gunsten herbeiführen. Durch ihre Kühnheit, die von der Gesellschaft gesetzten Grenzen zu überschreiten, erhielt sie den entsprechenden Lohn.

Jesus versuchte nun darzulegen, dass Gott nicht so ist wie jener Richter. Gott geht sogleich auf all jene ein, die an die Gerechtigkeit appellieren, und schafft ihnen Recht. Und während der besagte Richter durch das unnachgiebige Beharren der Witwe schließlich beschämt wurde, wird Gott durch seine rasche Verteidigung der Unterdrückten und Entrechteten geehrt.

Die vorgenannten drei Gruppen von Frauen wurden von Jesus in seinen Gleichnissen verwendet, um die Maßstäbe aufzuzeigen, die für alle Gläubigen gelten. Indem Jesus dafür gerade Frauen auswählte, verhielt er sich ebenso unerhört in einer Zeit, wo Frauen nur als Anhängsel von Männern einen Wert und eine gewisse Würde besaßen.

Nun werde ich mich solchen Frauen zuwenden, die in der Apostelgeschichte eine Rolle spielen, um herauszufinden, ob diese Tendenz im Leben der frühen Kirche fortbestand.

3. Frauen in der Apostelgeschichte

Es gab nur sehr wenige Frauen, die im Leben und in der Leitung der ersten Generation der christlichen Kirche eine Rolle spielten. Ich möchte sie vorstellen und deutlich machen, wie wichtig das war, was sie in der frühen Kirche geleistet haben.

In der Apostelgeschichte werden Frauen das erste Mal kurz nach der Himmelfahrt Christi erwähnt. Die elf Jünger kehrten zu dem Obersaal in Jerusalem zurück, wo sie „alle einmütig beieinander waren im Gebet samt (einigen) Frauen und Maria, der Mutter Jesu, und seinen Brüdern“.[6] Es ist übrigens das einzige Mal, dass Jesu Mutter außerhalb der Evangelien genannt wird. Nach dem Johannesevangelium wurde Maria aus ihrer eigenen Familie herausgelöst und der Fürsorge und dem Schutz des Apostels Johannes anvertraut[7], um die Verantwortung für ihre Versorgung von den Schultern Jakobus', des Bruders Jesu, zu nehmen. Es ist bemerkenswert, dass Lukas, als er die Apostelgeschichte schrieb, Maria von Jesu Brüdern getrennt erwähnt und damit die Aussage des Johannesevangeliums stützt. Die übliche Weise, sie zu erwähnen, hätte in etwa „zusammen mit Jesu Brüdern und seiner Mutter Maria“ lauten müssen.

Und es ist wichtig, sich daran zu erinnern, dass Frauen stets nur in unmittelbarer Beziehung zu einem Mann – sei es der Ehemann, Bruder, Sohn, Onkel oder Cousin – wahrgenommen und akzeptiert wurden. Eine Frau, die nicht in offizieller Beziehung zu einem Mann stand, der ihr standesgemäßer Schutzherr und Versorger war, stellte für die antike Gesellschaft ein Problem dar.

Was bei unserem vorliegenden biblischen Text bemerkenswert ist: Diese Frauen waren mit den elf Aposteln „einmütig im Gebet“ zusammen. Das war im frühen Judentum eine unerhörte Situation, wo in den Synagogen Frauen von den Männern grundsätzlich getrennt waren. Dass sie noch dazu eine aktive Rolle beim Gebet in der frühen Kirche spielten, war ein empörendes Verhalten und stellte für Paulus in Korinth tatsächlich einen wunden Punkt dar.

[6] Apg 1, 14.
[7] Joh 19, 26–27.

Als Petrus sich später am Pfingsttag an die große Menschenmenge wandte, sprach er ausschließlich die Männer an,[8] und zwar deshalb, weil er vornehmlich zu Juden sprach. Mit den dreitausend Seelen, die an jenem Tage in die Gemeinschaft der Kirche aufgenommen wurden, dürften auch die Frauen und Kinder der getauften Männer gemeint gewesen sein, denn Lukas betont noch einmal besonders, dass Frauen wie auch Männer zum Glauben an den Herrn kamen.[9]

Die Witwen der gläubig gewordenen Griechen

In den Tagen aber, da der Jünger viel wurden, erhob sich ein Murren unter den griechischen Juden in der Gemeinde wider die hebräischen, darum dass ihre Witwen übersehen wurden bei der täglichen Versorgung. Da riefen die Zwölf die Menge der Jünger zuammen und sprachen: Es taugt nicht, dass wir das Wort Gottes versäumen und zu Tische dienen. Darum, ihr lieben Brüder, sehet euch um nach sieben Männern, die einen guten Ruf haben und voll heiligen Geistes und Weisheit sind, welche wir bestellen mögen zu diesem Dienst. Wir aber wollen anhalten am Gebet und am Amt des Wortes. Und die Rede gefiel der ganzen Menge wohl; und sie erwählten Stephanus, einen Mann voll Glaubens und heiligen Geistes, und Philippus und Prochorus und Nikanor und Timon und Parmenas und Nikolaus, den Judengenossen von Antiochien. Diese stellten sie vor die Apostel; die beteten und legten die Hände auf sie. (Apg 6, 1–6)

Es ist betrüblich, dass die unterschiedlichen Sprachen die Menschen auf beträchtliche Weise zu entzweien vermögen, nachdem Gott die Anmaßung der Menschen, selbst Gott sein zu wollen, beim Turmbau zu Babel durch die Sprachverwirrung zunichte gemacht hatte. Unter den ersten Jüngern Jesu sprachen die einen überwiegend Hebräisch (Judenchristen), die anderen zumeist Griechisch (Heidenchristen). Die judenchristlichen Jünger, angeführt von Petrus, waren offenbar der Meinung, sie hätten eine besondere Rolle, und die judenchristlichen Frauen, die keinen Schutzherrn hatten, der für sie sorgte (die allgemein „Witwen“ genannt wurden), sollten den Hauptanteil aus der öffentlichen Gemeindekasse erhalten.

Petrus war nicht darauf vorbereitet, den Streit in dieser Sache zu schlichten. So drückte er sich vor einer eigenen Entscheidung und schlug vor, dass die griechischen Christen sieben Männer aus ihren Reihen ernennen sollten, die dafür Sorge tragen sollten, dass die griechischen Witwen angemessen versorgt wurden. Hier ereignete sich

[8] Apg 2, 14.
[9] Apg 5, 14.

etwas Bemerkenswertes: Diesen sieben Männern wurde der Status von traditionellen Schutzherren gegenüber den griechischen Frauen zugesprochen, um ihre Versorgung sicherzustellen. An dieser Stelle entstand zudem eine organisatorische Aufteilung in den Dienst am Evangelium und in die sozialfürsorgende Arbeit, eine Entwicklung, die weiterhin bestehen blieb, bis die Frauen eine entsprechende Veränderung bewirkten.

Wichtig in dieser Geschichte ist, dass die Witwen der griechisch sprechenden Christen sich zweifellos selbst Gehör verschafften und die Aufmerksamkeit der Männer darauf lenkten, etwas gegen die Ungerechtigkeit und insbesondere die kulturellen Vorurteile, die sie benachteiligten, zu unternehmen. Indem sie dies taten, gingen sie weit über das hinaus, was die Gesellschaft ihnen im Allgemeinen zugestand.

Es ist interessant festzustellen, dass die Versorgung der Witwen das erste Projekt der Sozialfürsorge war, das von der noch jungen, unerfahrenen Kirche ins Leben gerufen wurde. Warum gerade Witwen? Weil solche Frauen ohne einen familiären Hintergrund, der für sie eine materielle Versorgungsgrundlage darstellte, zum Betteln auf der Straße verurteilt gewesen wären und aus der Notlage heraus oft genug Prostituierte werden mussten. Männliche Waisen konnten zwar Arbeit für ihren Lebensunterhalt finden, nicht aber weibliche Waisen oder Witwen.

Dies war der Beginn einer neuen Sicht der Dinge, nach der man den Menschen entsprechend ihrer Notlage half, nicht aber aufgrund des gesellschaftlichen Ansehens eines großzügigen Spenders. Da diese Frauen mit Nahrung, Kleidung und Unterkunft aus dem allgemeinen Fonds der christlichen Gemeinde versorgt wurden, gab es keinerlei Möglichkeit, den Namen eines bereitwilligen Spenders mit dem guten Werk in Verbindung zu bringen.

Als Saulus begann, die junge Kirche der Christen zu verfolgen, „ergriff er Männer und Frauen und überantwortete sie ins Gefängnis".[10] Das ist insofern beachtenswert, wenn man bedenkt, dass er sich wahrscheinlich nicht mit den Frauen befasst hätte, wenn sie nicht eine machtvolle Position in der frühen Kirche gehabt hätten.

Saphira

Ein Mann aber mit Namen Ananias samt seiner Frau Saphira verkaufte einen Acker und entwendete etwas vom Gelde mit Wissen seiner Frau und

[10] Apg 8, 3.

brachte einen Teil und legte es zu der Apostel Füßen. Petrus aber sprach: Ananias, warum hat der Satan dein Herz erfüllt, dass du den heiligen Geist belögest und entwendetest etwas vom Gelde des Ackers? Hättest du ihn doch wohl mögen behalten, da du ihn hattest; und da er verkauft war, war es auch in deiner Gewalt. Warum hast du dir solches in deinem Herzen vorgenommen? Du hast nicht Menschen, sondern Gott belogen. Als Ananias aber diese Worte hörte, fiel er nieder und gab den Geist auf. Und es kam eine große Furcht über alle, die dies hörten. Es standen aber die Jünglinge auf und deckten ihn zu und trugen ihn hinaus und begruben ihn. Und es begab sich über eine Weile, bei drei Stunden, da kam seine Frau herein und wusste nicht, was geschehen war. Aber Petrus sprach zu ihr: Sage mir, habt ihr den Acker so teuer verkauft? Sie sprach: Ja, so teuer. Petrus aber sprach zu ihr: Warum seid ihr denn eins geworden, zu versuchen den Geist des Herrn? Siehe, die Füße derer, die deinen Mann begraben haben, sind vor der Tür und werden dich hinaustragen. Und alsbald fiel sie zu seinen Füßen und gab den Geist auf. Da kamen die Jünglinge und fanden sie tot, trugen sie hinaus und begruben sie neben ihren Mann. Und es kam eine große Furcht über die ganze Gemeinde und über alle, die dieses hörten. (Apg 5, 1–11)

Das Unerhörte am Verhalten der Saphira war, dass sie eine ebenbürtige Partnerin sein und in gleicher Weise wie ihr Ehemann Ananias handeln wollte. Darin wurde sie von Petrus anerkannt. Aber infolgedessen musste sie auch die Verantwortung dafür mit übernehmen, dass nicht der ganze Erlös, den sie beim Verkauf ihres Ackers erzielt hatten, dem allgemeinen Fonds der christlichen Gemeinde übergeben worden war.

Worum es bei dieser Begebenheit ging, war, dass Ananias und Saphira dafür, dass sie, um die Not der Armen zu lindern, ihren Acker verkauft hatten, aber sie wollten sowohl die Anerkennung der christlichen Gemeinde haben als auch weiterhin als Spender bei den Nichtchristen Ehre einlegen.

Von ihnen als Grundbesitzer erwartete man, dass sie der Synagoge am Ort Geld für die Kosten der Schriftrollen, Bestuhlung und die Gehälter der Schriftgelehrten spendeten. Im Gegenzug wurde ihr Name in Verbindung mit derartigen Schenkungen gebührend erwähnt. Weil sie jedoch ihren Besitz weggegeben hatten, verfügten sie nicht mehr über das Geld, mit dem sie ihr öffentliches Ansehen wie bisher aufrechterhalten konnten, und das hätte ihnen den Spott und Hohn der Nachbarschaft eingebracht. Deshalb hatten sie den Plan, einen Teil des beim Verkauf erzielten Erlöses zurückzubehalten, um so in der Lage zu sein, wie bisher ihre üblichen Spenden an die Gemeinschaft des Ortes geben und dafür großes Ansehen und Respekt genießen zu können.

Das Problem, das mit der Übergabe der Spende an den allgemeinen Fonds der christlichen Gemeinde verbunden war, wenn man den Geldbetrag den Aposteln zu Füßen legte, war, dass der Name der großzügigen Wohltäter nicht mehr mit der Spende in Verbindung gebracht wurde, sondern anonym in die allgemeine Fürsorge überging. Es war auch üblich, dass die Gaben, die dem allgemeinen Fonds entnommen wurden, zur Milderung der Not der Empfänger diente und nicht dem Bedürfnis der Spender nach allgemeiner Anerkennung. Da diejenigen, die mit diesen Spenden unterstützt wurden, das Geld für ihren Lebensunterhalt benötigten, waren sie finanziell nicht in der Lage, die Namen ihrer Wohltäter – auch dann, wenn sie sie gewusst hätten – an den Wänden der Synagoge oder den Anschlagtafeln der öffentlichen Gebäude anbringen zu lassen.

Ananias und Saphira wollten jedoch wie bisher von der örtlichen Gemeinschaft für ihre wohltätigen Gaben geehrt, gleichzeitig jedoch auch von der christlichen Gemeinde als Wohltäter betrachtet werden, die ihr Grundstück für die Unterstützung der Witwen, Waisen und anderer Notleidender veräußert hatten. Doch weil es dafür nur eine mündliche Anerkennung bei der Übergabe der Spende gab, ohne dass man wusste, wer später dieses Geld erhalten werde, konnten Ananias und Saphira – ebenso wie alle, die ihr Geld und Gut den Aposteln übergaben – dafür eben keine dauerhafte öffentliche Ehrung erfahren.

Die beiden wurden deswegen verurteilt, weil sie auf die öffentliche Ehre Wert legten und sich nicht damit begnügten, dass ihre Spende viele bedürftige Gläubige vor Armut und Not bewahren würde. Das verführte sie dazu, so zu tun, als ob der Geldbetrag, den sie den Aposteln zu Füßen legten, die ganze Summe des Erlöses für ihren Acker wäre.

Da sie getrennt zu den Aposteln kamen, um jeweils ihren persönlichen Anteil an der Schenkung zu bezeugen, handelte Saphira jenseits der ihr gesellschaftlich zugewiesenen Rolle als Ehefrau. Ihr lag daran, selbst Anerkennung für ihren Anteil an der Spende zu erhalten, statt alles nur dem Verdienst ihres Ehemannes anrechnen zu lassen, wie es ihm eigentlich zustand. Da sie für sich einen solchen Status beanspruchte, war es nur recht und billig, auch die Verantwortung für ihr Verhalten zu übernehmen. Saphira zahlte also den Preis für ihr selbstsüchtiges Ausbrechen aus ihrer gesellschaftlichen Rolle und das Beharren auf ihrem Ansehen in der Gesellschaft, während sie zugleich angeblich selbstlos für die Nöte in ihrer christlichen Gemeinde sorgte.

Maria, die Mutter von Johannes (Markus), und Rhode

Und als er sich besann, kam er vor das Haus Marias, der Mutter des Johannes, der mit dem Zunamen Markus hieß, wo viele beieinander waren und beteten. Als er aber an die Tür des Tores klopfte, trat hervor eine Magd, zu horchen, mit Namen Rhode. Und als sie des Petrus Stimme erkannte, tat sie das Tor nicht auf vor Freuden, sondern lief hinein und verkündete ihnen, Petrus stünde vor dem Tor. Sie aber sprachen zu ihr: Du bist von Sinnen. Sie aber bestand darauf, es wäre so. Sie sprachen: Es ist sein Engel. Petrus aber klopfte weiter an. Da sie nun auftaten, sahen sie ihn und entsetzten sich. Er aber winkte ihnen mit der Hand, zu schweigen, und erzählte ihnen, wie ihn der Herr hatte aus dem Gefängnis geführt, und sprach: Verkündet dies dem Jakobus und den Brüdern. Und ging hinaus und zog an einen anderen Ort.

(Apg 12, 12–17)

Nachdem Herodes – der nach der Tötung von Jakobus, dem Bruder des Johannes, bei den Oberen der Juden an Popularität gewonnen hatte – auch Petrus ins Gefängnis geworfen hatte, trafen sich einige der Jünger im Haus von Maria, der Mutter des Johannes Markus, zum Gebet.

Diese Maria ist aus zweierlei Gründen interessant. Zum einen: Sie verkaufte nicht ihr Haus, um den Erlös den Zwölfen für die Unterstützung der Armen zu geben und dann von der Mildtätigkeit der anderen zu leben. Zum anderen: Sie stellte ihr Haus den christlichen Zusammenkünften zur Verfügung. Sie war die einzige namentlich genannte Person, die ihr Haus für diese Zwecke öffnete. Während es in Rom, Korinth und anderen römischen Städten jenseits von Jerusalem nicht bedenklich war, dergleichen zu tun, war es in Jerusalem selbst ausgesprochen gefährlich. Die Christen mussten ihre Treffen im Tempel und in den Synagogen aufgeben, da sie gezielt verfolgt wurden. Lukas berichtet uns von ungefähr achttausend Bekehrten und einem ständigen Anwachsen dieser Zahl. Wo aber versammelten sich diese Menschen, wenn nicht in den Häusern jener, die genug Platz hatten, mehr als eine Familie aufzunehmen?

Marias Entscheidung, ihren Haushalt alleine zu führen und das Haus für diese Zusammenkünfte zur Verfügung zu stellen, war an sich ein unerhörter Vorgang, denn sie nahm damit den Zorn der jüdischen Oberen in Kauf, aber auch die Kritik der Christen, die meinten, dass sie ihr Haus doch besser hätte verkaufen und ihren Wohlstand mit ihnen hätte teilen sollen.

Maria hatte eine Sklavin mit Namen Rhode. Dass sie sie nach wie vor als ihre Sklavin behielt und nicht freiließ, ist bedeutsam, aber ebenso offenkundig ist auch, dass sie sie menschlich behandelte. Erst Paulus forderte für alle Menschen, einander mit Respekt und Achtung zu begegnen, und dies untergrub die Institution der Sklaverei allmählich, so dass sie nach einigen Jahrhunderten vollends verschwand.

Es ist wichtig, sich klarzumachen, dass Rhode eine Sklavin war und nicht als Hausmädchen oder Dienerin in Lohn und Brot stand. Die meisten Bibelübersetzer haben nur zögernd das Wort Sklavin benutzt, da es zugleich bedeutete, dass Maria, die Mutter von Johannes Markus und eine Gläubige der Gemeinde, einen oder mehrere Sklaven besessen haben dürfte.

Die Institution der Sklaverei war für die Stabilität der Wirtschaft des Imperium Romanum unverzichtbar und notwendig. Ohne die Sklaven hätte das Weltreich ökonomisch nicht bestehen können. Auch die Hebräer hielten an der Sklaverei fest, wie mehrere Gleichnisse Jesu nahelegen. Paulus musste den christlichen Sklavenhaltern klarmachen, dass die übliche Einstellung zur Sklaverei – nämlich dass ein Sklave lediglich ein Gegenstand sei, den man besitzt und über den man uneingeschränkt verfügt, nicht aber eine Person, zu der man eine Beziehung unterhält – für ihre eigenen Sklaven nicht gelten durfte.

Petrus wurde von Herodes Antipas, der kurz zuvor Jakobus, den Bruder von Johannes, hatte hinrichten lassen, nicht wegen einer bestimmten Straftat ins Gefängnis geworfen. Als Herodes feststellte, dass die jüdische Tempelbürokratie an der Beseitigung der verhassten christlichen Führungsgestalten Gefallen fand, entschied er, daraus Kapital zu schlagen und mit Petrus ebenso zu verfahren, der ja im Tempel und in der Hauptstadt wohlbekannt war. Doch Petrus wurde von einem Engel des Herrn aus dem Kerker befreit. So ging er dorthin, wo sich einige der leitenden Mitglieder der Gemeinde versammelt hatten, um für ihn zu beten, nämlich in das Haus der Maria.

Als Rhode Petrus, den man im Gefängnis wähnte, so unverhofft vor der Tür erblickte, schloss sie nicht das Guckloch und öffnete ihm auch nicht die Tür, um ihn hereinzulassen, sondern stürzte davon und rief allen, die im Hause zum Gebet versammelt waren, laut zu, Petrus sei aus dem Gefängnis befreit worden.

Dieses Verhalten gibt uns einen Hinweis darauf, dass Maria ihre Sklavin menschlich behandelte. Unter normalen Umständen hätte Rhode sich leise und unterwürfig zu ihrer Herrin begeben und ihr die Mitteilung zuflüstern müssen. Aber natürlich war sie eine Frau und noch dazu eine Sklavin, und so nahm man ihr den überschwenglichen

Gefühlsausbruch nicht ab, so dass es noch einige Minuten dauerte, bis die versammelten Männer das Klopfen an der Tür endlich bemerkten und Petrus einließen.

Rhode teilte also das Schicksal der Frauen, denen man nicht glaubte, weil sie eben Frauen waren. Aber das hinderte sie nicht daran, ihre Botschaft zu verkünden und darauf zu bestehen – und darin schließlich bestätigt zu werden.

Tabea

Zu Joppe aber war eine Jüngerin mit Namen Tabea, was übersetzt wird mit Reh. Die war voll guter Werke und Almosen, die sie gab. Es begab sich aber zu der Zeit, dass sie krank ward und starb. Da wuschen sie dieselbe und legten sie in das Obergemach. Da aber Lydda nahe bei Joppe ist, sandten die Jünger, als sie hörten, dass Petrus daselbst war, zwei Männer zu ihm und baten ihn: Säume nicht, zu uns zu kommen! Petrus aber stand auf und kam zu ihnen. Und als er hingekommen war, führten sie ihn hinauf in das Obergemach, und es traten zu ihm alle Witwen, weinten und zeigten ihm die Röcke und Kleider, welche die Tabea gemacht hatte, als sie noch bei ihnen war. Und da Petrus sie alle hinausgetrieben hatte, kniete er nieder, betete und wandte sich zu dem Leichnam und sprach: Tabea, stehe auf! Und sie tat ihre Augen auf; und da sie Petrus sah, setzte sie sich aufrecht. Er aber gab ihr die Hand und ließ sie aufstehen und rief die Heiligen und die Witwen und stellte sie lebendig vor ihre Augen. Und es ward kund in ganz Joppe, und viele wurden gläubig an den Herrn. Und es geschah, dass er lange Zeit zu Joppe blieb bei einem Simon, der ein Gerber war. (Apg 9,36–43)

Finanzielle Angelegenheiten und das Organisieren von Mildtätigkeiten lag in der patriarchalen Gesellschaft stets in den Händen von Männern. Einige Zeit später war es auch Frauen gestattet, gleichberechtigt mit den Männern im praktischen Dienst der frühen christlichen Gemeinden tätig zu sein.

Wenn wir lesen, dass Tabea „voll guter Werke und Almosen“ war, dann müssen wir uns darüber im klaren sein, dass sie sich damit außerhalb der üblichen Frauenrolle bewegte, die man ihr in den christlichen Gemeinden zugestand. Was sie tat, unterschied sie von jenen Frauen in den Evangelien, die Jesus begleiteten und für ihn und seine Jünger auf ihren missionarischen Reisen durch Galiläa für Verpflegung und Unterkunft sorgten. Tabea tat das, wozu eigentlich nur Männer autorisiert waren: sich um die Witwen zu kümmern. Es gibt keinerlei Hinweis darauf, warum sie dies tat. Aus dem folgenden Kapitel wissen wir, dass es dort auch einen Jünger gab, einen Gerber namens Simon, denn auf dem Dach seines Hauses hatte Petrus eine

Vision, die ihn nach Cäsarea und zu dem römischen Hauptmann (*centurio)* Cornelius führte.

Es besteht kein Zweifel daran, das der Grund, weshalb Petrus Tabea wieder auferweckte, die Fürsorge für die Witwen war, um die sie sich selbstlos kümmerte. Tabea war eine Vorläuferin für viele Frauen, die ihre Aufgabe in der christlichen Gemeinde als Fürsprecherin für die Witwen und Waisen sahen.

Lydia

Da fuhren wir von Troas aus und kamen geradewegs nach Samothrake, des anderen Tages nach Neapolis, und von da aus nach Philippi, welches ist die Hauptstadt dieses Teils von Mazedonien und eine römische Kolonie. Wir blieben aber in dieser Stadt etliche Tage. Am Tage des Sabbats gingen wir hinaus vor die Stadt an das Wasser, wo wir dachten, dass man dort zu beten pflegte, und setzten uns dazu und redeten zu den Frauen, die da zusammenkamen. Und eine gottesfürchtige Frau mit Namen Lydia, eine Purpurkrämerin aus der Stadt Thyatira, hörte zu; dieser tat der Herr das Herz auf, dass sie darauf achthatte, was von Paulus geredet ward. Als sie aber mit ihrem Hause getauft ward, bat sie uns und sprach: Wenn ihr mich achtet, dass ich gläubig bin an den Herrn, so kommt in mein Haus und bleibet allda. Und sie nötigte uns.

(Apg 16,11–15)

Es gerät immer wieder in Vergessenheit, dass die jüdische Synagoge grundlegend für das gesellschaftliche Gefüge der Männer war. Frauen war es nicht erlaubt, sich dort mit den Männern aufzuhalten, sie mussten sich getrennt von ihnen versammeln. Als Lydia in Philippi am Ufer des Flusses ein Treffen von Frauen zum Gebet organisierte, tat sie etwas, was jüdischen Frauen ohne männliche Leitung eigentlich untersagt war. Das Flussufer war ein Ort, wo Frauen nach dem Brauch die Wäsche ihrer Familien wuschen, so dass es sehr unwahrscheinlich war, dort Männer anzutreffen.

In Philippi wird es wohl nur wenige jüdische Familien mit patriarchalem Oberhaupt gegeben haben. Wenn es dort wenigstens zehn jüdische erwachsene Männer gegeben hat, dann dürften sie dazu verpflichtet gewesen sein, sich zum Gottesdienst in der Synagoge zu versammeln. Es scheint jedoch in Philippi eine solche Versammlung in der Synagoge nicht stattgefunden zu haben.

Doch Lydia war keine Jüdin. Sie hatte sich aber einer jüdischen Synagoge in Thyatira in Kleinasien angeschlossen und galt als „gottesfürchtige Frau“ (wortwörtlich: jemand, der Gott verehrt) – dieser Begriff wurde auf Nichtjuden angewendet, die sich einer Synagoge anschlossen, ohne offiziell zum Judentum überzutreten. Für eine heidnische Frau wie sie, die keinen männlichen Schutzherrn hatte – sie war eine alleinstehende Geschäftsfrau –, war eine Konversion nicht möglich. Da sich in dieser Gruppe vermutlich auch einige jüdische Frauen befanden, führte sie sie am Sabbath zum Waschplatz am Flussufer, um sich mit einigen heidnischen Frauen zu treffen, die sie ermutigt hatte, gemeinsam mit ihr den jüdischen Gott anzubeten.

Als Paulus und Silas im Ort ankamen und sich bei ihnen niederließen, um ihnen von Jesus als dem Messias zu erzählen, blieben Lydia und die anderen Frauen und hörten ihnen zu. Damit war eine ganz ungewöhnliche Situation gegeben, denn Frauen waren normalerweise nicht Zuhörer eines philosophischen oder religiösen Vortrages, schon gar nicht im Judentum.

Als Lydia Jesus als ihren Messias annahm, ließ sie die Sklaven ihres Hauses rufen, damit diese sich mit ihr taufen ließen. Das war nicht ungewöhnlich, denn Lukas hatte bereits geschildert, wie sich der römische Hauptmann Cornelius mitsamt der ganzen Familie einschließlich seiner Sklaven von Petrus taufen ließ. Doch der nächste Schritt, den Lydia tat, war wirklich unerhört und verstieß gegen alle Regeln. Sie wandte sich an Paulus und sagte zu ihm: „Wenn du mich für wahrhaft gläubig erachtest, dann komm in mein Haus und sei dort mein Gast.“ Lukas bekräftigt diese völlig unübliche Bitte, wenn er hinzufügt: „Und sie nötigte uns.“ Die Bedeutung dieses griechischen Verbs bezieht sich auf das drängende Fordern von etwas, das eigentlich der Sitte und dem Gesetz widerspricht.

Als eine alleinstehende, ungebundene Frau war Lydia in einer gesellschaftlich schwierigen Position. Sie war eine wohlhabende Geschäftsfrau und besaß viel Geld. Sie hatte das Geschäft vielleicht von ihrem Mann übernommen, nachdem dieser im Krieg oder bei einem Schiffsunglück gestorben war. Dass sie drei alleinstehende Männer in ihr Haus einlud, war für die Gesellschaft ein inakzeptables Verhalten. Doch sie wollte sich mit einer angemessenen Geste gegenüber den Männer erkenntlich zeigen, die mit ihr jenseits aller gesellschaftlichen Gepflogenheiten zusammengesessen und ihr vom Messias erzählt hatten. Dies ermutigte sie zweifellos dazu, sich ebenso unkonventionell zu verhalten und ihnen in ihrem Haus für einige Tage Unterkunft zu gewähren.

Ich glaube, Lydia war für Paulus eine heilsame Lektion, die ihn veranlasste, seine eigene patriarchale Haltung gegenüber Frauen kritisch zu überprüfen. Es ist auch interessant, dass Paulus’ Zustimmung und Unterstützung gegenüber den Frauen in Philippi und Thessalonich oft in scharfem Gegensatz zu seiner Haltung gegenüber Frauen in Korinth und anderen Städten stand. Als Paulus und Silas wenig später in Thessalonich in Schwierigkeiten gerieten, erfuhren sie von „nicht wenigen angesehenen Frauen“ Hilfe und Unterstützung. So hege ich keinen Zweifel, dass Paulus während seiner anstrengenden Zeit in Mazedonien jener ungehörig gegen die gesellschaftliche Etikette verstoßenden Lydia großen Dank schuldete.

Damaris

Etliche Männer aber hingen ihm an und wurden gläubig, unter welchen auch war Dionysius, der dem Areopag angehörte, und eine Frau mit Namen Damaris und andere mit ihnen. (Apg 17,34)

Auf Paulus wirkte Athen, das Zentrum des griechischen Lebens und der Kultur, sehr beunruhigend. Er wurde durch die große Anzahl von Heiligtümern, Altären und Statuen, die römischen und griechischen Gottheiten geweiht waren und sich entlang der öffentlichen Straßen befanden, ziemlich irritiert. Als er auf dem Marktplatz versuchte, Christus, den Sohn des einzig wahren Gottes, zu verkündigen, stieß er immer wieder auf heidnische Philosophen, die ihn verlachten. Die Worte eines Juden über einen gewissen Jesus und die *Anastasia* – ανάστασια ist das griechische Wort für Auferstehung, doch Paulus' abergläubische Zuhörer hielten es sogleich für den Namen einer neuen Gottheit – vernahmen auch jene, die offiziell dafür zuständig waren, die Lehren aller Philosophen, die sich mit ihren Schulen in der Stadt niederließen, sorgfältig zu überprüfen. So forderten sie auch Paulus auf, eine „Gastvorlesung“ auf dem öffentlichen Marktplatz (Areopag) zu halten.

Dennoch waren es „etliche“ Menschen, die aufgrund seiner Predigt gläubig wurden. Lukas nennt nur zwei von ihnen namentlich: Dionysius Areopagita (der einer der Mitglieder des Hohen Rates gewesen sein muss) und eine Frau mit Namen Damaris. Ihr Name ist eine Spielart eines griechischen Wortes, dessen Bedeutung sowohl „junges Mädchen“ als auch „Kälbchen“ oder „junge Kuh“ sein kann und somit darauf hinweist, dass sie eine Prostituierte für die feine Gesellschaft war, da es nur solchen Frauen erlaubt war, das Theater zu besuchen und öffentlichen Veranstaltungen wie der des Paulus beizuwohnen. Deshalb erwähnt Lukas wohl auch nicht den Namen ihres Vaters oder eines anderen männlichen Schutzpatrons, um diesen nicht wegen ihres Gewerbes zu beschämen. Es bedurfte von ihrer Seite aus wohl schon eines sehr großen Mutes, Christin zu werden, da sie sehr bekannt war, weshalb auch Lukas ihren Namen nennt.

Wir hören dann nie wieder von Damaris, aber auch nichts mehr von Athen. Athen spielte bei der Entstehung der frühen Kirche keine bedeutende Rolle. Dies war erst einige Jahrhunderte später der Fall.

Prisca

Danach verließ Paulus Athen und kam nach Korinth und fand einen Juden mit Namen Aquila, von Geburt aus Pontus, welcher samt seiner Frau Priscilla kürzlich aus Italien gekommen war, weil Kaiser Claudius allen Juden geboten hatte, Rom zu verlassen. Zu denen ging Paulus. Und weil er gleichen Handwerks war, blieb er bei ihnen und arbeitete mit ihnen. Sie waren aber ihres Handwerks Zeltmacher. (Apg 18, 1–3)

Paulus aber blieb noch eine Zeitlang daselbst. Danach nahm er Abschied von den Brüdern und wollte nach Syrien fahren und mit ihm Priscilla und Aquila. (Apg 18, 18)

Dieser fing an, frei öffentlich zu predigen in der Synagoge. Da ihn aber Aquila und Priscilla hörten, nahmen sie ihn zu sich und legten ihm die Lehre Gottes noch genauer aus. (Apg 18, 26)

Lukas richtet seine Aufmerksamkeit auf zwei Juden aus Rom, Aquila und Priscilla, ein Ehepaar, das zugleich eine Zeltmacherei betrieb und sich unter jenen befand, die aus Rom vertrieben worden waren. Sie hatten sich in Korinth niedergelassen und ein Geschäft eröffnet. Vermutlich sind sie dort zum christlichen Glauben gekommen.

Wenn Lukas sie dann erwähnt, nennt er sie „Priscilla und Aquila“. Er benutzt das Diminutivum ihres eigentlichen Namens „Prisca“. Indem Lukas aber ihren Namen an erster Stelle nennt, sagt er etwas über die Entwicklung ihres Glaubens aus. Auch als er die beiden nach Ephesus sandte, um dort Apollos im christlichen Glauben zu unterweisen nannte er ihren Namen zuerst. Für eine Frau, die in die Unterweisung eines Mannes einbezogen war und damit praktisch zur Missionarin wurde, war eine solche Rolle damals unerhört. Lukas nahm so im Grunde den Zorn seiner Leser in Kauf, wenn er ihren Namen an erster Stelle nannte.

Die vier unverheirateten Töchter des Philippus

Des anderen Tages zogen wir weiter und kamen nach Cäsarea und gingen in das Haus des Philippus, des Evangelisten, der einer von den Sieben war, und blieben bei ihm. Der hatte vier Töchter, die waren Jungfrauen und weissagten. (Apg 21, 8–9)

Philippus war einer der sieben Ausgewählten aus der griechischsprechenden Jüngerschaft in der Jerusalemer Gemeinde, denen die Fürsorge für die griechischen Witwen übertragen war.[11] Nachdem man Stephanus gesteinigt hatte, ging er nach Samarien und gewann dort viele für den christlichen Glauben.[12] Danach wurde er von dem Heiligen Geist nach Gaza gesandt, um den königlichen Finanzbeamten aus Äthiopien zu taufen.[13] Von dort aus begab er sich nach Cäsarea, wo er sich verheiratet und niedergelassen haben muss.[14]

Im allgemeinen waren aus gesellschaftlicher Sicht unverheiratete Töchter für einen Mann ein erhebliches Problem; davon aber gleich vier zu haben, war unerhört. Was war mit ihnen nicht in Ordnung, dass man keinen Mann für sie finden konnte? Der Autor der Apostelgeschichte berichtet uns von ihrem Problem: Sie waren Prophetinnen.

Als ich an früherer Stelle das Beispiel der Hanna[15] erwähnte, habe ich darauf hingewiesen, dass man Frauen als Prophetinnen damals nicht gerne sah. Paulus aber hatte bereits einige Erfahrungen mit Frauen, die prophetische Ämter in der Gemeinde in Korinth ausübten.[16] Während also Philippus in Cäsarea wegen seiner vier unverheirateten Töchter keinen besonders guten Ruf genoss, war er ganz zufrieden damit, dass sie ihre prophetische Gabe in den Dienst der örtlichen Gemeinde, die sich vermutlich in seinem Haus versammelte, stellen konnten.

Dass Lukas bei der Erwähnung dieser vier Töchter nicht näher auf ihre Bedeutung eingeht, mag man bedauern. Aber ihm ging es um Philippus als einen der Sieben von Jerusalem – die Töchter zu erwähnen war nur nötig, weil es mit ihnen etwas Ungewöhnliches auf sich hatte. Für Theophilus, an den die Apostelgeschichte gerichtet war, mussten die unverheirateten Töchter zumindest erwähnt werden, um die Ehre ihres Vaters zu schützen.

[11] Apg 6, 5.
[12] Apg 8, 4–13.
[13] Apg 8, 26–39.
[14] Apg 8, 40.
[15] S. 34 f.
[16] 1 Kor 11, 5.

Die Schwester des Paulus

In Apg 23, 16 finden wir die einzige Erwähnung eines Mitgliedes der Familie von Paulus von Tarsus. In diesem Falle handelte es sich um seinen Neffen, den man beauftragt hatte, Erkundigungen über einen geplanten Mordanschlag gegen Paulus einzuholen, als dieser von den römischen Behörden von Jerusalem nach Cäsarea gebracht werden sollte. Weder seine Schwester noch sein Neffe werden im Text namentlich genannt, obwohl Lukas sie aufgrund seiner engen Beziehung zu Paulus gekannt haben musste.

Wer der Vater von Paulus war oder wie viele Geschwister er hatte, wird nirgendwo erwähnt. Alles, was aus dieser Textstelle herausgelesen werden kann, ist, dass seine Schwester verheiratet war und ihr Sohn nach wie vor ein loyales Verhältnis zu Paulus hatte, auch wenn Paulus ein führendes Mitglied der Gruppe von Juden geworden war, die Jesus als den Messias anerkannten und infolgedessen den Tempeloberen in Jerusalem verhasst waren. Es ist denkbar, dass Paulus nach seiner Begegnung mit dem auferstandenen Christus auf der Straße nach Damaskus und während der etwa vierzehn Jahre, die er in Tarsus war, seine ganze Familie dafür gewinnen konnte, Jesus als Messias anzunehmen.

Die einzigen anderen Frauen, die in der Apostelgeschichte nament lich erwähnt werden, sind zwei prominente Frauen aus römischen Regierungskreisen.

Drusilla

Sie wird als die Ehefrau von Felix, Prokurator von Judäa, genannt (Apg 24, 24) und war eigentlich dessen dritte Frau. Antonius Felix selbst war ein sog. Freigelassener, vermutlich durch Antonia, die Mutter des Kaisers Claudius. Das einzige, was wir von Drusilla wissen, ist, dass sie die Tochter von Herodes Agrippa I. war.

Berenike

Sie war die Schwester von Herodes Agrippa II., Statthalter jenes Verwaltungsbezirks, zu dem auch Cäsarea gehörte, und war die ältere Tochter von Herodes Agrippa I., der sie mit seinem Bruder Herodes Philippus verheiratete. Nach dem Tode von Philippus lebte sie im

Haus ihres Bruders in einem Verhältnis, das man allgemein als inzestuös betrachtete. Später heiratete sie Polemon, den König von Cilicien, jenem Gebiet in Kleinasien, in dem Paulus' Vaterstadt Tarsus lag, doch bald verließ sie ihn, um zu ihrem Bruder zurückzukehren. Man kann sich ungefähr vorstellen, was Paulus ihr gegenüber empfand, als er ihr während seines Prozesses vor ihrem Bruder Agrippa, bei dem sie anwesend war (Apg 25, 13), begegnete.

Man kann anhand all dieser Hinweise feststellen, dass Frauen im Leben der frühen christlichen Kirche eine ganz wichtige Rolle spielten. Nicht nur dass sie damit begannen, einen Teil der Verantwortung für die Sozialarbeit zu übernehmen, die herkömmlich eine Domäne der Männer war, sondern zunehmend nahmen sie auch entscheidende Aufgaben innerhalb der leitenden Positionen in den Gmeinden ein. Wie ich zeigen werde, führte dies zu entsprechenden Spannungen und Konflikten, da sich die junge Kirche im Imperium Romanum immer weiter ausbreitete. Doch diese Probleme hielten die Frauen nicht davon ab, weiterhin tatkräftig Verantwortung vor Gott für die alltäglichen Aufgaben des christlichen Lebens in der jungen Kirche zu übernehmen, denn sie fühlten sich als gleichwertige Mitglieder.

4. Frauen in den Briefen des Paulus

Wenn man sich die Menschen vor Augen hält, die in den Briefen des Neuen Testaments erwähnt werden, findet man eine überraschend große Zahl von Frauen. So ungewöhnlich dies auch sein mag, noch bemerkenswerter ist, dass all diese Frauen – einmal abgesehen von solchen, die mit ihrem Ehemann erwähnt werden – eigenständig und unabhängig und nicht unter dem Patronat eines Mannes in Erscheinung treten. Das jedoch war für die damalige jüdische wie auch griechisch-römische Gesellschaft völlig unannehmbar. Was uns hier begegnet, ist der Eintritt der Frauen in die Welt der Männer und das Zugeständnis, dass Gott sich über die sozialen Vorurteile jener Tage hinwegsetzte.

Der Brief an die Römer

Die erste in einer langen Liste von Leuten in Rom, die Paulus persönlich grüßt, ist

> ... unsere Schwester Phoebe, welche Diakonin in der Gemeinde zu Kenchreä ist, dass ihr sie aufnehmet in dem Herrn, wie sich's ziemt den Heiligen, und tut ihr Beistand in allem Geschäfte, darin sie euer bedarf; denn auch sie hat Beistand vielen getan, auch mir selbst. (Röm 16, 1–2)

Phoebe kann den Brief des Paulus an die Kirche in Rom persönlich abgeliefert haben. Das war ungewöhnlich und erfolgte wahrscheinlich deshalb, weil sie eine unabhängige und reiche Wohltäterin in Kenchreä war. Paulus zögerte nicht, gegen die übliche Gewohnheit zu verstoßen und zu verlangen, sie gemäß ihrer Stellung in der Gemeinschaft zu behandeln und nicht, weil sie eine Frau war. Sie stand somit in einer Reihe mit jenen wohlhabenden Frauen, die Jesus und seine Jünger mit ihrem Geld unterstützten.

Es gibt im Neuen Testament keine genaue Beschreibung der Rolle und Aufgabe eines Diakons. Sicher ist aber, dass Phoebe die einzige namentlich genannte Diakonin ist. Sie muss also einen außerordentlich engagierten und umfassenden Dienst in der frühen Kirche versehen haben. Dass Paulus sie als eine Diakonin bezeichnet, ist ein bedeutender Hinweis auf die wichtige Führungsrolle, die von Frauen in den frühen christlichen Gemeinden eingenommen wurden.

Es gibt eine sehr interessante Inschrift aus dem vierten nachchristlichen Jahrhundert, die man in Jerusalem gefunden hat:

> Hier liegt die Sklavin und Braut Christi, Sophia, Diakonin, eine zweite Phoebe, die am 21. Tage des Monats März während der 11. Indiktionsperiode ... in dem Herrn friedlich entschlafen ist.[17]

Hier wird eine Frau und Diakonin aus dem vierten Jahrhundert mit der Phoebe des ersten Jahrhunderts verglichen. Beide waren reiche Wohltäterinnen der Gemeinde Christi. Dies macht deutlich, wie ungewöhnlich Phoebe zu ihrer Zeit gewesen sein muss, dass man sich noch dreihundert Jahre später an sie erinnerte.

Prisca ist die nächste Frau, an die apostolische Grüße gehen. Paulus benutzt stets ihren korrekten Namen, nicht das Diminutivum Priscilla, und führt sie vor ihrem Ehemann Aquila an, was von der großen Achtung zeugt, die Paulus ihr entgegenbrachte. Er bezieht sich auf die Tatsache, dass sie und ihr Mann „für mein Leben ihren Hals hingehalten haben, welchen nicht allein ich danke, sondern alle Gemeinden unter den Heiden" (Röm 16, 3–5). Es heißt im Text, dass die Versammlungen der christlichen Gemeinde in ihrem Haus in Rom stattfanden, was darauf verweist, dass sie nach dem inzwischen aufgehobenen Edikt der Vertreibung der Juden wieder in ihre römische Heimat zurückgekehrt waren. Sie hatten ebenfalls die Versammlungen der Gemeinde in ihrem Haus in Ephesus stattfinden lassen, wo sie großen Einfluss auf die Missionierung des Apollos ausübten.

Eine *Maria* wird erwähnt als jemand, „welche viel Mühe und Arbeit um euch gehabt hat" (Röm 16, 6). Damit wird ihr der gleiche Rang zugesprochen wie jedem anderen Mann, der in Rom hart arbeitete. Es ist an dieser Stelle wichtig festzuhalten, dass die Arbeit im Dienste am Evangelium oder der Aufbau von christlichen Gemeinden als „körperliche Arbeit" bezeichnet wird, und diesen Begriff der ‚harten' Arbeit gebraucht Paulus durchgehend. In den paulinischen Briefen ist mit „Arbeit" fast immer die Arbeit im Dienste des Evangeliums gemeint und nicht die körperliche Arbeit.

[17] New Documents Illustrating Early Christianity. A Review of the Greek Inscriptions and Papyri, publ. in: The Ancient History Documentary Research Centre Macquarie University, North Ryde, Center 1991, Bd. 4, S. 239.

Maria ist demnach also eine von vielen Frauen, die Seite an Seite mit Paulus und seinen männlichen Mitarbeitern ihren Dienst in der Verkündigung der frohen Botschaft von Christus taten. Ihre Arbeit war ebenso anstrengend und wichtig wie die der Männer.

Junia ist vermutlich die Ehefrau des Andronicus. Das Ehepaar wird als „meine Stammesverwandten und Mitgefangenen, welche berühmte Apostel sind und vor mir in Christus gewesen", bezeichnet (Röm 16, 7). Junia ist demnach vor Paulus zum Glauben gekommen, ein Sachverhalt, den er wohl recht widerstrebend einräumte. Die Tatsache, dass er Junia als „dienstälter" im Glauben beschreibt, ist wirklich außergewöhnlich für einen Mann wie Paulus, der von Kindheit an in der Auffassung erzogen worden war, dass der Platz einer Frau zu Hause unter dem Schutz und der Obhut ihres Vaters war. Überdies ist wichtig, dass Paulus Junia nicht als die Ehefrau von Andronicus erwähnt, was darauf hinweist, dass Paulus sie nicht als eheliches Anhängsel von Andronicus, sondern als eigenständige Person akzeptierte.

Tryphäna und *Tryphosa* sind zwei Frauen, die ebenfalls „für den Herrn arbeiten" (Röm 16, 12). Sie könnten Schwestern gewesen sein, vielleicht sogar Zwillinge, denn es war nicht ungewöhnlich, Zwillingen ähnlich klingende Namen zu verleihen. Tryphäna ist auch der Name einer fiktiven Königin von Antiochien in Pisidien, die in den *Paulusakten* (einer romantische Erzählung aus dem zweiten nachchristlichen Jahrhundert) gegenüber Thekla Güte und Erbarmen erzeigt.

Julia ist wahrscheinlich die Ehefrau von Philologus (Röm 16, 15). Ihr Name deutet auf eine Verbindung zur kaiserlichen Familie.

Es ergehen Grüße an die Schwester von Nereus. Nereus war ein enger Freund von Flavia Domitilla, einem christlichen Mitglied aus der kaiserlichen Familie in Rom, die im Jahre 95 von ihrem Onkel Domitian auf die Insel von Pandateria verbannt wurde.

Unter den 28, die namentlich gegrüßt werden, befinden sich acht Frauen, das ist fast ein Drittel, was deutlich macht, welchen Wert Paulus der Arbeit und den Führungsaufgaben von Frauen beimaß – trotz der damals bestehenden kulturell verankerten Sanktionen gegen Frauen, die irgend eine Führungsrolle im öffentlichen oder religiösen Leben innehatten.

Der erste Brief an die Korinther

Chloe wird als die Quelle erwähnt für Paulus' Behauptung, dass unter den Gläubigen von Korinth Zank und Streit herrsche (1 Kor 1, 11). Die Formulierung „die Leute der Chloe" legt nahe, dass sie die kirchliche Leitung dort oder in Ephesus, von wo aus Paulus seinen Brief schrieb, innehatte. Dieser Sachverhalt ist sehr wichtig, denn er bedeutet, dass sie auch die gottesdienstliche Versammlung und sogar die Abendmahlsfeier geleitet haben könnte.

Prisca wird noch einmal genannt, wobei sie diesmal offenkundig eine Hausgemeinde in Ephesus hat; sie sendet zusammen mit ihrem Mann Grüße an die Gläubigen in Korinth (1 Kor 16, 19).

Der Brief an die Philipper

Von *Euodia* und *Syntyche* heißt es dort, „sie haben mit mir für das Evangelium gekämpft mit Klemens und meinen anderen Gehilfen, deren Namen in dem Buch des Lebens sind" (Phil 4, 2–3). Sie stehen hier auf der gleichenen Ebene wie die Männer, die mit Paulus in Philippi zusammen gearbeitet haben. Zu oft sind mehr die Meinungsverschiedenheiten zwischen diesen beiden Frauen betont worden als die Tatsache, dass sich ihre Stellung im Dienst des Evangeliums von der der Männer nicht unterschied, sondern völlig gleichwertig war. Ihre Namen sind auch „in dem Buch des Lebens", so dass Paulus scheinbar nicht noch weitere Kraft dafür verschwenden will, ihre Probleme zu lösen. Sein Hauptanliegen war, dass der Dienst am Evangelium, in den alle einbezogen waren, nicht durch Widersprüche und Streitereien untereinander Schaden litt.

Der Brief an die Kolosser

Nympha war die Leiterin der Hausgemeinde in Laodicea (Kol 4,15). Sie war ebenfalls eine Frau, die wahrscheinlich auch den Vorsitz bei der Feier des Abendmahls innehatte.

Der zweite Brief an Timotheus

Paulus erinnert Timotheus daran, dass seine Großmutter *Lois* und seine Mutter *Eunike* vor ihm zum Glauben an Christus gekommen waren. Es ist bezeichnend, dass weder der Großvater noch der Vater erwähnt werden (2 Tim 1,5). Auch wenn sie Ungläubige gewesen wären, ist die Tatsache, dass sie nicht genannt werden, bemerkenswert, weil Frauen üblicherweise als Tocher, Schwester, Ehefrau oder Mutter von einem Mann bezeichnet wurden.

Ein weiterer bemerkenswerter Aspekt ist, dass der Vater von Timotheus Grieche und nicht Jude war (Apg 16, 1). Gemäß der jüdischen Tradition galt Timotheus wegen seiner Mutter als Jude, weshalb auch Paulus auf seiner Beschneidung bestand, als er Timotheus bat, ihn auf seiner Missionsreise zu begleiten. Paulus wollte vermeiden, dass Juden Timotheus dazu benutzten, Paulus nachzuweisen, er sei gegen das Gesetz Moses.

Wichtig ist hierbei, dass Timotheus die jüdische Tradition durch seine Mutter und Großmutter vermittelt wurde; und als diese durch die Verkündigung des Paulus Christen wurden, unterwiesen sie Timotheus im Evangelium. Dadurch aber liefen sie Gefahr, den Unwillen und Zorn der griechischen Gemeinschaft und den von Timotheus' Vater heraufzubeschwören, denn man erwartete gemeinhin, dass Timotheus in die Fußspuren seines Vaters treten und dessen Beruf ausüben würde, welches Gewerbe auch immer es gewesen sein mochte.

Bemerkenswert ist überdies, dass diese beiden Frauen für die Glaubensunterweisung eines männlichen Familienmitgliedes verantwortlich waren. In dieser Hinsicht sprengten sie die gesellschaftlichen Normen auf zwei Ebenen: nämlich in ihrer eigenen Kultur wie in der des Ehemannes. Traditionell hatte eine Mutter keinen Anteil mehr an der Erziehung der männlichen Kinder, wenn diese die Pubertät erreicht hatten und in die erzieherische Verantwortung des Vaters übergingen. Doch Timotheus wurde daran erinnert, sorgfältig zu bewahren, was diese beiden Frauen ihn einst gelehrt hatten, nachdem er Christ geworden war, was sich wohl bei ihm im Erwachsenenalter ereignet hatte.

Es waren zwei Frauen von einer unerschütterlichen Überzeugung, die auch bereit waren, von ihrer lokalen griechischen Gemeinschaft beschimpft zu werden, um zu gewährleisten, dass Timotheus in seinem neu gefundenen Glauben an Christus verwurzelt bleiben und wachsen konnte.

Prisca wird auch hier gegrüßt (2 Tim 4, 19), ebenso *Claudia* (2 Tim 4, 21).

Der Brief an Philemon

Apphia wird als „unsere Schwester" gegrüßt und ist ein Mitglied der Hausgemeinde von Philemon (Phlm 2).

Es ist interessant festzustellen, dass sich Paulus auf Apphia als „unsere Schwester" bezieht, während die anderen Genannten als „Mitarbeiter", „Mitstreiter" und „Mitgefangene" bezeichnet werden. Paulus nahm oft einen Unterschied vor zwischen solchen, die mit ihm missionarisch zusammenarbeiteten, und solchen, die Mitglieder einer fest niedergelassenen christlichen Gemeinde waren. In diesem Falle war Apphia Mitglied einer Gemeinde, die sich im Haus des Philemon versammelte.

Hier haben wir ein bezeichnendes Beispiel für die Gemeinde als Ersatzfamilie Gottes mit Jesus als älterem Bruder und allen anderen als seinen Geschwistern. Zwischen männlichen und weiblichen Geschwistern wurde aufgrund ihrer gesellschaftlichen Stellung oder Führerschaft keinerlei Unterschied gemacht. Es erweckt geradezu den Eindruck, als ob in dieser frühen Phase der Kirche Führerschaft quasi ‚geschlechtsneutral' war, wie man es heute formulieren würde.

Darüber hinaus tauchen keine weiteren Frauen mehr auf, die im Neuen Testament namentlich erwähnt oder gegrüßt werden.

Klar erkennbar ist, dass auf jeden Fall in der frühen Kirche Frauen in leitende Positionen und gemeindliche oder missionarische Aktivitäten als völlig gleichwertig einbezogen wurden. Frauen wurden als eigenständige Individuen betrachtet und nur dann in Verbindung mit einem Mann erwähnt, wenn der Ehemann mit einbezogen war. Das war radikal genug, ganz abgesehen davon, dass Frauen als Lehrerinnen, Spenderinnen von Mildtätigkeiten oder Leiterinnen einer Hausgemeinde in Erscheinung traten. Wenn mit der Bezeichnung Diakon das gemeint war, was das griechische Wort *diakonos* (διακονος) bedeutet, dann war der einzige namentlich erwähnte Diakon im Neuen Testament tatsächlich eine Frau.

Die Achtung also, die den Frauen entgegengebracht wurde, trennte die frühe Kirche sowohl von ihrer eigenen säkularen Gesellschaft als auch von der Kirche des kommenden zweiten Jahrhunderts.

5. Paulus' Äußerungen über Frauen

Wann immer sich Paulus ganz allgemein über Frauen äußert und Behauptungen über ihren Platz in den christlichen Gemeinden aufstellt, müssen wir stets die damit verbundenen konkreten Umstände und den jeweiligen örtlichen wie regionalen Kontext in unsere Betrachtung mit einbeziehen. Nur allzu oft ist das, was Paulus über Frauen an einem bestimmten Ort für diese spezielle Situation geäußert hat, verallgemeinert worden, als ob Paulus damit gemeint habe, dass diese Worte für alle Frauen an allen Orten zu allen Zeiten gelten würden. Eine sorgfältige Untersuchung der Probleme, mit denen sich Paulus an jedem dieser Orte konfrontiert sah, zeigt ganz deutlich, dass seine Äußerungen über Frauen und ihren Sitz im Leben und in ihrer Arbeit innerhalb der Kirche von den besonderen Umständen bestimmt waren, die er in den jeweiligen christlichen Gemeinden vorfand. Oft prägte das lokale Ansehen und der machtvolle Einfluss einer heidnischen Gottheit die Art und Weise, welche soziale Stellung und Möglichkeit man dort Frauen einräumte. Es ist deshalb sehr wichtig, diese Sachverhalte in die Betrachtung mit einzubeziehen, bevor man Paulus' Äußerungen über Frauen einfach aus dem Zusammenhang reißt und sie undifferenziert verallgemeinert.

In Korinth

Diese römische Stadt war für ihre sexuellen Ausschweifungen im gesamten damaligen Imperium Romanum berüchtigt. Die Verehrung der Aphrodite und damit verbunden die Tempelprostitution war in Korinth außerordentlich ausgeprägt. Es gab auch eine große Zahl von Prostituierten auf den Straßen der Stadt, und diese besonderen Bezirke sind noch heute in den römischen Ruinen erkennbar. Die Seeleute waren damals geradezu versessen darauf, in den beiden Häfen von Korinth an Land zu gehen und die dort überall zu findenden Straßenmädchen aufzusuchen. Auch war es hier gang und gäbe, dass Frauen allgemein unwürdig behandelt und verunglimpft wurden. Es ist uns aus der frühen römischen Zeit kein Beispiel einer Frau überliefert, die ein öffentliches Amt bekleidet hat.

Wenn wir uns vor Augen halten, dass die Christen sich damals in kleinen Gruppen in den Häusern der Wohlhabenden trafen und viele Frauen, die zum Christentum übertraten, ehemalige Prostituierte gewesen sein dürften, müssen wir ein gewisses Verständnis für Paulus und seine Abneigung aufbringen, das Evangelium möglicherweise dadurch in Verruf zu bringen – jedenfalls sah er es so –, wenn es in der Gemeinde solche Frauen gab, die wie alle anderen beteten und ihren Glauben freimütig bekannten. Aber es war auch eine Tatsache, dass Frauen in Korinth ganz allgemein gering geschätzt wurden und insofern ihre engere Eingebundenheit in den Gottesdienst und die Verkündigung für Paulus unangemessen war.

Diese allgemeine Einstellung der Männer in Korinth gegenüber den Frauen – ebenso wie den berüchtigten Ruf Korinths als Ziel des Sextourismus jener Tage – müssen wir uns vor Augen halten, wenn wir lesen, was Paulus über die Frauen von Korinth zu sagen hatte. Es sollte hierbei beachtet werden, dass er sich niemals gegenüber den Frauen an anderen Orten auf derartige Weise geäußert hat.

> Der Leib ist jedoch nicht für die Unzucht da, sondern für den Herrn, und der Herr für den Leib. Gott aber hat den Herrn auferweckt und wird auch uns auferwecken durch seine Kraft. Wisset ihr nicht, dass eure Leiber Christi Glieder sind? Sollte ich nun die Glieder Christi nehmen und Hurenglieder daraus machen? Das sei ferne! Oder wisset ihr nicht, dass, wer an einer Hure hanget, der ist ein Leib mit ihr? Denn „es werden", sagt die Schrift (Gen 2, 24), „die zwei ein Fleisch sein". Wer aber dem Herrn anhanget, der ist ein Geist mit ihm. Fliehet die Unzucht! Alle Sünden, die der Mensch tut, sind außer seinem Leibe; wer aber Unzucht treibt, der sündigt an seinem eigenen Leibe. Oder wisset ihr nicht, dass euer Leib ein Tempel des heiligen Geistes ist, der in euch ist, welchen ihr habt von Gott, und seid nicht euer eigen? Denn ihr seid teuer erkauft; darum so preiset Gott an eurem Leibe. (1 Kor 6, 13–20)

Paulus schrieb diese Zeilen als Antwort auf Fragen von Mitgliedern der Gemeinde in Korinth. Leider hat Paulus – für uns – nicht die damals konkret gestellte Frage noch einmal wiederholt, so dass wir nun versuchen müssen herauszufinden, was genau das zugrunde liegende Problem war.

Wohl wissend, dass unverheiratete Männer in der Antike eine kleine Minderheit darstellten, handelt es sich hier um die Frage, ob verheiratete Männer sich mit Straßenprostituierten einlassen dürfen. Seltsam jedoch an der Antwort des Paulus ist, dass er dieses Thema als ein *religiöses* und nicht *moralisches* Problem behandelt. Er hätte insofern leicht auf das siebte Gebot verweisen können, obwohl der verheiratete Mann nach der jüdischen Tradition nur des Ehebruchs bezichtigt wurde, wenn die Prostituierte verheiratet war, denn Ehebruch war eine Sünde gegenüber dem verheirateten Mann und nicht gegenüber der Frau. Dennoch hätte er sich auf Jesu Neuformulierung des Gesetzes berufen können, wonach auch ein verheirateter Mann, der Geschlechtsverkehr mit einer unverheirateten Frau hat, Ehebruch begeht. Die Juden unter den christlichen Leitern in der Gemeinde in Jerusalem waren sehr beunruhigt über die lockere Moral der Heiden und dürften darauf bedacht gewesen sein, Paulus auf das hinzuweisen, was Jesus gesagt hatte. Und insofern wird er selbst gewiss auch an die unterschiedlichen christlichen Sanktionen gegen Promiskuität appelliert haben. Statt dessen aber behandelt Paulus dies als ein religiöses Problem.

Es ist uns bekannt, dass die Straßenprostituierten von Korinth die Göttin Aphrodite als ihre Schutzpatronin betrachteten, auch dann, wenn sie nicht als Tempelprostituierte tätig waren. Deshalb war es für eine solche Prostituierte ein religiöser Dienst für Aphrodite, wenn sie Sex mit einem Fremden hatte.

Paulus sagt nun in unserem vorliegenden Text: Ein christlicher Mann, der glaubt, dass Christi Geist in seinem Körper wohnt, ist im Geschlechtsakt „ein Fleisch" mit einer Prostituierten, die wiederum glaubt, dass der Geist der Aphrodite ihren Körper beseelt, und der daraus resultierende mystische Effekt war, dass ein Christ somit Sex mit Aphrodite hatte. Er betont dies besonders, indem er sich auf das zweite Kapitel in der Genesis bezieht, nämlich dass Geschlechtsverkehr nicht nur ein vergnügliches Erlebnis ist wie z. B. Essen und Trinken, sondern einen Akt darstellt, der Mann und Frau auf spirituelle Weise vereinigt.

Unsere westlichen Auffassungen von Individualität und auf Liebe gegründete Sexualität waren in der antiken römischen Welt unbekannt. Auf Liebe beruhende Ehebündnisse waren selten. Die Ehe war eine soziale Institution zum Zwecke der Erzeugung von Kindern und der gesellschaftlich normierten Einbindung der Frau in den familiären Rahmen. Wenn ein römischer Mann Sex mit einer Prostituierten hatte, betrachtete man dies nicht als Bedrohung der ehelichen Institution. Er sah dies selbst als sein Recht an, hätte sich aber sogleich von seiner Frau scheiden lassen, wenn diese sich mit einem anderen Mann eingelassen hätte.

In diesem Text verhielt sich Paulus nicht streng gegenüber Frauen, nur weil sie Frauen waren. Natürlich räumte er ihnen das Recht ein, ihre eigenen Erfahrungen zu machen. Das entscheidende Problem, das er sah, war, dass die besagten Prostituierten glaubten, sie dienten Aphrodite und verkörperten die Göttin im Augenblick des Geschlechtsverkehrs, so dass sie bei dem Mann den Eindruck vermittelten, er habe sich mit der Gottheit gepaart. Es spielte für Paulus keine Rolle, dass die Männer hätten behaupten können, sie als Christen wüssten, dass die heidnischen Götter nicht wirklich existierten, es so auch Aphrodite nicht gäbe und sie nur Sex mit einer Prostituierten gehabt hätten.

Paulus befasste sich mehr mit der Vorstellung und Wahrnehmung der nichtchristlichen Prostituierten sowie mit dem Eindruck, den die sexuelle Vereinigung auf sie hatten und wie sie Christen wahrnehmen und einordnen würden, die regelmäßig eine Prostituierte aufsuchten. Er machte sich auch Gedanken um solche Prostituierte, die Christinnen wurden, und was sie empfinden mussten, wenn sie sahen, dass männliche Mitglieder der christlichen Gemeinde Prostituierte aufsuchten.

Aus der Sicht des Paulus war ein jeder Gläubige ein Tempel des Heiligen Geistes, und dieser Tempel sollte nicht befleckt und entweiht werden.

Wovon ihr aber mir geschrieben habt, darauf antworte ich: Es ist für den Menschen gut, dass er keine Frau berühre. Doch um der Unkeuschheit willen habe ein jeglicher seine eigene Frau, und eine jegliche habe ihren eigenen Mann. Der Mann leiste der Frau die schuldige Pflicht, desgleichen die Frau dem Manne. Die Frau ist ihres Leibes nicht mächtig, sondern der Mann. Desgleichen der Mann ist seines Leibes nicht mächtig, sondern die Frau. Entziehe sich nicht eins dem andern, es sei denn mit beider Bewilligung eine Zeitlang, dass ihr zum Beten Ruhe habt; und dann kommt wiederum zusammen, auf dass euch der Satan nicht versuche, weil ihr euch nicht enthalten könnt. Solches sage ich aber als Erlaubnis und nicht als Gebot. Ich wollte wohl lieber, alle Menschen wären, wie ich bin; doch ein jeglicher hat seine eigene Gabe von Gott, einer so, der andere so.

Den Ledigen und Witwen sage ich: Es ist ihnen gut, wenn sie auch ledig bleiben wie ich. Wenn sie sich aber nicht enthalten können, so lass sie ehelichen. Es ist besser ehelichen als von Begierde verzehrt zu werden.

Den Verheirateten aber gebiete nicht ich, sondern der Herr, dass die Frau sich nicht scheide von dem Mann – hat sie sich aber geschieden, soll sie ohne Ehe bleiben oder sich mit dem Manne versöhnen –, und dass der Mann die Frau nicht von sich schicke.

Den anderen aber sage ich, nicht der Herr: Wenn ein Bruder eine ungläubige Frau hat, und sie ist willig, bei ihm zu wohnen, der scheide sich nicht von ihr. Und wenn eine Frau einen ungläubigen Mann hat, und er ist willig, bei ihr zu wohnen, die scheide sich nicht von ihm. Denn der ungläubige Mann ist geheiligt durch die Frau, und die ungläubige Frau ist geheiligt durch den gläubigen Mann. Sonst wären eure Kinder unrein. Nun aber sind sie heilig. Wenn aber der Ungläubige sich scheiden will, so lass ihn sich scheiden. Es ist der Bruder oder die Schwester in solchen Fällen nicht gebunden. Zum Frieden hat euch Gott berufen. Denn was weißt du, Frau, ob du den Mann werdest retten können? Oder du, Mann, was weißt du, ob du die Frau werdest retten können?

Vielmehr wie einem jeglichen der Herr zugeteilt hat, wie einen jeglichen Gott berufen hat, so wandle er. Und so verordne ich's allen Gemeinden. Ist jemand als Beschnittener berufen, der bleibe bei der Beschneidung. Ist jemand als Unbeschnittener berufen, der lasse sich nicht beschneiden. Beschnitten sein ist nichts, und unbeschnitten sein ist nichts, sondern Gottes Gebote halten. Ein jeglicher bleibe in dem, darin er berufen ist. Bist du als Sklave berufen, sorge dich nicht; doch kannst du frei werden, so ergreife es viel lieber. Denn wer als Sklave berufen ist in dem Herrn, der ist ein Freigelassener des Herrn; desgleichen, wer als Freier berufen ist, der ist ein Sklave Christi. Ihr seid teuer erkauft; werdet nicht Sklaven der Menschen. Ein jeglicher aber, liebe Brüder, worin er berufen ist, darin bleibe er vor Gott. (1 Kor 7, 1–24)

Ich habe den ganzen Textabschnitt zitiert, da die zu erörternde Situation der Ehefrauen und Verlobten im Gesamtzusammenhang der aufgeworfenen Frage betrachtet werden muss.

Es scheint so, als ob eines der Probleme, mit denen sich Paulus hier und anderswo konfrontiert sah, eine Reaktion vieler Römer und Griechen nach ihrem Übertritt zum christlichen Glauben war. Paulus benutzte oft das Bild der Befreiung von Sklaverei, um die Erlösungstat Christi zu verdeutlichen. Einst waren sie Sklaven der Sünde. Satan war ihr Herr, und er weigerte sich, sie in ihre Freiheit zu entlassen. Christus hatte sie durch seinen Tod und seine Auferstehung dem Eigentum Satans entrissen, sie von ihm befreit und war ihr neuer Herr geworden. So waren sie nun wie Paulus Sklaven Christi. Die Erlösung, wie sie von Paulus verkündigt wurde, war gewissermaßen ein Wechsel der Besitzer. Sie waren also nicht völlig frei, nicht in völlige Freiheit entlassen.

Es erweckt den Eindruck, dass viele, die zum christlichen Glauben übertraten, daraus schlossen, diese durch Christi Erlösung bewirkte Befreiung von der Sklaverei unter Satan bedeute automatisch eine Aufhebung jeglicher vertraglicher Verhältnisse, die ihr bisheriges heidnisches Leben bestimmten. So glaubte ein verheirateter Mann, dass nach seiner Konvertierung zum Christentum seine heidnische

Ehe automatisch aufgelöst und er selbst von allen familiären Verpflichtungen entbunden wäre. Wenn er ein Sklave und Eigentum seines Herrn war, dann glaubte er, nun wäre er nicht mehr Sklave und könnte einfach weggehen, als wäre er ein Freigelassener. Dieses Missverständnis aber trug in Korinth zu erheblichen sozialen Verwirrungen bei.

Die von Paulus vorgenommene Korrektur angesichts dieses Problems bestand nun darin, ein wichtiges Grundprinzip darzulegen: Die Erlösung in Christus veränderte nicht den gesellschaftlichen Status und beeinträchtigte auch nicht die darin eingebettenen Verpflichtungen. Wenn man verheiratet war, musste man weiterhin in dieser Ehe bleiben und nach wie vor der familiären Verantwortung gerecht werden, aber nun doch hoffentlich in einer gerechteren und liebevolleren Weise. Wenn man ein Sklave war, blieb man auch weiterhin ein Sklave, indem man dem bisherigen Herrn in einer Weise zu Diensten war, die aber dem neuen Herrn, Christus, würdig war.

In Hinblick auf die Frauen und deren eheliche Situation ist es wichtig, sich klar zu machen, dass Paulus hier ein besonderes Problem lösen musste und sich nicht mit Allgemeinplätzen begnügen konnte. So setzte er sich mit der Situation auseinander, wenn ein Partner in einer heidnisch geschlossenen Ehe Christ wurde. Paulus ging es bei dieser Frage nicht darum, zu entscheiden, wen man heiraten sollte und wen nicht. Sollte eine Ehefrau Christin werden, war sie nicht davon abgehalten, mit ihrem Ehemann Verkehr zu haben, umgekehrt untersagte man es auch nicht dem Ehemann, wenn er zum christlichen Glauben übertrat. Über sexuelle Enthaltsamkeit sollte nur aus religiösen Gründen und im gegenseitigen Einvernehmen entschieden werden.

Wenn eine Entscheidung zur Trennung vorliegt, dann ist es der nichtchristliche Partner, der dies entscheidet. Wenn der nichtchristliche Ehemann oder die heidnische Ehefrau entscheiden, weiterhin in der Ehe zu verbleiben, ist der christliche Partner verpflichtet, dem zuzustimmen und mit dem anderen zusammenzubleiben in der Hoffnung, dass der andere Partner letzten Endes auch Christ wird.

Es ist wichtig, hier festzuhalten, dass es in dem paulinischen Text nicht um die Entscheidung geht, ob ein Christ einen ungläubigen Partner heiraten soll oder nicht. Damit setzt sich Paulus an anderer Stelle auseinander. Er schlägt hier vor, dass Witwen und alleinstehende Frauen, wenn sie gläubig werden, ledig bleiben sollen, wenn sie z.B. keinen passenden alleinstehenden und gläubigen Mann finden können. Um dies angemessen zu interpretieren, muss man das Problem der alleinstehenden und ungebundenen Frauen in der antiken Welt verstehen, nämlich wie sie ohne männlichen Schutzherrn überhaupt überleben konnten. Einer der Gründe, warum junge Witwen Prostituierte wurden, war, dass ihnen oft nur diese Möglichkeit blieb, da man einer alleinstehenden Frau ohne jeglichen familiären Zusammenhang äußerst ungern eine Beschäftigung für den Broterwerb gab. Paulus wandte sich diesem Problem später in seinen Briefen an Timotheus zu.

Der Grundsatz, nach dem Übertritt zum Christentum auch weiterhin innerhalb der gesellschaftlichen Situation des vorchristlichen Lebens zu verbleiben, galt auch für solche, die früher gläubige Juden waren. Man erwartete von ihnen keineswegs, dass sie beispielsweise ihre Beschneidung operativ rückgängig machten. Von denjenigen, die als Nichtjuden zum Glauben an Christus kamen, erwartete man nicht, dass sie sich der Beschneidung unterzogen, denn das Christentum verstand sich nicht als Sekte des Judentums.

Dieser gesamte Textabschnitt muss im Licht der damals aus der konkreten historischen Situation heraus gestellten Frage an Paulus gesehen werden, ob die bisherige Ehe automatisch beendet wäre, wenn einer der Partner an Christus gläubig geworden war.

Wir müssen uns daran erinnern, dass eine Eheschließung damals vor allem ein Vertrag zwischen zwei Familien war, nicht aber ein lebenslanges Versprechen, das auf Liebe und Zuneigung gegründet war. Feierliche Gelübde, deren Versprechen auf Dauer und Beständigkeit basierten, entspringen in großem Maße christlichem Denken. Liebe und Fürsorge für den anderen Ehepartner sind späteres christliches Gedankengut. Paulus setzte sich mit der Ehe auseinander, wie er sie in den römischen Städten vorfand. In Korinth sah man in den Frauen überwiegend Objekte der sexuellen Begierde, dazu bestimmt, Kinder zu gebären. Unter diesen Umständen war es sehr schwierig, so geprägten Menschen eine Ehe nach christlichem Verständnis zu vermitteln und sie dahingehend zu erziehen.

Über die Jungfrauen habe ich kein Gebot des Herrn. Ich sage aber meine Meinung, als der ich die Barmherzigkeit erlangt habe von dem Herrn, sein Getreuer zu sein. So meine ich nun, solches sei gut in der gegenwärtigen Notzeit – es sei dem Menschen gut, ledig zu sein. Bist du an eine Frau gebunden? Dann versuche nicht, von ihr loszukommen. Bist du nicht an eine Frau gebunden? Dann suche keine Frau. Wenn du aber doch ehelichst, sündigst du nicht, und wenn eine Jungfrau heiratet, sündigt sie nicht; doch werden sie leibliche

Trübsal haben. Ich aber schonte euch gerne. Das sage ich aber, liebe Brüder: Die Zeit ist kurz. Fortan müssen auch die, die Frauen haben, sein, als hätten sie keine; und die, die da weinen, als weinten sie nicht; und die, die sich freuen, als freuten sie sich nicht; und die, die da kaufen, als besäßen sie es nicht; und die, die ihre Geschäfte mit der Welt machen, als machten sie sie nicht. Denn das Wesen dieser Welt vergeht.

Ich möchte aber, dass ihr ohne Sorge seid. Wer ledig ist, der sorgt um des Herrn Sache, nämlich wie er dem Herrn gefalle; wer aber heiratet, der sorgt sich um die Dinge der Welt, nämlich wie er der Frau gefalle, und so ist er geteilten Herzens. Und die Frau, die keinen Mann hat, und die Jungfrau sorgt um des Herrn Sache, nämlich dass sie heilig sei am Leib und auch am Geist; die aber geheiratet hat, die sorgt um die Dinge der Welt, nämlich wie sie dem Mann gefalle. Solches aber sage ich zu eurem eigenen Nutzen; nicht, dass ich euch einen Strick um den Hals werfe, sondern dazu, dass es anständig zugehe und ihr stetig und unverhindert dem Herrn dienen könnt.

Wenn jemand aber meint, er begehe ein Unrecht an seiner Braut, wenn seine Leidenschaft zu ihr zu stark ist, und er kann nicht anders, so tue er, was er will: dann sollen die beiden ruhig heiraten, es ist keine Sünde. Wenn aber jemand in seinem Herzen fest steht, der nicht unter Zwang ist und seinen freien Willen hat, und beschließt in seinem Herzen, seine Braut ledig bleiben zu lassen, der tut wohl. Demnach, wer seine Braut heiratet, der tut wohl; wer sie aber nicht heiratet, der handelt besser.

Eine Frau ist gebunden, solange ihr Mann lebt; wenn aber ihr Mann stirbt, ist sie frei, zu heiraten, wen sie will, nur dass es in dem Herrn geschehe! Seliger ist sie aber, wenn sie ledig bleibt, nach meiner Meinung. Ich halte aber dafür: Auch ich habe den Geist Gottes. (1 Kor 7, 25–40)

Es handelt sich um die Fortsetzung des vorherigen Textabschnittes, hier aber in weitaus stärkerem Maße auf die Ehe und die Verlobung ausgerichtet. Es sollte jedoch nicht angenommen werden, dass die angesprochene „gegenwärtige Notzeit" die unmittelbar bevorstehende Wiederkunft Christi meinte. Paulus schrieb diesen Brief achtzehn Monate nach seinem ersten Besuch in Korinth in Beantwortung einiger Fragen, die man ihm zusandte. Zuvor nahm er Stellung zu einem Streit zwischen den Gläubigen dort, vermutlich durch Irrlehrer und Propheten ausgelöst, die in die Gemeinde kamen, um seine Autorität zu untergraben.

Außerdem hatte Paulus sein zweijähriger Aufenthalt in Korinth gezeigt, wie sehr die Leute dort für den Augenblick lebten. „Iss, trink und sei vergnügt, denn morgen sind wir tot!" – diese Maxime war sehr bezeichnend für die Einstellung der Korinther. Alles – wie auch in unserer heutigen Zeit – war flüchtig und vergänglich. Langfristige Planung und Voraussicht waren nur etwas für Philosophen. Im Gegensatz dazu wies Paulus darauf hin, dass christlicher Glaube auf die Zukunft ausgerichtet ist. Voraussicht war demnach etwas ganz Entscheidendes im Leben eines Christen. Die Menschen heirateten, aber nicht nur wegen der Möglichkeit des regelmäßigen Geschlechtslebens, sondern um gemeinsamer künftiger Ziele und des zwischenmenschlichen Zusammenhalts in ihrem Leben willen. Dies war vermutlich das erste Mal, dass die Ehe sich als etwas darstellte, das einen Zweck außerhalb ihrer selbst hatte. Die Ehe war eine Berufung, eine Laufbahn und sollte deshalb auch als eine solche betrachtet werden. Das aber stand in scharfem Gegensatz zu den ziemlich rücksichtslosen Auffassungen über die Ehe im Korinth jener Tage.

Für christliche Frauen bedeutete dies, dass sie uneingeschränkt als Menschen und Persönlichkeiten mit eigenen Rechten und Privilegien, nicht aber nur als Lustobjekte behandelt wurden. Das Ehebündnis sollte mit allem Ernst betrachtet und nicht aus einer zufälligen Laune heraus gebrochen werden. Die Frauen sollten eine Wiederverheiratung sehr sorgsam bedenken, weil insbesondere in dieser frühen Entwicklungsphase des Christentums ein Mangel an geeigneten unverheirateten christlichen Männern bestand.

Die Bemerkungen über den Ehemann, der so viel Zeit und Kraft verwendet, um seiner Ehefrau zu gefallen, statt sich für die Sache Christi einzusetzen, sollte im Zusammenhang einer Mischehe gesehen werden. Es gab einfach noch zu wenige alleinstehende christliche Männer und Frauen, so dass die Mischehe unvermeidlich war. Väter von unverheirateten Töchtern mussten sich um ihres öffentlichen Ansehens und ihrer Würde willen nach geeigneten Ehemännern für sie umsehen. Ein Mann, der unverheiratet war, erntete Spott und Hohn, so dass er sich genötigt sah, eine passende Ehefrauen zu finden.

Wenn also beide, sowohl der Ehemann als auch die Ehefrau, Christen waren, war das Problem, ihrer Ehe und ihrem Dienst für den Herrn gleichermaßen gerecht zu werden, bei weitem nicht so schwierig, denn viele der gesellschaftlichen Konventionen, denen die heidnischen Auffassungen über die Rechte und Pflichten des Ehemannes gegenüber seiner Frau und umgekehrt zugrunde lagen, waren dann bedeutungslos. Insofern ist es wichtig, die Betrachtungen des Paulus dazu im Licht der Mischehen – und nicht wenn beide Partner Christen waren – zu sehen.

Das Problem von verlobten Paaren wird am verständlichsten bei einer ungleichen Beziehung, in der beispielsweise der künftige Ehemann Christ war und seine Verlobte nicht. Paulus unterstrich nachdrücklich die Dauerhaftigkeit der christlichen Ehe, wenn er den Mann daran erinnerte, dass er, wenn er nicht glaubte, seine künftige Frau wäre zu einer christliche Ehe fähig, lieber gleich die Beziehung beenden sollte, als die Ehe erst einmal zu versuchen und sich irgendwann schließlich doch mit der Scheidung konfrontiert zu sehen.

Paulus setzte sich aber ebenso mit der Frau auseinander, die, wenn sie geschieden war, eine sehr schwierige Zeit vor sich haben würde, um zu überleben. Insofern wäre es für sie viel besser, wenn ihr Verlobter die Verlobung rechtzeitig auflösen würde, bevor es dann später zu einer Scheidung käme.

> Ich lasse euch aber wissen, dass Christus ist eines jeglichen Mannes Haupt; der Mann aber ist das Haupt der Frau; Gott aber ist Christi Haupt. Ein jeglicher Mann, der da betet oder weissagt und hat etwas auf dem Haupt, der schändet sein Haupt. Eine Frau aber, die da betet oder weissagt mit unbedecktem Haupt, die schändet ihr Haupt; denn es ist ebensoviel, als wäre sie geschoren. Will sie sich nicht bedecken, so schneide man ihr auch das Haar ab. Nun es aber einer Frau übel steht, dass sie das Haar abgeschnitten habe oder geschoren sei, so lasset sie das Haupt bedecken. Der Mann aber soll das Haupt nicht bedecken, denn er ist Gottes Abglanz; die Frau aber ist des Mannes Abglanz. (Denn der Mann ist nicht von der Frau, sondern die Frau ist vom Manne. Und der Mann ist nicht geschaffen um der Frau willen, sondern die Frau um des Mannes willen.) Darum soll die Frau einen Schleier auf dem Haupt tragen um der Engel willen. (Doch ist weder die Frau etwas ohne den Mann noch der Mann etwas ohne die Frau, in dem Herrn; denn wie die Frau von dem Manne, so kommt auch der Mann durch die Frau; aber alles von Gott.) Urteilt bei euch selbst, ob es sich ziemt, dass eine Frau unbedeckt vor Gott bete. Lehret euch nicht auch die Natur selbst, dass es einem Manne eine Unehre ist, so er langes Haar trägt, aber der Frau ist es eine Ehre, so sie langes Haar hat? Ist aber jemand unter euch, der Lust hat, darüber zu streiten, der wisse, dass wir solchen Brauch nicht haben, die Gemeinden Gottes auch nicht.
> (1 Kor 11, 3–16)

Die geschlechtliche Identität war in der antiken römischen Gesellschaft wegen des Anstiegs der Homosexualität und des Transvestitismus von außerordentlicher Bedeutung.

Dies spiegelte sich in der Welt des Alten Testaments wider, wo die Ehe – während der Wanderung durch die Wüste – eine ziemlich schnell vollzogene Angelegenheit war. Ein junger Mann stieß auf dem Feld auf ein junges Mädchen, und wenn sie aus einer passenden Familie stammte, dann konnte er sie in sein Zelt mitnehmen und sie zu seiner Ehefrau machen, indem er mit ihr Geschlechtsverkehr hatte. Man stelle sich aber seine Enttäuschung vor, wenn er sie erst zu sich gebracht und dann entdeckt hätte, das „sie“ eigentlich ein Mann war, der sich als Frau verkleidet hatte!

Es war damals für Israel überlebenswichtig, viele Kinder zu haben. Insbesondere war der männliche Zuwachs wichtig, denn es standen ständig Kriege an, die mit (männlichen) Soldaten geführt werden mussten. Alle Praktiken, die verhinderten, dass es nach dem Vollzug des Geschlechtsverkehrs zur Schwangerschaft kam, waren folglich verboten.

Die Prostituierten in Korinth waren auf besondere Weise gekleidet, damit man sie sofort als Prostituierte erkannte. Keine angesehene römische Frau wollte von einem betrunkenen Matrosen unsittlich belästigt werden. Aus Untersuchungen von Abbildungen, die auf antike korinthische Tongefäße gezeichnet und auf Mosaiken gestaltet waren, habe ich den Eindruck gewonnen, dass die damaligen Prostituierten insbesondere ihr Haar in einer auffälligen Weise trugen, die ihr Gewerbe symbolisierte. Indem diese Frauen ihre Haare auf eine fremdartige und ausgefallene Weise schnitten und schmückten, zogen sie die Aufmerksamkeit ihrer potentiellen Kunden schnell auf sich.

Man stelle sich nun vor, dass eine dieser Frauen Christin wurde. Es dauerte einige Zeit, bis ihr Haar wieder eine normale Länge erreichte und sich auf natürliche Weise kämmen ließ. Eine Lösung war, ihr das Haar ganz abzuscheren und zu warten, bis es wieder normal nachgewachsen war. Aber dies hatte weitere Probleme zur Folge, da man Ehebrecherinnen oft zwang, ihr Haar zu scheren und kahlköpfig zu gehen, um für die Schande zu büßen, die sie über ihren Ehemann gebracht hatte.

Paulus kümmerte sich auch um solche Männer, die von Gemeinde zu Gemeinde zogen. (Das Wort „Engel“ muss in diesem Zusammenhang nicht auf himmlische Boten bezogen werden. Als geschlechtslose Wesen waren sie schwerlich in der Lage, die menschliche Sexualität zu verstehen, geschweige denn sich von ihr provoziert oder abgestoßen zu fühlen.) Wenn sie die Frauen in diesen kleinen Gruppen überblickten, konnten sie schnell unterscheiden, welche von ihnen früher Prostituierte gewesen oder wegen Ehebruchs kahlgeschoren war. Die Antwort des Paulus auf dieses Problem war, dass er sich auf einen jüdischen Brauch berief, der verlangte, dass Frauen während des Gottesdienst einen Schleier zu tragen hatten. Wenn alle Frauen einen Schleier trugen, dann konnte keiner der Männer feststellen, ob es sich um ehemalige Prostituierte handelte oder nicht. In einer sinnlich ausgerichteten Gesellschaft wie Korinth war es wichtig, die sexuell anmutenden Tendenzen in den christlichen Gemeinden so weit wie möglich einzuschränken oder abzuschwächen. Eine Situation, in der Männer in der Gemeinde zu Besuch waren, sich über die Anwesenheit einer Prostituierten wunderten und sich ihrer wohl gerne bedient hätten, wäre nicht gerade die Art von andachtsvoller Haltung, die Paulus sich vorstellte.

Noch einmal: Geschlechtliche Identität und gesellschaftliche Rolle, die miteinander zusammenhingen, waren für den paulinischen Grundsatz insofern wichtig, als der Übertritt zum christlichen Glauben auf der gesellschaftlichen Ebene ganz allgemein nichts veränderte. Männer mussten nicht lange Haare oder einen Schleier tragen. Frauen mussten ihre Haare weder kurz tragen noch kahlköpfig bleiben.

Paulus' Bemerkung über die leitende Stellung und Rangfolge zu Beginn dieses Textes hat viel Verwirrung und Missverständnis ausgelöst. Wir müssen uns stets über die allgemeine Haltung im klaren sein, die die Männer von Korinth gegenüber den Frauen hatten. In einer Gesellschaft, in der Frauen gewissermaßen als Spielzeug und Lustobjekt betrachtet wurden und überhaupt keine geachtete soziale Stellung innehatten, war es wichtig, dass eine Veränderung dieser Verhältnisse langsam vonstatten ging. Es würde eine oder zwei christliche Generationen dauern, bis Frauen als ebenbürtig geachtet wären. Paulus hatte offenkundig den Eindruck, dass es unter diesen Umständen die beste Möglichkeit für christliche Frauen sein dürfte, innerhalb der Kirche und in den Gemeinden ein Zeichen zu setzen, indem sie sich in angemessener Weise als Ehefrauen, Töchter und Mütter verhielten. Auf diesem Wege konnten sie eine Achtung gegenüber ihrem Geschlecht aufbauen und so eine ganz neue Grundlage für ihre Beziehungen in der Gesellschaft schaffen.

Es ist auch wichtig, sich klar zu machen, dass das Wort „Haupt" nicht in der Bedeutung von „Oberbefehlshaber" benutzt wird, sondern vielmehr in seinem eigentlichen Sinne als „Ursprung, Ausgangspunkt" oder „Koordinator". Auch wenn der Ehemann noch den Brennpunkt der Identität und des Ansehens einer Familie darstellte, sollte er sich nicht wie ein Diktator verhalten, der Gehorsam und Unterwerfung von seiner Frau erwartete. Die Ehefrau sollte eine verantwortliche und entgegenkommende Rolle in der Ehe spielen und nicht der irrigen Auffassung sein, dass sie durch ihren Übertritt zum Christentum in irgendeiner Weise aus ihrem bisherigen Ehevertrag entlassen wäre.

Der ganze Textabschnitt muss als eine Einheit gelesen und darf nicht in einzelne Teile zerlegt werden. Innerhalb der Ersatzfamilie Gottes, die die christliche Kirche ist, war es für Paulus ganz klar, dass sowohl Männer als auch Frauen – als Brüder und Schwestern ihres älteren Bruders Christus – eine ebenbürtige und gleichwertige Stellung innehatten. Die ausführliche Beweisführung darüber, wer zuerst erschaffen wurde und wer den unmittelbaren Abglanz von Gottes Herrlichkeit widerspiegelt, läuft letzten Endes auf diesen einen Hauptsatz hinaus: „Doch ist weder die Frau etwas ohne den Mann noch der Mann etwas ohne die Frau, in dem Herrn; denn wie die Frau von dem Manne, so kommt auch der Mann durch die Frau; aber alles von Gott." (V. 11)

Frauen hatten eine eigene Würde und ihnen sollte ein Platz in der christlichen Gemeinschaft eingeräumt werden, was aber der niedrigen sozialen Stellung, wie sie ihnen in der gesellschaftlichen Realität von Korinth gegeben wurde, völlig zuwiderlief.

> Wie in allen Gemeinden der Heiligen lasset die Frauen schweigen in der Gemeinde; denn es soll ihnen nicht zugelassen werden, dass sie reden, sondern sie sollen sich unterordnen, wie auch das Gesetz sagt. Wollen sie aber etwas lernen, so lasset sie daheim ihre Männer fragen. Es steht der Frau übel an, in der Gemeinde zu reden. Oder ist von euch das Wort Gottes ausgegangen? Oder ist's allein zu euch gekommen? (1 Kor 14, 34–36)

Der Hinweis „in allen Gemeinden der Heiligen" sollte nicht verallgemeinert werden in dem Sinne, dass alle christlichen Gemeinden im damaligen Imperium Romanum und in Jerusalem dies als ihre Richtschnur hatten. Man muss nur den Brief von Paulus an die Gemeinden in Philippi lesen, um festzustellen, dass dies nicht der Fall war, denn er forderte darin die Frauen zur Ausübung eines geistlichen Amtes auf. Es besteht für mich kein Zweifel, dass Paulus sich mit seinem Korintherbrief an alle unterschiedlichen lokalen Versammlungen christlicher Gläubiger innerhalb der römischen Provinz Achaia wendet, ein Gebiet, das einen größeren Raum umfasste als die eigentliche Stadt Korinth selbst. Man darf nicht meinen, dass die Stadt Korinth der einzige Ort in Achaia war, den Paulus besuchte, und dass er nur dort Gemeinden gründete. Höchstwahrscheinlich bereiste er mehrere Städte und Dörfer in der Umgebung, um sich dort auch mit den Familien jener zu treffen, die zuvor zum Einkaufen nach Korinth gefahren waren, seine Predigt gehört und sich zum christlichen Glauben bekehrt hatten. Er wird beabsichtigt haben, ihnen dabei zu helfen, ihre eigenen Hausversammlungen zu organisieren und Gemeinden zu gründen. Hinzu kommt in diesem Zusammenhang: In dieser frühen

Phase der Entstehungsgeschichte des Christentums waren sich die jeweils in ihrem lokalen Bereich verankerten Gemeinden nicht bewusst, was sich anderswo in der damaligen Welt noch ereignete und sich vielleicht völlig anders abspielte.

Wir haben keine Ahnung, was Paulus tatsächlich zu seinem Ausbruch gegen die Frauen von Korinth provoziert haben mag. Doch wir dürfen daneben nicht vergessen, dass Paulus die Mitwirkung der Frauen innerhalb seiner eigenen missionarischen Arbeit und in den Gemeinden außerhalb von Korinth stets gefördert hat. Und ebenso ist daran zu erinnern, dass die einzige Frau, die als Diakonin im Neuen Testament erwähnt wurde, aus Kenchreä, einer großen Hafenstadt von Korinth, kam.

Es handelt sich also bei dem vorliegenden Textabschnitt nicht um ein allgemeines Gebot gegenüber allen christlichen Frauen, in der Gemeinde zu schweigen.

In Galatien

Die Gegend von Galatien, die Paulus auf seinen Reisen besuchte, galt von jeher als ein unzivilisierter Landstrich, sogar noch in jenen Tagen. Dort wurden viele Dialekte gesprochen, und es gab viele unterschiedliche ethnische Gruppierungen. Unter ihnen war der alte keltische Bevölkerungsanteil stark vertreten. Paulus wurde klar, dass es sich hier um ein ausgesprochen multikulturelles Gebiet handelte, in dem die Griechen nicht unbedingt die Mehrheit darstellten. Er musste sich mit einer großen Anzahl unterschiedlichster Religionen und Philosophien, die dort praktiziert und gelehrt wurden, arrangieren. Man muss nur einmal seine Erfahrungen in diesem Teil der damaligen Welt nachlesen, um zu begreifen, mit welchen Problemen er sich in den wenigen christlichen Gemeinden, die dort entstanden, konfrontiert sah (Apg 13 und 14).

Sein Brief an die verschiedenen Gemeinden, die in Galatien verstreut waren, stellt eine sorgfältige Darlegung der grundlegenden Positionen der christlichen Lehre dar und berücksichtigt einige der wichtigsten Irrlehren, die sich in die Kirche einzuschleichen begannen.

Ehe aber der Glaube kam, wurden wir unter dem Gesetz verwahrt und verschlossen auf den Glauben hin, der da sollte offenbart werden. So ist das Gesetz unser Zuchtmeister gewesen auf Christus, damit wir durch Glauben gerecht würden. Nun aber der Glaube gekommen sind, sind wir nicht mehr unter dem Zuchtmeister. Denn ihr seid alle Gottes Kinder durch den Glauben an Christus Jesus. Denn wie viele von euch auf Christus getauft sind, die haben Christus angezogen. Hier ist nicht Jude noch Grieche, hier ist nicht Sklave noch Freier, hier ist nicht Mann noch Frau; denn ihr seid allzumal einer in Christus Jesus. Seid ihr aber Christi, so seid ihr ja Abrahams Kinder und nach der Verheißung Erben. (Gal 3, 23–29)

Das ist eine klare, unmissverständliche Formulierung, mit der Paulus den Grundgedanken darlegt, nämlich dass alle Christen unmittelbar mit Gott durch Christus als Individuen verbunden sind und nicht durch die jeweiligen gesellschaftlichen Maßstäbe. Unabhängig davon, wie eine Gesellschaft die soziale Rolle und die Stellung ihrer Stämme und Sippen, ethnischen Gruppierungen und Geschlechtszugehörigkeiten organisiert – Gott macht keine Unterschiede und behandelt jede Person als Bruder oder Schwester Christi.

Wenn die Stellung von Männern und Frauen in Christus der von gesellschaftlich Gleichwertigen entsprochen und man dies wörtlich genommen hätte, dann wäre dies einer Revolution für die Stellung der Frauen in den christlichen Gemeinden gleichgekommen. Bedauerlicherweise passierte das nicht, wenngleich Paulus – jedenfalls in der Weise, wie er Frauen als gleichberechtigte Mitglieder in seinem Missionsteams zu betrachten pflegte – versuchte, dafür Maßstäbe zu setzen. Doch gesellschaftliche Auffassungen werden von den Eltern auf die Kinder über viele Generationen hin weitergegeben und sind nicht von heute auf morgen zu beseitigen.

Für die Frauen bedeutete das Wort des Paulus nicht, dass sie Männer werden müssten, um „Söhne Gottes" sein zu können. (Es gibt hierzu übrigens eine merkwürdige Stelle im *Thomasevangelium* [Logion 14], wo Jesus von Maria Magdalena sagt, er „werde sie leiten, um sie zum Manne zu machen", damit sie ins Reich Gottes eingehen könne.) Es bedeutete auch nicht, dass sie ihre gesellschaftlichen Rollen und Pflichten missachten sollten.

Das Beharren des Paulus in seinen anderen Briefen, dass Ehemänner ihre Frauen lieben sollten wie sich selbst, war ein zuverlässiger Weg, um die unterdrückte Situation von verheirateten Frauen in ihren Ehen aufzubrechen und zu beenden. Aber ebenso wie seine Anweisung, Sklaven als Gleichwertige zu behandeln, führte dies noch lange nicht – über tausend Jahre und mehr – zu einer radikalen Veränderung der gesellschaftlichen Rolle der Frau. Paulus schien einerseits die allgemeinen sozialen Verhältnisse bewahren zu wollen, während er andererseits die Christen dazu aufrief, andere Einstellungen und die damit verbundenen Rollenverständnisse zu übernehmen.

Leider hat sich das Wort des Paulus, dass alle eins seien in Christus, bis heute in keiner christlichen Glaubensgemeinschaft buchstäblich erfüllt.

In Ephesus

Ephesus war die eigentliche Hauptstadt von Asien und Kleinasien. Ihr wurde von Rom eine große Selbständigkeit eingeräumt, war sie doch das Handelszentrum der ganzen römischen Provinz Asiens. Die Verehrung der Artemis war der Schlüssel zum Verständnis der gesellschaftlichen Bedeutung der Frauen in Ephesus. Zu jener Zeit war Ephesus der Hauptsitz des Artemiskultes; ihre Statue und der Tempel waren eines der Weltwunder in der Antike. Artemis, eine Zwillingsschwester Apollos, war die Schutzgöttin der Jungfräulichkeit und Mutterschaft. Sie war eine mächtige Gottheit, was für das gesellschaftliche Ansehen und die Würde der Frauen in Ephesus entsprechend positive Folgen hatte. Wir haben es hier mit genau dem Gegenteil von dem zu tun, was in Korinth anzutreffen war, wo die Verehrung der Aphrodite zur zügellosen und rücksichtslosen Lasterhaftigkeit – besonders gegenüber Frauen – führte.

In Ephesus heirateten die Männer, um ihre gesellschaftliche Stellung zu verbessern. Ehemänner wurden danach bewertet, in welchem Ausmaß sie ihre Frauen großzügig mit Sklaven und Kleidung ausstatteten. Das Ansehen eines Ehemannes konnte steigen oder fallen durch die Art und Weise, wie seine Frau in der Öffentlichkeit in Erscheinung trat.

Diesen Aspekt des allgemeinen Lebens in Ephesus müssen wir vor Augen haben, wenn wir lesen, was Paulus hier über die Rolle von Ehemännern und Ehefrauen sagt.

> Seid einander untertan in der Furcht Christi. Die Frauen seien untertan ihren Männern als dem Herrn. Denn der Mann ist das Haupt der Frau, gleichwie auch Christus das Haupt der Gemeinde ist, die er als seinen Leib erlöst hat. Aber wie nun die Gemeinde ist Christus untertan, so seien es auch die Frauen ihren Männern in allen Dingen. Ihr Männer, liebet eure Frauen, gleichwie auch Christus geliebt hat die Gemeinde und hat sich selbst für sie gegeben, auf dass er sie heiligte, und hat sie gereinigt durch das Wasserbad im Wort, auf dass er sie sich selbst darstellte als eine Gemeinde, die herrlich sei, die nicht habe einen Flecken oder Runzel oder etwas dergleichen, sondern

dass sie heilig sie und unsträflich. So sollen auch die Männer ihre Frauen lieben wie ihren eigenen Leib. Wer seine Frau liebt, der liebt sich selbst. Denn niemand hat jemals sein eigen Fleisch gehasst, sondern er nährt es und pflegt es, gleichwie auch Christus die Gemeinde. Denn wir sind Glieder seines Leibes. „Um deswillen wird ein Mensch verlassen Vater und Mutter und seinem Weibe anhangen, und werden die zwei ein Fleisch sein" (Gen 2, 24). Dieses Geheimnis ist groß; ich rede aber von Christus und der Gemeinde. Darum auch ihr, ein jeglicher habe lieb seine Frau wie sich selbst; die Frau aber fürchte den Mann. (Eph 5, 21–33)

Ihr Kinder, seid gehorsam euren Eltern in dem Herrn, denn das ist recht. „Ehre Vater und Mutter", das ist das erste Gebot, das eine Verheißung hat: „auf dass dir's wohl ergehe und du lange lebest auf Erden" (Dtn 5, 16) Und ihr Väter, reizet eure Kinder nicht zum Zorn, sondern ziehet sie auf in der Zucht und Vermahnung zum Herrn.

Ihr Sklaven, seid gehorsam euren leiblichen Herren mit Furcht und Zittern, in Einfalt eures Herzens, als dem Herrn Christus; nicht mit Dienst allein vor Augen, um den Menschen zu gefallen, sondern als Knechte Christi, die den Willen Gottes tun von Herzen. Tut euren Dienst mit gutem Willen als dem Herrn und nicht den Menschen und wisset: Was ein jeglicher Gutes tun wird, das wird er von dem Herrn wieder empfangen, er sei Sklave oder Freier. Und ihr Herren, tut ihnen ein Gleiches und lasset das Drohen; wisset, dass euer und ihr Herr im Himmel ist, und ist bei ihm kein Ansehen der Person. (Eph 6, 1–9)

Leider wird der Anfangsvers „Seid einander untertan in der Furcht Christi" in vielen Ausgaben des Neuen Testaments von dem, was dann unmittelbar folgt, durch eine eingefügte Zwischenüberschrift getrennt, was zu Missverständnissen führt im Hinblick auf das, was Paulus eigentlich im Zusammenhang sagen will. Denn: Christen sollten sich voreinander in Christus ehrerbietig unterordnen – das sollte der leitende Grundgedanke für alle sozialen Beziehungen der Christen untereinander sein. Und Paulus legt dann Schritt für Schritt dar, was dies für die drei unterschiedlichen Beziehungsformen bedeutet: zwischen Ehemännern und Ehefrauen, Eltern und Kindern, Herren und Sklaven. In einem jeden dieser Verhältnisse soll ein Partner dem anderen untertan sein. Das heißt, in den einzelnen Beziehungsformen gibt es keinen Partner, der über den anderen mit absoluter Macht herrscht. Auch durch die Eheschließung ist kein Partner dem anderen gesellschaftlich übergeordnet. Dieses Prinzip dient in der Tat dazu, die unterdrückende Rolle des Ehemannes über seine Frau, des Vaters über seine Kinder, des Herrn über seine Sklaven abzuschaffen. Die von der Gesellschaft gegebenen äußerlichen Strukturen bleiben zwar erhalten, die innere Haltung der Beteiligten im Rahmen dieser Strukturen aber wurde völlig revolutioniert.

Wie aber konnte eine Ehefrau gegenüber ihrem Mann untertan sein, während dieser gleichzeitig ihr untertan sein sollte?

Im Falle des Ehemannes hieß dies, er sollte seine Frau lieben – sich also für ihr Wohlergehen einsetzen –, und zwar in der gleichen aufopfernden Weise, wie Christus sich auch uneingeschränkt der Gemeinde gegenüber verpflichtet hatte. Das bedeutete es, wenn Paulus verlangte, die jeweiligen Bedürfnisse einander unterzuordnen. Dies war eine völlige Umkehrung der Art und Weise, wie Ehemänner sich damals in Kleinasien ganz allgemein verhielten. Der Ehemann hatte nicht nur die absolute Verfügungsgewalt über seine Frau; er heiratete sie auch, wie ich bereits angemerkt habe, um seine eigene gesellschaftliche Stellung zu verbessern. Der reiche Ehemann gab seiner Frau kostbare und elegante Kleidung sowie viele Sklaven – aber nur, um dadurch das eigene Ansehen in der Gemeinschaft zu steigern. Zuschauer würden dann sagen: „Seht nur, welche Kleider Cornelius seine Frau tragen lässt." – „Schaut euch doch all die Sklaven an, die sie begleiten! Ist er nicht ein großer Mann!" Auf diese Weise wurde das Ego des Ehemannes befriedigt; es bedeutete aber nicht, dass er dies alles im Interesse seiner Frau tat.

Ich würde die Worte des Paulus auf folgende Weise wiedergeben:

> Nun hört gut zu, ihr Ehemänner! Da ihr jetzt Christen geworden seid, hört auf, eure Frauen als Statussymbole zu benutzen. Bis heute hieltet ihr nur euch selbst und die Wertschätzung, die euch andere wegen eurer Frauen entgegenbrachten, für wichtig. Ab jetzt aber müsst ihr als christliche Ehemänner die persönlichen Interessen eurer Frauen über eure eigenen stellen. Ihr müsst euch nun mit aller Aufrichtigkeit verpflichten, für ihr Wohlergehen hingebungsvoll zu sorgen ohne einen einzigen Gedanken an eine Gegenleistung. Ihr müsst euch ihnen völlig ergeben und nicht euch selbst. Ihr müsst sie so aufopferungsvoll lieben, wie Christus die Gemeinde liebte. Ihr müsst euch euren Frauen hingeben und alle Gedanken des Eigeninteresses hintenan stellen.

Die Worte des Paulus müssen den Männer in Kleinasien einen ziemlichen Schrecken eingejagt haben. Sich seiner Frau unterordnen? Auf ihr Wohl und ihr Eigeninteresse bedacht sein? Im Gegenzug – und das ist hier der Schlüssel zum eigentlichen Verständnis – zu dieser selbstaufopfernden Verpflichtung ihr gegenüber sollte die Ehefrau ihrem Mann Gehorsam leisten, und zwar in dem Wissen, dass das, was er von ihr verlangte, sich nicht unterschied von dem, was Christus von ihm verlangte.

Was hier vorliegt, ist nahezu – wenn auch nicht ganz – ein bedingter Gehorsam oder ein Gehorsam auf Gegenseitigkeit. Der Gehorsam der Ehefrau ist auf der Verpflichtung des Ehemannes ihr gegenüber gegründet. Was heute oft passiert, ist, dass der Mann Gehorsam von seiner Frau fordert, ohne zugleich anzuerkennen, dass sie ein Recht darauf hat, dass er sich für sie aufopfert. Gegenseitige Ehrerbietung meint hier gegenseitige Unterordnung. Und diese Gegenseitigkeit basiert auf der Gleichwertigkeit beider Partner in Christus.

Die leitende Stellung und Rangfolge ist hier ganz klar auf den Ursprung bezogen und meint keine strukturelle Autorität. Christus ist der Ursprung und Ausgangspunkt der Kirche, er starb und ist auferstanden, um die Kirche zu begründen, die die einzelnen Gläubigen hervorbringt. Insofern ist der Ehemann der Begründer der Familie, der zugleich seine Frau einlädt, sich mit ihm in dieser Partnerschaft zu verbinden. Er ist dann der Vater der Kinder in der Ehe und folglich der Ursprung der Familie. Und wie Christus der selbstaufopfernde Begründer der Kirche ist, so ist der Ehemann der selbstaufopfernde Begründer seiner Familie. Es kann jedoch gar keine Rede davon sein, dass die Ehefrau in der christlichen Ehe in irgend einer Weise einen niedrigeren Rang bekleidet.

Die gleiche Logik bezieht sich dann auf das Verhältnis zwischen dem Vater und seinen Kindern. In der damaligen Gesellschaft bekleideten Kinder überhaupt keinen sozialen Rang. Der älteste Sohn übernahm den Rang des Familienoberhauptes nach dem Tod seines Vaters. Minderjährige Kinder aber hatten keinen Rang inne und besaßen auch keinerlei Rechte. Dies bedeutet, dass die Forderung des Paulus (dass Väter sich gegenüber ihren Kindern nachgiebig verhalten sollten, indem sie sie nicht durch den Anspruch eines totalen und unbesonnenen Gehorsams provozierten) die bisher geltenden Familienwerte auf den Kopf stellte. Wenn sich die Väter auf diese Weise ihren Kindern gegenüber nachgiebig verhielten, dann sollten sich auch die Kinder gegenüber dem Willen ihrer Väter nachsichtig verhalten, weil das, was von ihnen verlangt wurde, zu ihrem eigenen Guten war. Und so wären sie froh, einem solchen Vater Ehre zu erweisen. Noch einmal: Es wurde nicht in die bestehenden Familienstrukturen eingegriffen. Die christliche Familie war wie jede andere Familie auch, nur die innere Haltung der einzelnen Mitglieder zueinander sollte sich von anderen ziemlich unterscheiden.

Das gleiche gilt für das Verhältnis zwischen dem Herrn und seinen Sklaven. Ein jeder soll dem anderen mit Ehrerbietung begegnen, wobei der Gehorsam des Sklaven durch die fürsorgliche Haltung seines Herrn veranlasst und motiviert wird. Interessant ist hierbei, dass Paulus nicht zwischen männlichen und weiblichen Sklaven unterscheidet, wenn man bedenkt, dass in der antiken römischen Gesellschaft weibliche Sklaven ganz anders behandelt wurden als männliche. Für Paulus waren die Geschlechtsunterschiede unwichtig: *Alle* Sklaven sollten mit Respekt behandelt werden.

Es ist wichtig, sich die damalige Situation in Kleinasien vor Augen zu halten, in der dieser Brief geschrieben wurde, wobei nicht so entscheidend ist, ob der Verfasser Paulus selbst war oder ein anderer in seinem Namen schrieb. Auf keinen Fall darf man den Inhalt des Textes verallgemeinern, ohne zunächst diesen Kontext in Betracht zu ziehen, bevor man die von Paulus aufgestellten Grundsätze auf andere Bereiche anwendet.

> So will ich nun, dass die Männer beten an allen Orten und aufheben heilige Hände ohne Zorn und Zweifel. Desgleichen dass die Frauen in schicklichem Kleide mit Scham und Zucht sich schmücken, nicht mit Haarflechten und Gold oder Perlen oder köstlichem Gewand, sondern, wie es sich den Frauen ziemt, die ihre Gottesfurcht bekunden wollen, mit guten Werken. Eine Frau lerne in der Stille mit aller Unterordnung. Einer Frau gestatte ich nicht, dass sie lehre, auch nicht, dass sie sich über den Mann erhebe, sondern sie sei stille. Denn Adam ist zuerst geschaffen worden, danach Eva. Und Adam ward nicht verführt; das Weib aber ward verführt und ist der Übertretung verfallen. Sie wird aber selig werden dadurch, dass sie Kinder zur Welt bringt, wenn sie bleiben im Glauben und in der Liebe und in der Heiligung samt der Zucht.
>
> (1 Tim 2, 8–15)

In seinem Brief einige Jahre später an Timotheus, der sich in Ephesus in seinem Auftrag um die dortigen Gemeinden kümmerte, beschäftigte sich Paulus weiterhin mit dem Verhalten der Frau, damit sie nicht aus der strukturellen Rolle ihres gesellschaftlichen Rahmens ausbrach, während zur gleichen Zeit christliche Einstellungen in ihr Leben traten.

Sie waren es gewohnt, sich entsprechend zu kleiden und ihre Haare zu schmücken, um die gesellschaftliche Stellung und das Ansehen ihres Ehemannes zu fördern. Paulus nun verlangte von ihnen, sich so zu kleiden und das Haar zu tragen, dass die Frauen auf äußerst bescheidene und anspruchslose Weise die Aufmerksamkeit auf ihre Ehemänner lenkten, die Christus und nicht sich selbst als Haupt ihrer Familie ansahen.

Die Rolle der Frau in Ephesus, wie sie im gesellschaftlichen Rahmen gegeben war, beschränkte sich vornehmlich auf die Erziehung der Kinder. Es war nicht ihre Aufgabe, sich öffentlich zu präsentieren oder zu versuchen, ihren Ehemann gesellschaftlich zu übertreffen, indem sie vorgab, selbst die Zügel in der Hand zu haben. Auch hier war – wie in Korinth – die heidnische Religion durch eine weibliche Gottheit geprägt, doch hier war es Artemis, die nicht so sehr mit sexueller Freizügigkeit, sondern insbesondere mit der Geburt und Mutterschaft in Verbindung gebracht wurde.

Die Interpretation des Paulus vom Sündenfall ist mit dem Bericht aus der Genesis selbst nicht ganz in Einklang zu bringen; dort wird nämlich ganz unmissverständlich geschildert, dass Adam mit Eva zusammen war, als die Schlange sie versuchte, und er in die Übertretung einwilligte. Wie wir mit dieser paulinischen Aussage heute umgehen können, ist in der Tat ein Problem, von dem ich nicht glaube, dass es bis jetzt zufriedenstellend gelöst worden ist.

Desgleichen sollen ihre Frauen ehrbar sein, nicht Lästerinnen, nüchtern, treu in allen Dingen. (1 Tim 3, 11)

Wer waren diese Frauen? Handelte es sich um weibliche Diakone oder Ehefrauen von Diakonen? Das griechische Wort für „Ehefrauen“ ist das gleiche Wort für „Frauen“. Es stellte keinerlei Problem dar, wenn sie weibliche Diakone im Sinne von Phoebe gewesen waren. Interessant ist hierbei auch, dass von den Frauen nicht gefordert wurde, sich den Männern unterzuordnen. Aber es wurde von ihnen verlangt, dass sie sich in gleicher Weise wie die Männer verhielten.

Einen Alten schilt nicht, sondern ermahne ihn als einen Vater, die jungen Männer als Brüder, die alten Frauen als Mütter, die jungen als Schwestern, in aller Keuschheit. (1 Tim 5, 1–2)

Wohl wissend, dass Timotheus in Ephesus nicht als Bischof handelte, sondern als Stellvertreter des Paulus, ist es interessant festzustellen, dass er seine strukturelle Autorität durch seinen christlichen Glauben mäßigen sollte. In jener Gesellschaft wurden zwar die alten Männer in den Sippen geachtet, aber man gehorchte ihnen nicht unbedingt. Der ältere Bruder hatte die Autorität über seine jüngeren Geschwister – männliche und weibliche –, und man brachte den Müttern Achtung entgegen, doch erst in zweiter Linie nach ihrem Ehemann.

Paulus verlangte von Timotheus, nicht so zu tun, als sei er eine Art apostolische Autorität, die, unabhängig von der gesellschaftlichen

Stellung des Gläubigen, unverzüglichen und bedingungslosen Gehorsam gebietet. Dies gibt uns einen wichtigen Hinweis darauf, wie Paulus selbst seine Beziehung zu den Gemeinden verstanden hatte, die er während seiner Missionsreisen gründete. Obwohl er den Anspruch erhob, das Apostelamt unmittelbar vom auferstandenen Christus empfangen zu haben, zog er es vor, dies selten in einer autoritären Weise auszuüben. Das heißt aber auch, dass Paulus sich sehr von den religiösen Autoritäten der Griechen und Römer seiner Zeit unterschied, und zwar insofern, als er den Frauen den ihnen angemessenen Platz in den Gemeinden gab.

Die Worte des Paulus an Timotheus sind dann am verständlichsten, wenn sie im Zusammenhang mit der Kirche als Ersatzfamilie gesehen werden, wo Gott der Vater ist und Christus der ältere Bruder und alle menschlichen Mitglieder Christi Geschwister, die untereinander alle gleichgestellt sind.

> Ehre die Witwen, welche rechte Witwen sind. Wenn aber eine Witwe Kinder oder Enkel hat, so sollen diese lernen, zuerst im eigenen Hause gottesfürchtig zu leben und sich den Eltern dankbar zu erzeigen; denn das ist angenehm vor Gott. Das ist aber recht eigentlich eine Witwe, die einsam ist, die ihre Hoffnung auf Gott stellt und bleibt am Gebet und Flehen Tag und Nacht. Welche aber ihren Lüsten lebt, die ist lebendig tot. Solches gebiete, auf dass sie untadelig seien. Wenn aber jemand die Seinen, sonderlich seine Hausgenossen, nicht versorgt, der hat den Glauben verleugnet und ist ärger als ein Heide.
>
> Lass keine Witwe ausgewählt werden unter sechzig Jahren und die da gewesen sei eines Mannes Frau und die ein Zeugnis habe guter Werke: wenn sie Kinder aufgezogen hat, wenn sie der Heiligen Füße gewaschen hat, wenn sie denen in Trübsal Handreichung getan hat, wenn sie allem guten Werk nachgekommen ist. Junge Witwen aber weise ab; denn wenn sie ihrer Begierde nachgeben Christus zuwider, so wollen sie heiraten und haben dann das Urteil auf sich, dass sie die erste Treue gebrochen haben. Daneben lernen sie Müßiggang, wenn sie durch die Häuser laufen; nicht allein aber sind sie faul, sondern auch geschwätzig und vorwitzig und reden, was nicht sein soll. So will ich nun, dass die jungen Witwen heiraten, Kinder gebären, haushalten, dem Widersacher keine Ursache geben zu lästern. Denn es haben sich schon etliche abgewandt dem Satan zu. Wenn aber einer gläubigen Frau Witwen anbefohlen sind, so versorge sie dieselben und lasse die Gemeinde nicht beschwert werden, auf dass die, so rechte Witwen sind, mögen genug haben. (1 Tim 5, 3–16)

In der antiken römischen Gesellschaft gab es eine große Zahl von jungen Witwen, weil viele junge Ehemänner ihr Leben in Kriegen und kleineren militärischen Auseinandersetzungen verloren. Das römische Heer war die einzige Streit- und Ordnungsmacht im gesamten Imperium Romanum, und deshalb wurde eine große Anzahl von Männern aus allen größeren Städten als Soldaten eingezogen.

Das Problem, mit dem sich die Witwen konfrontiert sahen – besonders die jüngeren unter ihnen, die keine männlichen Verwandten besaßen, die für sie sorgten –, war die gesellschaftlich bedingte Unmöglichkeit, für ihren Lebensunterhalt selbst Geld zu verdienen. Wenn junge Witwen sich weigerten, der Prostitution nachzugehen, wussten sie oft nicht, was sie mit ihrer Zeit anfangen sollten; zudem erhielten sie ein Unterstützungsgeld aus der Sozialkasse der Gemeinden. Ohne einer Tätigkeit nachzugehen, gaben sie sich dem Müßiggang hin, trafen sich in Gruppen und lösten Konflikte und Unruhen aus und brachten so sich selbst und ihre Gemeinden in Misskredit.

Paulus lag an einer klaren Unterscheidung zwischen „rechten" Witwen und solchen, die noch Familien hatten, die für sie sorgen konnten. Es war Aufgabe der Familien, die zu ihnen gehörigen Witwen aufzunehmen, für ihr leibliches Wohl zu sorgen und sich darum zu kümmern, für sie, wenn es möglich war, einen neuen Ehemann zu finden. Letzteres war schwierig in einer Zeit, in der Jungfräulichkeit als Grundvoraussetzung für eine künftige Ehefrau galt. Doch Witwen mit familiärem Anhang sollten nicht von der Sozialfürsorge der Gemeinden abhängig sein. Männer, die sich weigerten, sich um die Witwen in ihren eigenen Familien zu kümmern, verhielten sich in einer Christus entehrenden Weise. Nur Witwen ohne irgend einen familiären Rückhalt waren berechtigt, Unterstützung der Gemeinde zu erhalten. Diese Maßregel wurde begrenzt auf Witwen, die nicht jünger als 60 Jahre alt waren und sich dafür gegenüber ihren eigenen Familien in der Rolle als Ehefrauen und Mütter als würdig erwiesen hatten. Junge Witwen mussten sich wiederverheiraten und ihre Kinder im wahrhaften christlichen Glauben aufziehen.

Ein strittiger Punkt aber hierbei ist, welche nicht verehelichte Witwen als „rechte Witwen" betrachtet und deshalb von der Gemeinde unterstützt werden mussten. In den Versen 9–16 wird deutlich, welche Kriterien Paulus als die Minimalanforderungen für „rechte Witwen", denen die gemeindliche Unterstützung zugesprochen werden sollte, erachtete:

– *Sie mussten über sechzig Jahre alt sein. Dann würden sie keine Kinder mehr gebären, keinen Geschlechtsverkehr mehr ausüben und für ihre familiären Verpflichtung, für sich zu sorgen, einfach zu alt sein.*

- *Sie durften nur einen Ehemann gehabt haben. Wenn sie mehr als einen Ehemann hatten, ließ dies vermuten, dass sie gegenüber mehr als einem Mann und dessen familiärem Umfeld gebunden waren und sich nach den jeweiligen Bedürfnissen mehrerer Männer gerichtet und somit wechselnde Loyalitäten praktiziert hatten.*
- *Sie mussten ihre eheliche Verpflichtung gegenüber ihrem Mann dadurch erwiesen haben, dass sie seine Kinder aufzogen, um sein Ansehen zu befördern.*
- *Sie mussten sein Ansehen durch Gastfreundschaft – insbesondere gegenüber den Christen – gefördert haben.*
- *Sie mussten sein Ansehen durch mildtätige Werke, Werke für Bedürftige und Notleidende und überhaupt gute Werke in jeder nur denkbaren Hinsicht gefördert haben.*

Wenn es scheint, dass Paulus mit den Witwen von Ephesus ziemlich unsanft und hart umging, so müssen wir zwischen den Zeilen lesen und das Ausmaß der dort herrschen Probleme in Betracht ziehen. Er sah nämlich, dass nicht gerecht verteilte und unverdiente Mildtätigkeit kontraproduktiv für das Ganze war. Ihm lag an Gemeindemitgliedern, die uneingeschränkte Verantwortung für ihre Familien übernahmen und nur solche Witwen unterstützten, die wirklich mittellos und ohne jegliche familiäre Hilfe waren und nicht durch Wiederverheiratung erneut in den normalen gesellschaftlichen Rahmen eintreten konnten.

Warum aber waren gerade im kleinasiatischen Raum Witwen so ein Problem und offenbar nicht im übrigen römischen Weltreich? Hier war ein militärisch unsicheres, wiederholt von Kriegen heimgesuchtes Gebiet, so dass dort viele Frauen zu Witwen wurden. Aber die ausgedehnten Familiensippen in dieser Gegend begegneten normalerweise diesem Problem und nahmen sich der Nöte der Witwen an. Warum dann nicht auch in Ephesus?

Indem wir uns vor Augen halten, welche Stellung die Frau im alltäglichen Leben in Ephesus einnahm und dass ihre entscheidende Aufgabe darin bestand, das Ansehen ihres Ehemannes zu fördern, wird deutlich, dass eine verwitwete Ehefrau als Unperson galt. Wenn eine Witwe keinen Mann hatte, für den sie leben konnte, war für sie in der Gemeinschaft kein Platz. Eine Witwe hatte keinen Wert an sich – und damit besaß sie keinerlei gesellschaftlichen Status. Und das genau war das Problem, mit dem sich die Kirche konfrontiert sah. Eine Ehefrau ohne Ehemann konnte nicht akzeptiert werden als Persönlichkeit mit dem Recht, die Schriften zu lesen, zu beten, zu prophezeien, zu lehren und so weiter. Die Gesellschaft außerhalb der Kirche hätte keine Gemeinde geschätzt, die sich aus Unpersonen zusammensetzte. Die Frohe Botschaft wäre in Misskredit gebracht worden, wenn man Witwen einfach in die Arbeit ihrer Verkündigung einbezog.

Dies stand in völligem Einklang mit der Vorgehensweise, die Paulus überall verfolgte: Es sollte nichts gesagt oder getan werden, wodurch das Evangelium in den Augen der Ungläubigen entwertet wurde. Ebenso war ganz klar, dass die Voraussetzung, als „rechte Witwe" anerkannt zu werden, war, dass sie sich zuvor als vollkommene Ehefrau erwiesen hatte. Nur diejenige, die nachweisen konnte, dass sie als Ehefrau in den Augen der Öffentlichkeit ein untadeliges Leben geführt hatte, konnte sich als „rechte Witwe" qualifizieren und hatte damit Anspruch auf die Sozialfürsorge der Gemeinde.

Auf keinen Fall aber können die Verse 9 und 10 auf das bezogen werden, was eine Ehefrau ohne Ehemann während ihrer Witwenschaft getan hatte. Sie hätte eine „jüngere Witwe" sein müssen, um all das zu erreichen. Auch wenn eine Frau ihren Mann verloren hatte, als sie noch sehr jung und nur kurz verheiratet war, konnte sie sich nicht als eine „gute Ehefrau" erweisen und demzufolge auch nicht als eine „rechte Witwe" angesehen werden. Die einzige Möglichkeit für junge Witwen in Ephesus war deshalb, sich erneut zu verheiraten und sich in der neuen Ehe als eine „gute Ehefrau" zu erweisen. Sollte sie danach wieder Witwe werden, wäre sie erneut dem strengen Maßstab nicht gerecht geworden, da sie die Ehefrau von mehr als einem Manne war. Das Mindestalter von sechzig Jahren bezieht sich auf den Zeitpunkt, an dem ihr Ehemann verstarb, nicht aber auf das Alter, das sie als Witwe erreichen musste, um Anspruch auf die Fürsorge zu haben.

Man muss hierbei bedenken, dass im ersten nachchristlichen Jahrhundert Menschen von sechzig Jahren sehr alt waren. Eine sechzig Jahre alte Frau wurde in der Regel von all ihren familiären Verpflichtungen entbunden. Ohne Dienerschaft – sie benötigte einen Ehemann, um Knechte und Mägde zu unterhalten – war sie nicht in der Lage, für sich selbst zu sorgen, sondern ganz und gar abhängig von ihrer Familie. Wenn sie keine Familie hatte, die für sie sorgte, konnte sie die Mildtätigkeiten und Almosen ihrer Gemeinde beanspruchen. Allein die Vorstellung, dass sie im sechzigsten Lebensjahr ihre Bedürftigkeit nachweisen musste, um sich in einen religiösen Orden von „Witwen" – die auf die Kinder anderer Leute aufpassten, sich den

Geistlichen und Bedürftigen zuwandten – eintragen zu lassen, war schrecklich. Ein solches Reglement aber fällt völlig aus dem Rahmen dessen, was sonst im Neuen Testament dargestellt ist, und kollidiert mit der Auffassung, dass wir einander lieben und uns um die Bedürfnisse und Nöte des anderen kümmern sollen.

Eine Frau, die ihren Ehemann mit etwa fünfundzwanzig Jahre verlor, war noch voller Energie und Leben. Sie konnte im Prinzip für sich selbst und ihre Kinder sorgen und – zumindest rein theoretisch – ihren Lebensunterhalt verdienen. Das Problem in Ephesus aber war, dass sie nun gesellschaftlich als eine Unperson galt: Keiner gab ihr Arbeit, denn sie hatte keinen Ehemann, an den der Arbeitslohn ging und dessen gesellschaftliches Ansehen gestärkt wurde. So wurde sie ein zielloser Mensch ohne irgendeine Beschäftigung, ihre einzigen Freundinnen waren andere junge Witwen, und sie stellte zudem für alle jungen Männer eine moralische Gefahr dar.

Was der Schreiber in den Versen 9 bis 15 darlegt, spiegelt lediglich das wider, was sich in der Gesellschaft ereignete, weil die Gemeinschaft die jungen Witwen ganz allgemein als Unpersonen betrachtete. Für die sechzig Jahre alte Witwe war es relativ belanglos, was die Leute von ihr dachten. Sie war nun in einem Alter, in dem sie versorgt wurde und nicht mehr für andere sorgen musste. In jener Zeit ließ die Kirche die Realität der allgemeinen gesellschaftlichen Auffassungen gelten und stellte zugleich eine Richtlinie für die soziale Fürsorge auf, wo diese am allernötigsten war. Dieser Textabschnitt setzt sich also damit auseinander, wer Anspruch auf eine umfassende Fürsorge durch die Gemeinde hatten, und zwar in Bezug auf eine besondere Form der Bedürftigkeit: eine kürzlich verwitwete Frau über sechzig Jahren ohne familiären Anhang zu versorgen. Und man bedenke den Hinweis, dass man „rechten Witwen" die erforderliche Ehre erweisen solle.

Das nächste Problem für Timotheus war, wie man jenen jungen Frauen helfen sollte, die sich zu Hause befanden, nichts zu tun hatten und nur allzuleicht herumwandernden Lehrern und Magiern ausgeliefert waren, die sie auszunutzen pflegten.

> Zu diesen gehören, die hin und her in die Häuser schleichen und umgarnen die losen Frauen, die mit Sünden beladen sind und von mancherlei Lüsten umgetrieben, immerdar lernen und nimmer zur Erkenntnis der Wahrheit kommen. (2 Tim 3,6–7)

Irrlehrer waren in der frühen Kirche ein ernsthaftes Problem, besonders in Kleinasien, wo es heidnische Mysterienreligionen und die unterschiedlichsten Philosophen gab, die versuchten, heidnische Lehren mit denen des Christentums zu verbinden und so eine Religionsvermischung schufen, die Paulus erschreckte. Junge Frauen, die sich zu Hause aufhielten, über keine ausreichende Bildung verfügten und deren Ehemänner sich außer Haus im Militärdienst befanden, stellten eine besondere Gefahr dar, von solchen skrupellosen Leuten für deren Zwecke rücksichtslos missbraucht zu werden. Während Paulus diese jungen Frauen scheinbar verunglimpfte, ging es ihm wohl eigentlich darum, dass man ihnen zu einem besseren Verständnis des christlichen Glaubens verhelfen und die übrigen christlichen Mitglieder zu Hause und im Familienalltag ihnen in einer konstruktiveren Weise begegnen sollten. Timotheus sollte sie als Schwestern behandeln und sie ermutigen, zum wahren Glauben zurückzukehren.

In Kolossae

Ihr Frauen, seid untertan euren Männern, wie sich's gebührt in dem Herrn. Ihr Männer, liebet eure Frauen und seid nicht bitter gegen sie. Ihr Kinder, seid gehorsam den Eltern in allen Dingen; denn das ist dem Herrn gefällig. Ihr Väter, erbittert eure Kinder nicht, auf dass sie nicht scheu werden. Ihr Sklaven, seid gehorsam in allen Dingen euren leiblichen Herren, nicht mit Dienst vor Augen, um den Menschen zu gefallen, sondern in Einfalt des Herzens und in der Furcht des Herrn. Alles, was ihr tut, das tut von Herzen als dem Herrn und nicht den Menschen und wisset, dass ihr von dem Herrn zum Lohn das Erbe empfangen werdet. Ihr dient dem Herrn Christus! Wer aber unrecht tut, der wird empfangen, was er unrecht getan hat; und gilt kein Ansehen der Person. (Kol 3, 18–25)

Ihr Herren, was recht und billig ist, das erweiset den Sklaven, und bedenket, dass auch ihr einen Herrn im Himmel habt. (Kol 4, 1)

Dies stellt eine verdichtete Fassung von Paulus' *Haustafel* an die Epheser dar. Kolossae befand sich ebenfalls in Kleinasien, und insofern waren hier ziemlich vergleichbare Rahmenbedingungen gegeben.

Auf Kreta

Du aber rede, wie sich's ziemt nach der gesunden Lehre. Den Alten sage, dass sie nüchtern seien, ehrbar, besonnen, gesund im Glauben, in der Liebe, in der Geduld. Den alten Frauen gebiete, dass sie sich halten, wie es den Heiligen ziemt, nicht Lästerinnen seien, nicht dem Wein ergeben, sondern Gutes lehren; dass sie die jungen Frauen lehren, züchtig zu sein, ihre Männer zu lieben, ihre Kinder zu lieben, sittsam, keusch, häuslich, gütig zu sein, ihren Männern sich unterzuordnen, auf dass nicht das Wort Gottes verlästert werde. Desgleichen die jungen Männer ermahne, dass sie sich in Zucht halten. Allenthalten aber stelle dich selbst zum Vorbilde guter Werke, mit unverfälschter Lehre, mit Ehrbarkeit, mit gesundem und untadeligem Wort, auf dass der Widersacher beschämt werde und nichts habe, dass er von uns könne Böses sagen. Den Sklaven sage, dass sie sich ihren Herren in allen Dingen unterordnen, willig sind, nicht widerbellen, nicht veruntreuen, sondern alle gute Treue erzeigen, auf dass sie der Lehre Gottes, unseres Heilandes, eine Zierde seien in allen Stücken.

Denn es ist erschienen die heilsame Gnade Gottes allen Menschen und nimmt uns in Zucht, dass wir sollen verleugnen das ungöttliche Wesen und die weltlichen Lüste und züchtig, gerecht und gottselig leben in dieser Welt und warten auf die selige Hoffnung und Erscheinung der Herrlichkeit des großen Gottes und unsres Heilandes Christus Jesus, der sich selbst für uns gegeben hat, auf dass er uns erlöste von aller Ungerechtigkeit und reinigte sich selbst ein Volk zum Eigentum, das fleißig wäre zu guten Werken. (Tit 2, 1–14)

Titus tat auf Kreta, was Timotheus in Ephesus tat: Er vertrat Paulus, ohne damit ein unmittelbarer Supervisor oder Leiter der dortigen Gemeinde zu sein.

Dieser Textabschnitt stellt eine Erweiterung der Haustafeln von Ephesus und Kolossae dar. Hier liegt der gleiche Nachdruck auf der Aufrechterhaltung der gegebenen gesellschaftlichen Strukturen, aber auch darauf, christliche Verhaltensweisen in diese Strukturen einzubringen. Paulus unterstreicht dabei insbesondere die traditionelle Rolle der Großmutter in einer großen römischen Familie. Sie war die einzige, die die kulturellen Werte und Traditionen weitergab. Sie unterwies die Kinder – vor allem die Mädchen – in den häuslichen Dingen, in den familiären Kunstfertigkeiten und Handarbeiten; sie führte sie in die Geheimnisse des Ehelebens ein. Großmütter gaben die Familientraditionen an ihre Enkel weiter, wie es z. B. im Falle des Timotheus war, dessen Großmutter Lois wohl verantwortlich für seine Einführung in den christlichen Glauben gewesen war.

Paulus lag daran, dass diese Dinge beibehalten wurden, aber gleichzeitig christliche Prägungen, Überlieferungsinhalte, Auffassungen und Glaubensformen in diesen Traditionskontext mit einflossen.

Zusammenfassend lässt sich festhalten, dass Paulus mehr als froh darüber war, bei seiner Mission der Heiden Frauen zu haben, die an seiner Seite mitarbeiteten. Stets erwähnte er sie mit eigenem Namen und nicht als Anhängsel im Sinne von der Frau, der Tochter, der Schwester odere Nichte *von* anderen männlichen Familienmitgliedern, wie es eigentlich in der damaligen römischen und hebräischen

Gesellschaft erwartet wurde. Er war vorsichtig genug, immer wieder in Betracht zu ziehen, welche Einstellungen man gegenüber Frauen in der jeweiligen lokalen Gemeinschaft hegte, so dass nicht die Spur eines Ärgernisses auf das Ansehen des Evangeliums fallen konnte. Er verteidigte ihre Rechte als Individuen innerhalb der vorgefundenen Strukturen von Familie und Gesellschaft und war froh, wenn es für Frauen leitende Positionen und Aufgaben gab, insofern diese nicht unmittelbar mit den gesellschaftlichen Wertvorstellungen der jeweiligen Region in Konflikt gerieten.

Dennoch war Paulus noch patriarchal geprägt und neigte zur Unterordnung der Frauen gegenüber den Männern. Aber es sollte ihm doch zugestanden werden, dass er weit über die Sitten und Gebräuche seiner Zeit hinausging und den Befreiungsprozess der Frauen hin zu vollwertigen Mitgliedern der Gesellschaft weiterführte, eine Entwicklung, die mit Jesus begann.

6. Andere Stimmen über Frauen

Nur zwei andere Verfasser im Neuen Testament äußern sich über Frauen und ihren Sitz im Leben der christlichen Gemeinden.

Petrus

Ihr Sklaven, seid untertan mit aller Furcht den Herren, nicht allein den gütigen und gelinden, sondern auch den wunderlichen. Denn das ist Gnade, wenn jemand vor Gott um des Gewissens willen das Übel erträgt und leidet das Unrecht. Denn was ist das für ein Ruhm, wenn ihr um der Missetat willen geschlagen werdet und das geduldig ertragt? Aber wenn ihr um guter Taten willen leidet und das ertragt, so ist es Gnade bei Gott. Denn dazu seid ihr berufen, da auch Christus gelitten hat für euch und euch ein Vorbild gelassen, dass ihr sollt nachfolgen seinen Fußspuren; welcher keine Sünde getan hat, und es ist auch kein Betrug in seinem Munde gefunden worden; welcher nicht widerschalt, da er gescholten ward, nicht drohte, da er litt, er stellte es aber dem anheim, der da recht richtet; welcher unsere Sünden selbst hinaufgetragen hat an seinem Leibe auf das Holz, auf dass wir, der Sünde abgestorben, der Gerechtigkeit leben; durch welche Wunden ihr seid heil geworden. Denn ihr waret wie die irrenden Schafe; aber ihr seid nun bekehrt zu dem Hirten und Bischof eurer Seelen.

Desgleichen sollt ihr Frauen euren Männern untertan sein, auf dass auch die, die nicht glauben an das Wort, durch der Frauen Wandel ohne Wort gewonnen werden, wenn sie sehen, wie ihr in Reinheit und Gottesfurcht wandelt. Euer Schmuck soll nicht auswendig sein mit Haarflechten und Goldschmuck oder Kleiderpracht, sondern der verborgene Mensch des Herzens im unvergänglichen Schmuck des sanften und stillen Geistes! Das ist köstlich vor Gott. Denn so haben sich auch vorzeiten die heiligen Frauen geschmückt, die ihre Hoffnung auf Gott setzten und ihren Männer untertan waren, wie die Sarah Abraham gehorsam war und hieß ihn Herr, deren Töchter ihr geworden seid, wenn ihr recht tut und euch durch nichts beirren lasset.

Desgleichen, ihr Männer, wohnet bei ihnen mit Vernunft und gebet dem weiblichen als dem schwächeren Geschlecht seine Ehre. Denn auch die Frauen sind Miterben der Gnade des Lebens, und euer gemeinsames Gebet darf nicht gehindert werden. (1 Petr 2, 18–3, 7)

Im Vergleich zu Paulus gebärdet sich Petrus weitaus patriarchaler und ist sehr viel mehr seiner angestammten jüdischen Tradition verbunden. Seine Fassung der christlichen Haustafel, die Paulus zweimal in seinen Briefen benutzte, legt mehr Gewicht auf die untergeordnete und ehrerbietige Rolle der Frau, wie er dies auch auf die des Sklaven bezieht. Dem Sklavenhalter hatte er nichts zu sagen.

Der Grundsatz, den Petrus aufstellte, lautete: „Seid um des Herrn willen jeglicher menschlichen Obrigkeit untertan." Das unterschied sich beträchtlich von Paulus' Grundsatz der gegenseitigen Achtung und Unterordnung, unabhängig von der sozialen Stellung.

Die Briefe des Petrus lassen sich weitaus weniger konkret lokalisieren als die des Paulus, denn sie wandten sich an die Judenchristen in der Diaspora „in Pontus, Galitien, Kappadozien, der Landschaft Asien und Bithynien". Die von ihm angesprochenen Christen befanden sich in der östlichen Hälfte des Imperium Romanum. Ebenso wie Paulus beschäftigte sich Petrus besonders mit Ehefrauen, die Christinnen geworden waren, während ihre Ehemänner noch Heiden blieben. Zweifellos teilte er Paulus' Bemühungen, dass das Christentum nicht in den Ruf geriet, antifamiliäre Tendenzen zu vertreten oder irgendwelche regierungsfeindlichen Aktivitäten zu betreiben. Sein alttestamentliches Ehemodell, wie er es anhand der Gestalt der Sarah zu verdeutlichen versucht, dürfte wohl schwerlich auf heutige Christen anwendbar sein. Dennoch: Ermutigte nicht gerade sie Abraham, ihre Sklavin Hagar zu nehmen, um von ihr einen Sohn zu bekommen, statt dass sie glaubte, Gott würde ein Wunder tun und ihr noch in ihren alten Tagen einen Sohn schenken? In vielerlei Hinsicht ist Sarah bei weitem nicht die ideale Ehefrau.

Das Problem bei Petrus war, dass er sich gegenüber den Ehemännern überhaupt nicht äußerte, wohingegen Paulus, wie wir gesehen haben, mit Nachdruck darauf bestand, dass der Ehemann in der Liebe zu seiner Frau Christi selbstaufopfernde Liebe nachahmte. Petrus dagegen bürdete gerade den Sklaven ebendiese Verantwortung auf!

Der Verfasser des Hebräerbriefes

> Durch den Glauben empfing auch Sarah Kraft, dass sie schwanger ward über die Zeit ihres Alters hinaus; denn sie achtete den treu, der es verheißen hatte. Darum sind auch von dem einen, wiewohl er erstorbenen Leibes war, viele geboren wie die Sterne am Himmel und wie der Sand am Rande des Meeres, der unzählig ist. (Hebr 11, 11–13)

Der unbekannte Verfasser dieses Briefes führt hier Vorbilder des gläubigen Gehorsams gegenüber Gott aus dem Alten Testament an. Sarah wird erwähnt, weil sie Gott geglaubt habe, er würde das Unmögliche tun und bewirken, dass sie trotz der Unfruchtbarkeit nach ihrem Klimakterium noch einen Sohn gebar. Dies war ein merkwürdiges Beispiel, das im Buch der Genesis (Kap. 18) berichtet wird, wo Sarah sich allein schon über den Gedanken lustig macht, sie und ihr Mann wären in ihrem Alter noch zu sexuellen Aktivitäten in der Lage, und deshalb Abraham veranlasste, doch lieber mit ihrer jungen Sklavin ins Bett zu gehen, um den verheißenen Sohn zu bekommen. Dennoch scheint unser unbekannter Verfasser offensichtlich geglaubt zu haben, dass allein Sarahs Bereitschaft, sich dergleichen in solch einem fortgeschrittenen Alter überhaupt vorzustellen, bereits ein Beweis gewesen sei, sich Gottes Willen gehorsam anzuvertrauen.

> Durch den Glauben fielen die Mauern Jerichos, als Israel sieben Tage um sie herumgezogen war. Durch den Glauben ward die Hure Rahab nicht umgebracht mit den Ungehorsamen, als sie die Kundschafter freundlich aufnahm.
> (Hebr 11, 30–31)

Rahab hatte als Frau sicherlich eine Außenseiterrolle, war aber trotz ihres Gewerbes bereit, ihr ganzes Vertrauen in den Gott der Juden zu setzen. Später heiratete sie Salmon und gebar ihm den Boas, der die Ruth heiratete, und sie wird auch in der Genealogie des Matthäus zu Jesus erwähnt. Jakobus bezieht sich in seinem Brief ebenfalls auf Rahab und benutzt sie als ein Beispiel dafür, dass gute Werke den Glauben an Gott beweisen (Jak 2, 25). Aber weder der Verfasser des Hebräerbriefes noch Jakobus sagen etwas über den Platz, den die Frau innerhalb der Kirche einnehmen soll.

So können wir nach all dem feststellen, dass es vor allem Paulus von Tarsus war, der sich für die Rechte der Frauen einsetzte, damit sie einen vollwertigen und ebenbürtigen Platz im Leben und Dienst in der frühen Kirche einnehmen konnten. Oft ist er als Frauenverächter beschimpft worden. Doch ich hoffe, aufgezeigt zu haben, zumindest an dieser Stelle, dass Paulus der Kultur seiner Zeit und seiner eigenen jüdischen Erziehung weit voraus war. Aber, wie ich im folgenden darlegen werde, sollte das, was Paulus erreicht hatte, bald wieder zunichte gemacht werden, und zwar in einem Ausmaß, dass die Frauen nahezu vollständig aus den leitenden Positionen und dem Dienst in der Kirche verschwunden.

7. Frauen in der nachapostolischen Zeit

Ich möchte nun einige der späteren Entwicklungen ansprechen, um aufzuzeigen, wie rasch Frauen von den leitenden Positionen in der Kirche ausgeschlossen wurden, abgesehen von der weiteren Ausgestaltung von Vorschriften für Diakonissen und Witwen – eine Maßnahme, mit der man Frauen fest unter die Aufsicht der männlichen Hierarchie stellte.

Die apostolischen Väter

Diese Schriftensammlung stammt aus dem frühen zweiten Jahrhundert und enthält hauptsächlich Briefe, die von Bischöfen an Gemeinden geschrieben wurden, die im ganzen Imperium Romanum verstreut waren. Dreizehn dieser Briefe sind von einem beträchtlichen Umfang. Es gibt noch drei andere sehr ausführlich verfasste Dokumente, die Predigten oder lehrhafte Unterweisungen darstellen. In nur einem von ihnen – dem Brief des Ignatius von Smyrna – werden Frauen mit Namen erwähnt: *Gavia* und *Alke*, mit denen der Verfasser persönlich befreundet war. Und bei diesem einzigen Mal, bei dem Frauen genannt werden, wird ihnen lediglich mitgeteilt, dass sie sich ihren Männern unterordnen sollen!

Der erste Brief des Klemens von Rom an die Korinther

Er erinnert die Christen von Korinth daran, dass

ihr den Frauen die Anweisung gabet, alles mit untadeligem, ehrbarem und reinem Gewissen zu tun und ihre Männer in geziemender Weise zu lieben; auch lehrtet ihr sie, nach dem Maßstab der Unterordnung das Hauswesen ehrbar zu versehen, in jeder Hinsicht besonnen.[18] (I, 3)

[18] Zit. in: Clemens von Rom, Epistola ad Corinthos/Briefe an die Korinther. Übersetzt und eingeleitet von G. Schneider. Freiburg i. Br. 1994, S. 67. [Anm. d. Übers.]

Da dem Verfasser seine Unterweisung in dem, was er bereits gesagt hatte, nicht ausreichend erscheint, greift er seine Ermahnung an anderer Stelle nochmals auf:

> Dem Herrn Jesus, dessen Blut hingegeben wurde, wollen wir Ehrfurcht erweisen, … unsere Frauen zum Guten zu lenken: Sie sollen die liebenswerte Gesittung der Keuschheit aufweisen, die lautere Absicht ihrer Sanftmut aufzeigen, die Milde ihrer Zunge durch das Schweigen offenbar machen, ihre Liebe nicht nach Neigungen, sondern allen Gottesfürchtigen in heiligem Wandel gleicherweise zuwenden.[19] (XXI, 6–7)

Bischof Klemens von Rom war ganz und gar nicht von der Art des Apostels Paulus, auf den er sich im übrigen berief, wie es ihm gerade recht war. Für ihn sollten die Frauen – insbesondere die Frauen von Korinth – in den Hintergrund gedrängt werden, wo sie auch waren, bevor die junge christliche Kirche deren Situation liberalisiert hatte.

Der Brief des Ignatius an die Gemeinde von Smyrna

Stets am Schluss seiner Briefe sendet er Grüße „an die Familien meiner Brüder, die Frauen und Kinder haben, und an die Jungfrauen, die ihr als Witwen bezeichnet". Es erscheint schon merkwürdig, dass er hier insbesondere verheiratete Männer erwähnt. Bedeutet dies, dass Ignatius glaubte, christliche Männer sollten ledig bleiben, oder dass er die Ehe abwertete?

Die hier angesprochenen Jungfrauen ware vermutlich alleinstehende Frauen, die keinen männlichen Schutzherrn hatten, unverheiratet geblieben waren oder zu denen gehörten, die auf eine besondere Fürsorge und Anteilnahme angewiesen waren, da sie für ihren eigenen Lebensunterhalt nicht selbst aufkommen konnten.

Er sendet besondere Grüße an „Gavia und ihre Familie", verbunden mit dem Gebet, dass sie in ihrem Glauben verwurzelt bleibe und treu in ihrer Gemeinde und ihrer Arbeit für die Gemeinschaft sei. Er lässt auch Alke grüßen, „die mir besonders verbunden ist". Er bezieht sich später an anderer Stelle in seinem Brief an Polykarp auch auf sie. Dies aber sind die einzigen Stellen, an denen Frauen bei den apostolischen Vätern namentlich erwähnt werden.

[19] Ebd., S. 119–121. [Anm. d. Übers.]

Der Brief des Ignatius an Polykarp

Polykarp war Bischof in Smyrna und wurde einer der bekanntesten Märtyrer des frühen Christentums. Polykarp erteilt einige Unterweisungen, die u.a. folgendes enthalten:

Die Witwen sollen nicht vernachlässigt werden. Nach dem Herrn sei du ihr Versorger.[20] (IV)

Und dann heißt es weiter:

Meinen Schwestern rede zu, den Herrn zu lieben und sich an ihren Lebensgefährten genügen zu lassen in Fleisch und Geist.[21] (V)

Diese Art der Unterweisung wird übrigens nicht an die Ehemänner gerichtet. Aber er fährt dann weiter fort:

Ebenso fordere ich auch meine Brüder im Namen Jesu Christi auf, ihre Lebensgefährtinnen zu lieben, wie auch der Herr die Kirche.[22] (V)

Er sendet schließlich noch Grüße an die nicht namentlich genannte Frau eines örtlichen Verwaltungsbeamten und wiederum an Alke.

Der Brief des Polykarp an die Philipper

Polykarp, Bischof von Smyrna, wurde auf seinem Weg nach Rom, wo er schließlich als Märtyrer sterben sollte, von der Gemeinde in Philippi gebeten, ob jemand ihren Brief zu den Christen in Antiochien in Syrien bringen könnte. Sie baten bei dieser Gelegenheit auch um eine Abschrift der Briefe von Ignatius. Polykarp sandte diesen Brief als Begleitschreiben zu den Abschriften der Briefe des Ignatius.

Wenn Polykarp auf die Frauen zu sprechen kam, erwies er sich aus dem gleichen Holz geschnitzt wie Ignatius.

Sodann auch eure Frauen, in dem ihnen gegebenen Glauben, in Liebe und Keuschheit zu wandeln, ihre Männer in aller Wahrheit zu lieben, allen gleichermaßen in Enthaltsamkeit zugetan zu sein und den Kindern eine Erzie-

[20] Zit. in: Die Apostolischen Väter. Griechisch-Deutsche Parallelausgabe auf der Grundlage der Ausgaben von Franz Xaver Funk/Karl Bihlmeyer u. Molly Whittaker, übers. von M. Dibelius u. D.-A. Koch. Neu übers. und hrsg. von Andreas Lindemann u. Henning Paulsen. Tübingen 1992, S.237. [Anm. d. Übers.]

[21] Ebd., S.237. [Anm. d. Übers.]

[22] Ebd., S.239. [Anm. d. Übers.]

hung zur Gottesfurcht zu geben. Die Witwen belehrt, den Glauben an den Herrn besonnen zu betätigen, unablässig für alle zu beten, sich fernzuhalten von aller Verleumdung, übler Nachrede, falschem Zeugnis, Geldgier und allem Bösen und zu erkennen, dass sie ein Altar Gottes sind und er (Gott) alles auf seine Tadellosigkeit hin prüft und ihm nichts entgeht, weder an Gedanken noch an Gesinnungen noch etwas von den Geheimnissen des Herzens.[23]

(IV, 2–3)

Das Verhalten eurer jungen Frauen – gleichermaßen (das der jungen Männer) – soll von makelloser Keuschheit und Reinheit ihres Gewissens zeugen.

(V, 3)

Hier waren sie wieder, jene Klischees gegenüber den Frauen, die Jesus und Paulus gerade vermieden hatten. Wo es Frauen vorher gestattet war, ganz sie selbst und mit eigenem Anspruch und Recht Person zu sein, wurden sie nun wieder in ihre untergeordnete Rolle zurückgedrängt. So wurden sie erneut zum Ursprung der geschlechtlichen Sünde und dazu angehalten, sich selbst und ihr Gewissen völlig unbefleckt und rein zu bewahren. Ich finde es interessant, dass nur Frauen zu einer inneren spirituellen und moralischen Reinheit ermahnt wurden. Das aber ist bezeichnend für das damalige mediterrane Gesellschaftsmodell, wie ich es bereits am Anfang dieses Buches darlegte, indem man der Rolle der Frau jenes Schamgefühl zuordnete, um die Männer davor zu schützen, ihre Ehre nicht zu verlieren. Wenn Frauen rein und keusch waren, gewährleistete dies, dass Männer nicht sündigten; unzüchtige Frauen ließen es zwangsläufig dazu kommen, dass Männer sündigten. Insofern wurden die Männer als Opfer der Sexualität der Frauen betrachtet.

Es wird deutlich, dass die Frauen für die apostolischen Väter insgesamt einen unteren gesellschaftlichen Rang bekleideten und als potentielle Quelle für Promiskuität und Zwietracht in der Kirche angesehen wurden. Lediglich zwei Frauen wurden mit Namen genannt, und eine, die Frau eines römischen Beamten, bleibt anonym.

Der Gegensatz zu der apostolischen Zeit ist offenkundig und tragisch. Es war nahezu unvermeidlich, nachdem erst einmal der Berufsstand der geweihten Geistlichen entstanden war und die Autorität sich an der zentralen Amtsgewalt des Bischofs ausrichtete, dass die Mitarbeit von Laien in der Mission und in der Leitung der Kirche verschwinden würde. Aber nicht nur die Mitarbeit der Frauen wurde massiv in den Hintergrund gedrängt – außer im Dienst für die Ge-

[23] Ebd., S. 247–249. [Anm. d. Übers.]

meinde durch Gebet und Unterstützung der Witwen –, sondern ihre inzwischen erreichte Stellung als Ehefrauen und alleinstehende Frauen fiel zurück auf das Niveau, wie es in den vorchristlichen Zeiten vorherrschte.

Die Didache

Von der Existenz dieser Schrift wusste man früher lediglich durch Hinweise in mehreren anderen frühchristlichen Werken. Das Dokument kam erst im späten 19. Jh. ans Licht, als man es durch einen Zufall in der Klosterbibliothek des Patriarchen von Konstantinopel entdeckte. Es ist schlicht als die *Didache* bekannt, was im Griechischen (Διδαχη) für Lehre, Unterricht oder Unterweisung steht und beansprucht, eine offizielle Sammlung von grundlegenden Anweisungen zur christlichen Lehre zu sein, die von den zwölf Aposteln hinterlassen worden sind.

Die erste Hälfte des Dokuments stellen predigtähnliche Texte dar, die „Die Zwei Wege" genannt werden, womit der Weg des Lebens und der Weg des Todes gemeint sind. Es liest sich wie Ermahnungen, die ein Vater seinem Sohn erteilt. Die einzigen Hinweise auf Frauen beziehen sich auf folgende Vorschriften:

- *Abtreibung ist verboten;*
- *Söhne und Töchter sollen in der Furcht des Herrn erzogen werden;*
- *man soll einen männlichen oder weiblichen Haussklaven nicht anschreien.*

Die zweite Hälfte ist eine Art kirchliches Handbuch, das Vorschriften für die Organisation und den Gottesdienst der christlichen Gemeinde enthält. Der Grundton dieses Handbuches ist durchgängig und ausschließlich auf Männer ausgerichtet. In keiner Weise wird der Möglichkeit Rechnung getragen, dass ein Prophet, Lehrer oder Diakon auch eine Frau sein könnte. Frauen werden mit keiner einzigen Bemerkung erwähnt.

Frauen als Führungspersönlichkeiten und Mitarbeiterinnen verschwanden also nahezu vollständig aus der Kirche. Ein einziges Mal noch treten sie in einer Textsammlung in Erscheinung, die aber mehr wie christliche Unterhaltungsliteratur anmutet. Es scheint, dass diese Dokumente, die sog. fünf großen apokryphen *Apostelakten*[24], inner-

[24] Auch „Apokryphe Apostelgeschichten" genannt, zu denen gezählt werden: Petrusakten, Paulusakten, Andreasakten, Johannesakten und Thomas-

halb von Gemeinschaften sexuell enthaltsamer Frauen entstanden sind, gewissermaßen als Protest gegen die umfassende Verdrängung weiblicher Führungsrollen und geistlicher Mitarbeit von Frauen in der gesamten Kirche.

Übrig blieben für die Frauen nur zwei untergeordnete und organisierte Aufgabenbereiche – Diakonissen und Witwen –, die aber so konzipiert wurden, dass diese Frauen unter der strikten Kontrolle von Männern waren. Der einzige Zugang für Frauen zur Mitarbeit in der Kirche war es, dem ausschließlich männlichen geistlichen Berufsstand zu dienen und einen Teil der Sozialarbeit auszuüben.

Die anderen alten Dokumente, die uns aus gnostischen Quellen überliefert sind, beschreiben Frauen durchweg männlich.

Die Kirchengeschichte des Eusebius

Im frühen vierten nachchristlichen Jahrhundert schrieb Bischof Eusebius von Cäsaräa anhand der Quellen, die ihm damals zur Verfügung standen, und so gut er es vermochte eine Geschichte der Kirche, die mit der Geburt Christi begann und mit der Regentschaft von Konstantin endete. Viele der Dokumente, auf die er sich bezog, haben die Zeiten nicht überdauert, und so kann die Korrektheit seiner Zitate nicht immer überprüft werden.

Bei der Lektüre der ersten Textabschnitte, wo er die Geschichte der Kirche nach dem Tod des letzten Apostels genauer schildert, stellt man bald fest, das überhaupt keine Frauen im Zusammenhang mit geistlichem Dienst und Führungsaufgaben in der Kirche erwähnt werden. Statt die Kirche als ein vielfältiges und buntes Gebilde von Hausgemeinden ohne zentrale Leitungsstrukturen darzustellen, schreibt Eusebius, dass die Kirche eine zentralistische Form annahm, die sich um den jeweiligen Bischof in einer großen Stadt organisierte und der Bischof von Rom eine Vorrangstellung zu beanspruchen begann. Aus diesen Entwicklungen ergab sich, dass die Laien mit ihren bisherigen Führungspositionen und der aktiven Teilhabe am gemeindlichen Leben im wesentlichen verschwanden, von den Frauen ganz zu schweigen.

akten. Siehe dazu auch: Philipp Vielhauer, Geschichte der urchristlichen Literatur. Einleitung in das Neue Testament, die Apokryphen und die Apostolischen Väter. Berlin 1975, bes. S. 693–718. [Anm. d. Übers.]

Es gibt darin ein sehr langes Zitat aus dem Dokument eines Gaul, das das Martyrium von vier Christen schildert: Sanctus, Maturus, Attalus und Blandina. Die letztgenannte Person war eine Frau, und der Bericht würdigt sie als die vortrefflichste von ihnen allen, die die anderen ermutigte, standhaft zu bleiben. Doch Blandina ist die einzige Frau, die in dieser nachapostolischen Zeit Erwähnung findet. Eusebius' Interesse gilt hauptsächlich den Bischöfen, denn die Geschichte der Bischöfe galt als die Geschichte der Kirche. In vielfacher Hinsicht verfuhr er mit seiner Geschichtsschreibung ebenso wie seine römischen und griechischen Vorläufer: Man beschäftigte sich vornehmlich mit den Führungsgestalten, als ob die anderen Menschen über keine eigene und partizipierende Geschichte verfügten.

Aber auch dort, wo Eusebius sich mit der Zeit der Apostel auseinandersetzt, erwähnt er keine einzige Frau mit Namen außer Maria, der Mutter Christi. Der Unterschied zwischen dem Bericht des Eusebius und den neutestamentlichen Schriften ist immens, was die Erwähnung von Frauen anbetrifft.

Was mit Jesus einst als eine Bewegung begann, die den Frauen Würde und Gleichberechtigung zusprach, endete als eine Organisation, die fast gänzlich auf die Männer ausgerichtet war.

Die apokryphen Schriften

In der gleichen Zeit, als die Frauen aus dem kirchlichen Leben verschwanden, trat eine regelrechte Flut von christlichen Schriften in Erscheinung, die voll waren von Frauen und ihren tapferen Taten. Das zweite und dritte Jahrhundert scheint diese offenkundig fiktiven Berichte über das Leben von Christus und den Aposteln wie auch einige religiöse Romane hervorgebracht zu haben.

Ein Wissenschaftler hat die Vermutung geäußert, dass die Verfasser dieser Dokumente Witwen waren. Wieso gerade Witwen? Wohl deshalb, weil verheiratete Frauen nicht genug Zeit gehabt haben dürften, um sich einer solch aufwendigen Schriftstellerei zu widmen, und ich bezweifle auch, dass ihre Ehemänner es ihnen erlaubt hätten, in solch einer überwältigenden Weise über Frauen zu schreiben.

Im folgenden möchte ich nun eine Zusammenfassung des Berichts von einigen dieser Frauen und ihren ungehörigen Handlungen geben. Ich selbst hege keinen Zweifel, dass diese Geschichten eine Art Gegenreaktion auf den gezielten Ausschluss der Frauen von den führenden Positionen in der Kirche war. Als die kanonischen Schriften des Neuen Testaments sich zunehmend verbreiteten, dürften die Frauen später überrascht gewesen sein, welch eine wichtige Rolle sie in den ersten Generationen ihrer Kirche doch gespielt hatten. Ohnmächtig, ihre Situation zu ändern, dürften sie leicht einen Ausweg gefunden haben, indem sie im Namen einiger sehr bekannter männlicher Leitfiguren oder Apostel Schriften verfassten. Sie konnten natürlich nicht in ihrem eigenen Namen schreiben, denn wenn sie dies getan hätten, hätte dies zwangsläufig die Verbrennung ihrer Schriften zur Folge gehabt.

Das Protevangelium des Jakobus

Die Jungfrau Maria musste Eltern haben, und so erfand man diese: *Joachim* und *Anna.* Ihre Ehe steht unter einem unglücklichen Stern, denn Anna ist kinderlos. Zwei Engel erscheinen Anna und verheißen ihr ein Kind, das Maria genannt werden soll. Das Kind wird den Priestern im Tempel gezeigt, während Anna ein Lied singt, das eine Reminiszenz des Magnifikats von Maria ist.

Als Maria drei Jahre alt ist, wird sie in den Tempel gebracht und dort unterrichtet, während sie ein Engel versorgt. In ihrem zwölften Lebensjahr wird sie auf wundersame Weise mit Joseph verlobt, beginnt einen purpurnen Vorhang für den Tempel zu weben, und Engel besuchen sie, die ihr prophezeien, dass sie den Messias gebären wird.

Nach der Geburt Jesu begibt es sich, dass eine Frau mit Namen Salome (deren Hand verdorrte, weil sie der Hebamme die Geschichte von der Geburt der Jungfrau Maria nicht geglaubt hatte) wieder eine gesunde Hand bekommt, als sie sich in die Höhle begibt, wo Maria und Jesus sich befinden, und mit der verdorrten Hand das Jesuskind berührt.

Alles in dieser Geschichte ist im wesentlichen auf Maria ausgerichtet, nicht aber auf Joseph oder Jesus.

Die Kindheitsevangelien

Eine Vielfalt von Schriften, die den Anspruch erhoben, entweder von Maria oder einem Apostel herzurühren, verbreitete sich im späten zweiten Jahrhundert. Nachfolgend eine Zusammenfassung der wichtigsten Geschichten, die sich mit Frauen beschäftigen, zumeist mit Maria.

Eine alte hebräische Frau nimmt die Vorhaut Jesu nach dessen Beschneidung und bewahrt sie in einem Gefäß aus Alabaster mit Öl und Narde – das gleiche Gefäß, das von der Prostituierten benutzt wurde, als sie Jesus damit salbte.

Maria hängt eine von Jesu Windeln nach dem Waschen zum Trocknen nach draußen; ein Junge berührt die Windel und seine Dämonen fahren aus ihm heraus. Maria treibt aus einer jungen Frau Dämonen aus, indem sie ihr gegenüber nur Mitleid zeigt. Sie reicht den Säugling Jesus einer jungen Braut, die von einem Dämon niedergeworfen wurde, und die Frau ist geheilt. Maria tut das gleiche bei einer anderen jungen Frau, die vom Satan besessen ist. Diese Frau bringt etwas wohlriechendes Wasser und wäscht Jesus damit, dann sprengt sie etwas davon auf eine junge Frau, die an Lepra erkrankt ist, und diese wird gesund. Eine Prinzessin, die ein leprakrankes Kind geboren hat, hört von dieser Geschichte, tut das gleiche, und ihr Sohn wird geheilt. Aus Dank bringt sie Maria Geschenke. Viele andere Wunder werden von Maria vollbracht, indem sie das Wasser, mit dem sie Jesus gebadet hat, dazu benutzt.

Der restliche Teil des Berichts ist voll von Wundern, die Maria tut.

Die Akten des Paulus und der Thekla (Die Paulusakten)

Ein früher Kirchenvater hatte behauptet, *Die Akten des Paulus und der Thekla* seien von einem frommen Presbyter in Kleinasien verfasst worden. Aber weil hier eine Frau, Thekla, eine so vorrangige Rolle in dieser Erzählung spielt, dürfte eine solche Quelle mehr als unwahrscheinlich sein. Die Person des Paulus spielt in dem Bericht eine untergeordnete Rolle.

Bei Thekla geht es zusammengefasst um folgendes: Onesiphorus von Ikonium lädt Paulus ein, der Versammlung in seinem Haus zu predigen. Eine Jungfrau mit Namen Thekla, deren Mutter Theoklea ist und die mit einem Thamyris verlobt ist, wird schließlich von Paulus zum christlichen Glauben bekehrt. Als Paulus infolge eines Komplotts ins Gefängnis kommt, verschafft sich Thekla durch Bestechung Zutritt zum Gefängnis und küsst seine Ketten.

Später dann wird Thekla vor den Statthalter gebracht, um darzulegen, warum sie sich nun weigert, Thamyris zu heiraten. Sie sagt kein

Wort und wird zum Tode auf dem Scheiterhaufen verurteilt. Sie hat eine Christusvision, und die Flammen berühren sie nicht, weil Gott ein Erdbeben und ein Platzregen kommen lässt. Thekla schließt sich Paulus als seine jungfräuliche Mitarbeiterin an.

Da sie die Anträge von Alexander, einem richterlichen Beamten, ablehnt, wird sie dazu verurteilt, von den wilden Tieren in der Arena zerrissen zu werden. In der Zwischenzeit wird sie von Tryphäna, deren Tochter gestorben war, in die Obhut genommen, damit ihre Jungfräulichkeit gewährleistet ist, bevor sie den Tieren vorgeworfen wird. Tryphäna begleitet Thekla zum Amphitheater, wo die wilden Tiere, statt sie zu zerreissen, ihr die Füße lecken.

Als man Thekla schließlich völlig entkleidet vor die wilden Tiere in der Arena wirft, verbeugen sich alle Löwen und Bären vor ihr. Dann springt Thekla in eine große Grube, voll mit Wasser und fleischfressenden Fischen, die aber alle plötzlich verenden. Die Oberen versuchen alles, damit die Tiere Thekla angreifen, aber alle Bemühungen misslingen. Am Ende dieses Schauspiels stirbt Tryphäna, und der Statthalter lässt Thekla rufen, um herauszufinden, wer sie denn nun wirklich sei. Daraufhin bekennt Thekla ihren Glauben an Christus und wird freigelassen. Auf wunderbare Weise erwacht Tryphäna wieder zum Leben und nimmt sie mit in ihr Haus, wo viele junge Frauen zum Christentum übertreten.

Thekla findet Paulus und berichtet ihm alles, was ihr widerfahren ist. Sie kehrt dann zurück nach Ikonium. Dort stellt sie fest, dass Thamyris inzwischen verstorben ist, ihre Mutter aber noch lebt. Es gelingt ihr nicht, sie vom Christentum zu überzeugen, und so geht sie von ihr und begibt sich auf einen Berg, zieht sich dort zurück und gründet einen klösterlichen Orden. Priester des Dianakults schmieden Pläne, um sie zu töten, aber Thekla wird durch ein wundersames Erdbeben vor ihren Häschern gerettet. Sie wird schließlich im hohen Alter von neunzig Jahren in den Himmel entrückt.

Es gibt in diesem „Roman“ schwerlich irgendwelche Anhaltspunkte, die überhaupt einen Bezug haben zu dem, das mit dem Paulus des Neuen Testaments zu tun hat. Es scheint deshalb mehr als unwahrscheinlich, dass tatsächlich ein gläubiger Presbyter aus dem 2. Jh. diese Erzählung für eine übliche christliche Gemeinde verfasst hat. Nicht Paulus, sondern Thekla ist hier die Hauptfigur und Heldin. Sie verhält sich und handelt als damalige Frau äußerst ungehörig und wird stets auf göttliche Weise vor den Männern bewahrt. Weil dieses Dokument in einer Zeit niedergeschrieben wurde, als alle Frauen aus den führenden Positionen der Kirche verschwunden waren, ist es sehr viel wahrscheinlicher, dass es sich als ein literarischer Angriff auf die männliche Dominanz in der geistlichen Struktur der christlichen Kirche verstehen wollte.

Die Johannesakten

Der eigentliche Teil dieser Geschichte schildert die Abenteuer einer gewissen Drusiana, der Frau eines Andronicus. Sie erleidet vielerlei und schließlich den Tod, weil sie die Treue in ihrem Glauben und gegenüber ihrem Ehemann bewahren will. Sie wird – neben anderen – vom Tode auferweckt, und zwar durch Johannes.

Das Entscheidende dieser Erzählung ist, dass diese Frau als ein wahrhaftiges Vorbild des christlichen Glaubens dargestellt wird. Außer Johannes wird keiner der Männer in dem Roman auf diese Weise geschildert.

Die Petrusakten

Simon der Zauberer dringt heimlich in das Haus der Eubula, einer reichen Frau, ein und stiehlt ihren Schmuck. Petrus wird davon berichtet, und von da an beginnt eine lange und verwickelte Geschichte, bis der Schmuck wiedergefunden wird. Eubula verkauft daraufhin all ihr Geschmeide, gibt den Erlös an die Armen, Witwen und Waisen und schenkt ihr Herz dem Herrn Jesus. Zu guter Letzt stirbt sie in Frieden.

Die Mutter eines Senatsmitglieds bittet darum, dass ihr verstorbener Sohn wieder ins Leben zurückgerufen wird. Petrus erweckt ihn von den Toten, die Mutter gibt dem Apostel dafür 4000 Goldstücke für die Fürsorge der Witwen.

Eine andere reiche Frau mit Namen Chryse übergibt Petrus 10000 Goldstücke.

Im Rom führt Xanthippe, die Ehefrau von Cäsars Freund Albinus, eine Abordnung von Ehefrauen an, um Petrus zu sehen und ihm mitzuteilen, dass sie das Ehebett ihrer Männer verlassen hätten, um Gott mit allem Ernst und in Keuschheit zu dienen.

Auch hier werden nicht Männer, sondern Frauen als Vorbilder dargestellt.

Die Thomasakten

Die neunte *Praxis* dieser Geschichte konzentriert sich auf Mygdonia, die Ehefrau von Charisius, der rechten Hand des Königs Gundaphorus von Indien. Sie hört die Predigt des Thomas und wird seine Jüngerin. Infolgedessen entscheidet sie sich, künftig keinerlei sexuelle Beziehungen mehr zu ihrem Ehemann zu unterhalten. Dieser aber versucht auf vielerlei Weise, sie zu überreden, wieder zu ihm in das Ehebett zurückzukehren, doch seine Bemühungen bleiben erfolglos.

Charisius gelingt es dann, den König zu überreden, Thomas ins Gefängnis zu werfen, nachdem man ihn mit 128 Schlägen ausgepeitscht hat. Aber auch das gibt ihm nicht seine Frau zurück. Mygdonia stiehlt etwas Geld, um die Wachen zu bestechen, damit sie Thomas loslassen, doch zwischenzeitlich wird Thomas auf wundersame Weise aus dem Gefängnis befreit, und er begegnet ihr. Und so lässt sie sich schließlich taufen.

Noch weitere Demütigungen harren ihrer, doch im weiteren Verlauf treten noch zwei Frauen, Tertai und Narcia, zum Christentum über.

Thomas wird erneut ins Gefängnis geworfen und nun auch die drei Frauen. Thomas erleidet schließlich den Märtyrertod. Die Ehemänner von Mygdonia und Narcia schaffen es nicht, ihre Frauen wieder ins Ehebett zu holen, und letzten Endes lassen sie sie in Frieden ziehen, damit diese ihr Leben in Keuschheit verbringen.

Von Thomas einmal abgesehen stellen Frauen die eigentlichen Helden dieser Erzählung dar und sind auch die entscheidenden Vorbilder für ein christlich geführtes Leben.

Die Akten von Xanthippe und Polyxena

Diese Erzählung aus dem vierten Jahrhundert handelt von zwei bekannten Frauen in Spanien. Xanthippe ist die Ehefrau von Probus, einem Mann von höherem Stand, und Polyxena ist ihre Schwester. Sie hört von Paulus durch einen ihrer Sklaven, der gerade von Rom zurückgekehrt ist, wo Paulus sich aufhielt. Dies veranlasst sie zu einer intensiven Zeit des Gebets zu Gott um Erleuchtung und um eine Möglichkeit, jenem Paulus zu begegnen. Ihr Gebet wird erhört, als Paulus in Spanien eintrifft und sich in ihre Stadt begibt. Probus geht in die Stadt, er findet Paulus und bringt ihn mit in sein Haus. Als Xanthippe ihn erblickt, fällt sie nieder und trocknet mit ihren Haaren dessen Füße ab.

Als sie Paulus bittet, sie zu taufen, wirft ihr Ehemann Paulus aus dem Haus und schließt sie in ihr Schlafzimmer ein. Doch ihr gelingt die Flucht aus dem Haus, indem sie einen Sklaven besticht, findet Paulus im Haus von Philotheus und wird getauft. Dann hat sie Visionen, in denen ihr Christus begegnet. Bald darauf kommt ihr Ehemann, der sie sucht, hinzu und wird ebenfalls getauft.

Polyxena möchte auch zum Glauben kommen. Sie durchleidet mehrere furchtbare Erlebnisse mit Dämonen und wilden Tieren, doch schließlich wird sie von Paulus getauft, wie zuvor ihr Freier und ein anderer Mann, der sie zu entführen versucht hatte.

Dies stellt eine weitere Erzählung dar, die für jene Zeit charakteristisch war. Auch in ihr geht es im wesentlichen um Frauen als Helden und Vorbilder des wahren Glaubens.

Wir finden noch viele andere Beispiele von Frauen, die als Helden in dieser apokryphen Literatur dargestellt werden. Es besteht keinerlei Zweifel, dass sie in diesen Erzählungen favorisiert wurden, um Frauen zu ermutigen, tapfer zu sein und sich über die Blindheit und Verblendung zu erheben, die durch die männliche hierarchische Organisationsstruktur in der christlichen Kirche vorherrschte. Die Verfasser(innen) achteten genau darauf, die darin auftauchenden Apostel so zu schildern, dass sie diese heroischen Frauen ermunterten, zu ihren Ehemännern zurückzukehren, damit nicht der Eindruck geweckt würde, man schätze die Institution der Ehe gering.

Doch die verheirateten Frauen befanden sich in jener Zeit in einem Dilemma. Einerseits wurde das christliche Ideal so dargestellt, dass es auch sexuelle Enthaltsamkeit umfasste; andererseits empfanden es Frauen, die mit einem nichtchristlichen Mann verheiratet waren, als unmöglich, diesem Ideal zu entsprechen, ohne sich scheiden zu lassen – eine Lösung, die von der Kirche nicht favorisiert wurde. Deshalb begegnen uns gerade im Zentrum dieser Geschichten verheiratete Frauen, die darunter leiden, weil sie auf ihrem Anspruch beharren, in keuscher Enthaltsamkeit leben zu wollen, während sie noch mit einem nichtchristlichen Mann verheiratet sind. Das Aufbegehren der Frauen wird durch solche heroischen Gestalten in dieser Literatur unterstützt und gefördert.

Die Apostolischen Konstitutionen

Wir begebe uns mit einem Sprung etwa ein Jahrhundert weiter, und die nackte Realität der Frauen und ihr Sitz im Leben der Kirche treten klar zutage. Dieses Dokument ist im Namen der „Apostel und Ältesten" verfasst und wendet sich an diejenigen, die aus dem Heidentum kommen und an Christus gläubig geworden sind. Der Text stammt nachweislich aus dem 4. Jh., und viele seiner Richtlinien wurden von ein oder zwei großen Konzilen der Kirche anerkannt. Die Rolle der Frau wird an mehreren Stellen dieses langen Dokuments konkret angesprochen, und so werde ich der Reihe nach auf die Textstellen eingehen.

Es gibt dort – vor allem in dem *Buch der Sprüche* – eine lange Schmährede gegen die „abartigen und gottlosen Frauen", die die jungen Männer in ihr Bett locken. Es erübrigt sich anzumerken, dass kein Abschnitt zu finden ist, wo die Frauen vor den bösen und gottlosen Männern gewarnt werden!

Die nächste Textstelle – „Gebietet den Frauen, ihren Männern zu gehorchen" – ist dem 1. Korintherbrief entnommen. Dieser folgt eine Beschreibung der keuschen, sittsamen Frauen nach Spr 31 („Lob der tugendsamen Frau"). Danach schmückt sich die gute Ehefrau in aller Bescheidenheit und vermeidet es tunlichst, die Aufmerksamkeit der Männer auf sich zu lenken. Man stellt in diesem Zusammenhang wieder einmal fest, wie sehr die Männer sich doch zu allen Zeiten von schönen Frauen betören und verwirren ließen. Erinnert dies nicht auch an die Argumente, die gegen die Frauen als Priesterinnen ins Feld geführt werden, und wie sehr die armen Männer doch im Gottesdienst mit ihren Gedanken bei ihrem Körper verweilen, anstatt sich auf den Herrn zu konzentrieren?

Frauen dürfen die öffentlichen Bäder nicht besuchen, wenn die Männer dort gerade baden. Sie sollen es vermeiden, mitten am Tage dort zu baden; und besser noch wäre es, sie begeben sich zur zehnten Stunde des Tages ins Bad, aber auf keinen Fall jeden Tag.

Frauen sollen nicht streitsüchtig und zänkisch sein. „Es ist besser, in der Wüste zu leben, als bei einem zänkischen und zornigen Weib." (Spr 21, 19). Männer sind natürlich niemals streitsüchtig!

Witwen werden sogar einer noch strengeren Überprüfung unterzogen als im 1. Timotheusbrief des Paulus. Wir wissen, dass ordensähnliche Gemeinschaften von Witwen gegründet wurden. Witwen unter sechzig Jahren wurden darin nicht aufgenommen, da sie sich wegen ihrer sexuellen Bedürfnisse wieder verheiraten konnten, und das hätte Schande über den Orden gebracht. Solchen jungen Frauen sollte man zur Seite stehen und sie unterstützen, auf dass sie sich nicht wieder verheirateten. Eine zweite Eheschließung hätte den ehelichen Schwur der ersten Ehe gebrochen, ein dritter Ehebund als Anzeichen von Unkeuschheit gegolten, während weitere Eheschließungen ein untrügliches Zeichen für Unzucht und haltlose Ausschweifung dargestellt hätten. Den ganz jungen Witwen sollte man eine einzige Heirat gestatten, um ihnen zu helfen, den bösen Lüsten zu entfliehen. Wie es scheint, fällt keine Bemerkung zu den Männern, die sich beliebig oft wiederverheirateten.

Frauen ist es nicht gestattet, in der Kirche zu lehren; sie dürfen nur beten und der Lehre der Männer lauschen. Witwen sollen in ihren eigenen Häusern bleiben und nicht die anderer Leute, schon gar nicht die von Ungläubigen aufsuchen.

Dann folgt eine längere Schmährede gegen die Witwen, die sich auf unziemliche Weise verhalten. Auch hier bin ich wieder einmal erstaunt angesichts der Tatsache, dass sich eine solche Schmährede nicht auch gegen Witwer richtet.

Witwen dürfen Almosen nur von Gläubigen annehmen und müssen bereit sein, den geistlichen Amtsträgern zu gehorchen.

Frauen dürfen nicht als Priesterinnen ordiniert werden wie in den heidnischen Religionen, und sie dürfen auch nicht taufen. Diese Vorschriften werden im Zusammenhang mit den Verboten gegenüber den Laien ausgesprochen, damit sie nichts tun, was den ordinierten Geistlichen vorbehalten ist.

Witwen sollen für jene beten, die ihnen Unterstützung gewähren und helfen, und Frauen – insbesondere Diakonissen – sollen ihre eigenen guten Werke nicht draußen auf der Straße verkünden.

Wenn eine Frau getauft wird, muss eine Diakonisse bei ihr sein, um den körperlichen Kontakt zwischen der Getauften und dem geistlichen Täufer so weit wie möglich zu reduzieren.

Jungfrauen, die ein Gelübde der immerwährenden Jungfräulichkeit ablegen, müssen sich dementsprechend verhalten. Nochmals: Nirgendwo wird ein solches Gebot gegenüber Männern, die ebenfalls ein Keuschheitsgelübde ablegen, ausgesprochen.

Und wiederum müssen die Frauen ihren Ehemännern untergeordnet sein, Ehemänner sollen ihre Frauen als Lebenspartner und hilfreiche Gefährten beim Zeugen und Gebären von Kindern lieben.

Im Hinblick auf den ordinierten Dienst enthält das Gebet für die

Ordination einer Diakonisse die Worte: „Reinige sie von allem Unflat des Fleisches und des Geistes." Diese oder ähnliche Worte werden wohlgemerkt nicht im Zusammenhang mit der Ordination eines Mannes benutzt.

„Wer eine Witwe, eine geschiedene Frau, Hure oder eine Sklavin oder auch eine, die zum Theater gehört, zu sich nimmt, kann weder Bischof, Priester, Diakon werden noch sonst irgend ein Amt nach der priesterlichen Ordnung übernehmen. Wer zwei Schwestern oder seines Bruders oder seiner Schwester Tochter geheiratet hat, kann kein Geistlicher werden."

Es kann an diesem Dokument deutlich abgelesen werden, in welch großem Ausmaß sich die Position der Frau in der Kirche seit den Zeiten der Apostel verschlechtert hatte. Das Betrübliche daran ist, dass ein beträchtlicher Teil der Einstellungen, die sich hinter derartigen Vorschriften verbergen, noch heute in vielen Bereichen der Kirche hartnäckig weiterbestehen.

Zusammenfassung

Die Beweislast aller angeführten Quellen ist unmissverständlich: Während in der Zeit der ersten beiden Generationen des Christentums Frauen jeglicher sozialer Herkunft willkommen geheißen waren und unterstützt wurden, eine aktive Rolle im Leben und in der Leitung der Kirche zu übernehmen, verschwinden sie in den darauf folgenden Generationen im wesentlichen von der Bildfläche.

Die Strickmuster sind so eindeutig, dass es keiner allzu aufwendigen Untersuchungen bedarf. Jesus sicherte den Frauen zu, als eigenständige Personen ein eigenes Recht zu haben jenseits der gesellschaftliche Erfordernis, unter der Kontrolle eines männlichen Schutzherrn zu leben. Es ehrte ihn, dass er wohlhabende Frauen bei sich hatte, die sich um die Nahrung und Unterkunft für seine männlichen Jünger und ihn selbst kümmerten, als sie in Galiläa herumreisten. Gott erwählte sogar Frauen, die die ersten sein sollten, die vom Kommen des Messias wussten und den auferstandenen Christus sahen und hörten.

Paulus war froh, Frauen zu haben, die mit ihm Seite an Seite auf seinen Missionsreisen in ganz Griechenland ihren verantwortlichen Dienst taten. Es war für ihn beruhigend, Frauen zu haben, die Hausgemeinden und den dort stattfindenden Gottesdienst leiteten. Er hatte zwar ein paar Probleme mit einigen Frauen an Orten, wo die soziokulturelle Umwelt Frauen als Menschen zweiter Klasse und als Lustobjekte betrachtete, aber insgesamt setzte er sich eindeutig dafür ein, dass Frauen eine vollwertige Rolle im geistlichen Dienst innerhalb der Kirche einnehmen konnten. Der einzige namentlich erwähnte Diakon im Neuen Testament ist eine Frau: Phoebe.

Aber gegen Ende des ersten Jahrhunderts verschwanden die Frauen aus den leitenden Positionen und dem praktischen Dienst in der Kirche. Die einzige Ausnahme stellten wenige sehr einflussreiche christliche Frauen aus der herrschenden gesellschaftlichen Schicht dar. Einige von ihnen wurden in jungen Jahren zu Witwen und waren so in der Lage, sich des Vermögens zu bedienen, das sie von ihren verstorbenen Ehemännern geerbt hatten, um für Witwen und Waisen zu sorgen. Es erweckt den Eindruck, als ob es damals einen Überfluss an solchen christlichen Frauen aus der gesellschaftlichen Führungsschicht gegeben hätte, die keinen Mann mit ähnlicher gesellschaftlicher Stellung für eine Ehe fanden. Dies gestattete es ihnen, ihren sozialen Status beizubehalten und zugleich ihren Einfluss in der Kirche geltend zu machen. Aber es war ihnen nicht gestattet, ein ordiniertes geistliches Amt wahrzunehmen, und insofern hatten sie in kirchenpolitischen Fragen keine Stimme. Es muss daran erinnert werden, dass die Mitwirkung der Laien in den Leitungsgremien der Kirche gegen Ende des ersten Jahrhunderts nahezu vollständig verschwand, und für die Frauen gab es dann keinerlei Möglichkeit der aktiven Mitgestaltung und Einflussnahme mehr.

Es hat gewisse Vermutungen gegeben, dass damals ein Orden von Diakonissen entstanden ist, der sich von Phoebe von Kenchreä herleitete. Und man hat sogar den Standpunkt vertreten, dass die Witwen in Tim 5, 9 Diakonissen gewesen sein sollen. Als ich mich mit diesem neutestamentlichen Textabschnitt an anderer Stelle bereits auseinandersetzte, habe ich darauf hingewiesen, inwiefern das griechische Wort καταλέγω, das mit „in eine Liste eintragen" übersetzt ist, im Kontext eigentlich „sorgfältig erwägen, prüfen" bedeutet und Paulus folglich die Kriterien für solche Frauen bestimmte, die als „rechte Witwen" gelten sollten, statt dass er sie in eine Ordensliste eintragen ließ.

Orden von Diakonissen und Witwen tauchten erst ein oder zwei Jahrhunderte später auf und waren vermutlich eine Antwort auf die zunehmende Anzahl von alleinstehenden Frauen und das Problem, wie für ihren Lebensunterhalt gesorgt werden konnte. Aber solche „Orden" waren fest verankert unter der Aufsicht der Bischöfe und durften nur solche Dienste verrichten, die die Männer im allgemeinen ablehnten.

Die unmittelbare nachapostolische Phase weist ganz deutlich auf, dass Frauen nun wieder auf ihre vorchristlichen Rollen zurückverwiesen wurden. Und dann wieder wurden die Frauen in der reichhaltigen apokryphen Literatur, die vom zweiten bis zum vierten Jahrhundert in Erscheinung trat, als Heldinnen und Vorbilder dargestellt. Es sprechen viele Gründe dafür anzunehmen, dass diese Literatur von wohlhabenden und einflussreichen Frauen initiiert und geschaffen wurde, die männliche Schreiber dafür bezahlt haben, solche Geschichten zu ersinnen, um auf solche Weise gegen das Verschwinden der Frauen aus der Kirchengeschichte Protest zu erheben. Von da an kommen Frauen bis zur Reformation und Gegenreformation nur noch in untergeordneten Rollen vor.

Wie es eine wachsende Zunahme von Laienämtern und -diensten innerhalb der Hauptströmungen der Kirche erst seit rund einhundert Jahren gibt, ist die Bewegung für die Anerkennung des geistlichen Amtes und Berufsstandes für Frauen außerhalb der religiösen Ordensgemeinschaften relativ jung. Aber auch in jenen kirchlichen Kofessionen, die die Ordination von Frauen zugelassen haben, damit diese offiziell am Leben und der Leitung der Kirche Anteil nehmen können, finden sich die Frauen dennoch in vielfacher Weise in Rollen, die den männlichen Geistlichen untergeordnet sind.

Ich glaube, der Heilige Geist erweckt und bevollmächtigt die Frauen in allen Kirchen, aufzustehen und ihren einstigen Platz in der Kirche wieder einzunehmen.

Wenn ein solches Verhalten bedeutet, empörend oder unverschämt zu sein, dann erinnere man sich an all die „unverschämten" Frauen in den Evangelien und in der frühen Kirche, die den gesellschaftlichen Konventionen Trotz boten. Dabei wussten sie, dass Gott noch unkonventioneller war als sie, wenn er sich an die Armen, Entrechteten und Ohnmächtigen wandte und ihnen vollwertige und gleichberechtigte Teilhabe am Reich Gottes anbot, auch wenn dies bedeutete, der ganzen Bandbreite der üblichen sozialen Konventionen der Menschen die Stirn zu bieten. In der Tat, wir befinden uns in bewegten Zeiten.

Quellenhinweise auf das Neue Testament (NT), die Apostolischen Väter und die neutestamentlichen Apokryphen

Apphia
NT
Phlm 2
Die arme Witwe
NT
Mk 12, 41–44
Lk 21, 1–4
Berenike
NT
Apg 25, 13
Die blutflüssige Frau
NT
Mt 9, 20–22
Mk 5, 25–34
Lk 8, 43–48
Chloe
NT
1 Kor 1, 11
Claudia
NT
2 Tim 4, 21
Damaris
NT
Apg 17, 34
Drusilla
NT
Apg 24, 24
Die Frau, die die Mutterschaft pries
NT
Lk 11, 27–28
Die Frau, die eine Münze verlor
NT
Lk 15, 8–10
Ehebruch
NT
Joh 8, 3–11

Elisabeth
NT
Lk 1, 5, 7, 13, 24, 36, 40, 41, 57
NT APOKRYPHEN
Ebionäerevangelium 3
Protevangelium des Jakobus 12.2–3; 21.3
Pistis Sophia, Kap. 7
Auszug aus dem Leben des Johannes nach Serapion, S. 310 f. (Hennecke/Schneemelcher)
Euodia und Syntyche
NT
Phil 4, 2
Frauen, die auf dem Weg zum Kreuz Jesus beklagten
NT
Lk 23, 26–32
Frauen, die Jesus salbten
NT
Mt 26, 6–13
Mk 14, 3–9
Lk 7, 36–50
Joh 12, 1–8
Frauen, die sich als Wohltäterinnen engagierten
NT
Mt 27, 55–56
Mk 15, 40–41
Lk 8, 1–3
Hanna
NT
Lk 2, 36–38
Herodias und Salome
NT
Mt 14, 3, 6

Mk 6, 17, 19, 22
Lk 8, 19
Julia
NT
Röm 16, 15
Junia
NT
Röm 16, 7
Die klugen und törichten Jungfrauen
NT
Mt 25, 1–13
Lois und Eunike
NT
2 Tim 1, 5
Lydia
NT
Apg 16, 14–15, 40
Die Magd, die Petrus herausforderte
NT
Mt 26, 69–75
Lk 22, 54–60
Joh 18, 16–18
Maria und Martha
NT
Lk 10, 38–42
Joh 11, 1–45; 12, 1–8
NT APOKRYPHEN
Epistola Apostolorum 8–9
Maria Magdalena
NT
Mt 27, 56, 61; 28, 1
Mk 15, 40, 47; 16, 1, 9
Lk 8, 2; 24, 10
Joh 19,25; 20,1, 11–18
APOSTOLISCHE VÄTER
Papiasfragment 1
NT APOKRYPHEN
Petrusevangelium 12.50–57
Epistola Apostolorum 10–11
Thomasevangelium, Logion 114
Das Evangelium nach Maria, PBerol. S. 9.12–20; S. 17.12–22; S. 18.1–21
Maria, Mutter Jesu
NT
Mt 1, 16, 18–19, 20; 2, 11, 13–23; 12, 46–50; 13, 55
Mk 3, 31; 6, 3
Lk 1, 26–56; 2, 5, 16, 19, 34, 41–51; 8, 19–21
Joh 2, 1–5, 12; 6, 42; 19, 25–27
Apg 1, 14
APOSTOLISCHE VÄTER
Papiasfragment 10
NT APOKRYPHEN
Hebräerevangelium 1
Epistula Apostolorum 3–5; 14–15
Protevangelium des Jakobus 5.2–21.3
Kindheitserzählung des Thomas S. 400–401 (Hennecke/ Schneemelcher)
Arabisches Kindheitsevangelium 23–4, 40
Pseudo-Matthäusevangelium 23, 73
Auszug aus dem Leben des Johannes nach Serapion S. 414–417 (Hennecke/ Schneemelcher)
Pilatusakten 1.1; 2.3–4; 16.2
Bartholomäusevangelium 2.1–4.6
Petrusakten 1.7
Paulusakten 8; 8.3.13–15; 10
Thomasakten 143
Die Himmelfahrt des Jesaja 1 1.1–15
Christliche Sibyllinen 455–475
Apokalypse des Paulus 41, 46
Maria, Mutter des Johannes Markus
NT
Apg 12, 12
Maria von Rom
NT
Röm 16, 6
Die Mutter von Jakobus und Johannes

NT
Mt 20, 20–21; 27, 56
APOSTOLISCHE VÄTER
Papiasfragment 10
Nymphia
NT
Kol 4, 15
NT APOKRYPHEN
Paulusakten 4
Phoebe
NT
Röm 16, 1
Prisca
NT
Apg 18, 2, 18, 26
Röm 16, 3
1 Kor 16, 19
2 Tim 4, 19
NT APOKRYPHEN
Paulusakten, Appendix
Rhode
NT
Apg 12, 13–15
Die Samariterin am Brunnen
NT
Joh 4, 1–42
Saphira
Apg 5, 1–11
Die syrisch-phönizische Frau
NT
Mt 15, 21–28
Mk 7, 24–30
Tabea
NT
Apg 9, 36–43
Tryphäna und Tryphosa
NT
Röm 16, 12

Die verkrümmte Frau
NT
Lk 13, 10–17
Die vier unverheirateten Töchter des Philippus
NT
Apg 21, 9
Die Witwe, die einen Richter herausforderte
NT
Lk 18, 1–8
Die Witwen der gläubig gewordenen Griechen
NT
Apg 6, 1–6
Zeuginnen der Auferstehung Jesu
NT
Mt 28, 1–10
Mk 16, 1–8, 9–11
Lk 23, 55–56; 24, 1–11
Joh 20, 1–18

Literaturhinweise

In enger Anlehnung an den Wortlaut des von Ross Saunders zitierten englischen Bibeltextes wurden mit geringfügigen Veränderungen die neutestamentlichen Bibeltexte der Ausgabe von 1956 der vom Rat der Evangelischen Kirche in Deutschland im Einvernehmen mit dem Verband der evangelischen Bibelgesellschaften in Deutschland genehmigten Fassung des revidierten Luthertextes benutzt. Die Abkürzungen der angeführten biblischen Bücher entsprechen den Loccumer Richtlinien. [Anm. d. Übers.]

Der sozio-kulturelle Hintergrund

Hans von Camphausen, Aus der Frühzeit des Christentums. Studien zur Kirchengeschichte des ersten und zweiten Jahrhunderts. Tübingen 1963.

P. F. Esler, The First Christians in the Social Worlds. Social-Scientific Approaches to New Testament Interpretation. London 1994.

E. A. Judge, The Social Pattern of Christian Groups in the First Century. Carol Stream/USA 1960.

M. R. Leming/R. G. DeVries/B. F. J. Furnish (Hrsg.), The Sociological Perspective. A Value-committed Introduction. Grand Rapits, MI/USA 1989.

B. J. Malina, The New Testament World. Insights from Cultural Anthropology. SCM 1978.

Donate Pahnke, Ethik und Geschlecht. Menschenbild und Religion im Patriarchat und Feminismus. Marburg ²1992.

J. J. Pilch/B. J. Malina (Hrsg.), Biblical Social Values and Their Meaning. A Handbook. Peabody, MA/USA1993.

Uta Ranke-Heinemann, Eunuchen für das Himmelreich. Katholische Kirche und Sexualität. Hamburg 1988.

Walter Schubart, Religion und Eros. Hrsg. v. Siegfried Seifert. München 1989.

Gerd Theissen, Soziologie der Jesusbewegung. Ein Beitrag zur Entstehungsgeschichte des Urchristentums. München 1979.

Ders., Studien zur Soziologie des Urchristentums. Tübingen 1979.

Die Frauen und ihr Sitz im Leben

S. L. Davies, The Revolt of the Widows The Social World of the Apocryphal Acts. SIUP 1980.

S. Dixon, The Roman Mother. London 1990.

R. L. Fox, Pagans and Christians. London/New York 1986.
Susanne Heine, Frauen der frühen Christenheit. Zur historischen Kritik einer feministischen Theologie. Göttingen [3]1990.
Anne Jensen, Thekla, die Apostolin. Ein apokrypher Text neu entdeckt. Übersetzt und kommentiert von Anne Jensen. Freiburg i.Br. 1985.
Dies., Gottes selbstbewusste Töchter. Frauenemanzipation im frühen Christentum? Freiburg i.Br. 1992.
A. L. Laffey, Wives, Harlots and Concubines. The Old Testament in Feminist Perspective. Minneapolis, MN/USA 1988.
M. R. Lefkowitz/M. B Fant (Hrsg.), Women's Life in Greece and Rome. A Sourcebook in Translation. London 1982.
Elisabeth Moltmann-Wendel, Ein eigener Mensch werden. Frauen um Jesus. Gütersloh 1980.
Dies., Das Land wo Milch und Honig fließen. Gütersloh 1985.
Dies., Wo Gott und Körper sich begegnen. Gütersloh 1989.
Sarah B. Pomeroy, Frauenleben im klassischen Altertum. Aus dem Englischen übersetzt. Stuttgart 1985.
C. C. Ryrie, The Role of Women in the Church. Chicago/USA 1958.
Christine Schaumberger/Luise Schottroff, Schuld und Macht. Studien zu einer feministischen Befreiungstheologie. München 1988.
Luise Schottroff, Lydias ungeduldige Schwestern. Feministische Sozialgeschichte des frühen Christentums. Gütersloh [2]1996.
Luise Schottroff/Marie Theres Wacker (Hrsg.), Kompendium feministische Bibelauslegung. Gütersloh 1998.
Helen Schüngel-Straumann, Maria von Magdala – Apostolin und erste Verkünderin der Osterbotschaft, in: Dietmar Bader (Hrsg.), Maria Magdalena – Zu einem Bild der Frau in der christlichen Verkündigung. Freiburg 1990, S.8–32.
Elisabeth Schüssler Fiorenza, Zu ihrem Gedächtnis. Eine feministisch-theologische Rekonstruktion der christlichen Ursprünge. München 1988.
Dies., Brot statt Steine. Die Herausforderung einer feministischen Interpretation der Bibel. Fribourg 1991.
E. Stagg/F. Stagg, Woman in the World of Jesus. Edinburgh 1978.
Bettina E. Stumpp, Prostitution in der römischen Antike. Berlin 1998.
Ben Witherington III, Women in the Ministry of Jesus, Cambridge 1984.
Ders., Women and the Genesis of Christianity. A Study of Jesus' attitudes to women and their roles as reflected in his earthly life. Cambridge 1987
Ders., Women in the earliest Churches. Cambridge 1989.
Wörterbuch der Feministischen Theologie. Hrsg. v. Elisabeth Gössmann, Elisabeth Moltmann-Wendel, Herlinde Pissrek-Hudelist, Ina Praetorius, Luise Schottroff und Helen Schüngel-Straumann. Redaktion: Raul Niemann. Gütersloh 1991.

Allgemeine bibliographische Hinweise

Hans Achelis, Das Christentum in den ersten drei Jahrhunderten. 21975.

Stephan Alkier, Urchristentum. Zur Geschichte und Theologie einer exegetischen Disziplin. Tübingen 1983.

The Apostolical Constitutions, in: The Ante-Nicene-Fathers, Band VII. Edinburgh 1964.

Die Apostolischen Väter. Griechisch-deutsche Parallelausgabe auf der Grundlage der Ausgabe von Franz Xaver Funk/Karl Bihlmeyer u. Molly Whittaker in der Übers. von M. Dibelius u. D.-A. Koch. Neu übers. und hrsg. von Andreas Lindemann u. Henning Paulsen. Tübingen 1992.

Henry Chadwick, Die Kirche in der antiken Welt. Aus dem Englischen von Gerhard May. Berlin 1972.

Eusebius, The History of the Church. Übers. von G. A. Williamson. London/New York 1965.

Evangelia Infantiae Apocrypha. Apocryphe Kindheitsevangelien. Übers. und eingeleitet von Gerhard Schneider. Freiburg i. Br. 1995.

Sean Freyne, The World of the New Testament. Veritas Publications 1980.

Leonhard Goppelt, Die apostolische und nachapostolische Zeit. Göttingen 1962.

Edgar Hennecke/Wilhelm Schneemelcher, Neutestamentliche Apokryphen in deutscher Übersetzung. Band 1: Evangelien. Tübingen 31959; Band 2: Apostolisches, Apokalypsen und Verwandtes. Tübingen 1964.

Joachim Jeremias, Jerusalem zur Zeit Jesu. Eine kulturgeschichtliche Untersuchung zur neutestamentlichen Zeitgeschichte. Göttingen 1964.

I. H. Marshall, Acts. An Introduction and Commentary. Carlo Stream/USA 1980.

Walter Rebell, Neutestamentliche Apokryphen und Apostolische Väter. München 1992.

M. Staniforth/A. Louth (Hrsg.), Early Christian Writings. The Apostolic Fathers. London/New York 1969.

Philipp Vielhauer, Geschichte der urchristlichen Literatur. Einleitung in das Neue Testament, die Apokryphen und die Apostolischen Väter. (De-Gruyter Lehrbuch) Berlin 1975.

Personenregister

Geef dat kind een slok jenever

Omslagontwerp: bij Barbara
Omslagfoto: Wout Jan Balhuizen
Zetwerk: Elgraphic bv, Vlaardingen

ISBN 978 90 00 35732 1
ISBN 978 90 00 35923 3 (e-boek)
NUR 850, 854

De vragen met bijbehorende antwoorden verschenen eerder in *Kek Mama*.

Eerste druk, oktober 2017
Tweede druk, oktober 2017
Derde druk, november 2017

www.unieboekspectrum.nl

Spectrum maakt deel uit van Uitgeverij Unieboek | Het Spectrum bv, Postbus 97
3990 DB Houten